古汉语词汇纲要

蒋绍愚　著

商務印書館
创于1897
The Commercial Press

图书在版编目(CIP)数据

古汉语词汇纲要/蒋绍愚著. —北京:商务印书馆,2005
(2023.3重印)

ISBN 978-7-100-04367-0

Ⅰ. ①古… Ⅱ. ①蒋… Ⅲ. ①汉语—词汇—研究—古代 Ⅳ. ①H131

中国版本图书馆CIP数据核字(2005)第006176号

GǓHÀNYǓ CÍHUÌ GĀNGYÀO

古汉语词汇纲要

蒋绍愚 著

商务印书馆出版

(北京王府井大街36号 邮政编码100710)

商务印书馆发行

北京艺辉伊航图文有限公司印刷

ISBN 978-7-100-04367-0

2005年9月第1版　　开本850×1168 1/32

2023年3月北京第7次印刷　　印张9⅜

定价:48.00元

目　录

前　　言

汉语有十分悠久的历史。几千年来，汉语经历了漫长的发展过程，产生了许多变化。汉语的词汇也是如此，几千年来，除了一些基本词汇保持不变外，汉语词汇也在不断地发展变化。试拿甲骨文、先秦诸子、六朝笔记、唐代变文、宋儒语录、元代杂剧、明清白话小说的一些片断来比较，可以明显地感觉到它们的"面貌"不同，而造成这种不同的主要因素就是词汇。古代的一些作品，今天看不懂了，最主要的因素也是词汇。所以，研究汉语历史词汇，对于我们研究汉语的发展历史，以及继承我国古代的文化遗产，都是有很重要的意义的。

但是，我们对汉语历史词汇的研究做得还非常不够。第一，对汉语各个历史时期的词汇的面貌，还处在若明若暗的状态。先秦和西汉词汇的研究，前人给我们打下了一定的基础，但是还有不少问题需要进一步搞清楚。至于东汉以下，就以往的研究来说，几乎可以说是空白。近年来有不少学者致力于六朝到明清的词语研究，取得了很大的成绩，但总的来说，还是处于初始阶段。第二，对于汉语历史词汇的系统的、理论的研究，则显得更加薄弱。近一个世纪以来，在汉语音韵和汉语历史语法的研究方面都有了较大的进展，出现了一些有深远影响的著作，而在汉语的历史词汇的研究方面，还没有出现过一部系统的《汉语词汇史》和《汉语历史词汇学》(王力先生的《汉语词汇史》即将出版,我们期望它给汉语历史词汇的研究以巨大的推动)。

而这两方面的不足又是相互影响的。由于对汉语历史词汇的面貌了解得不够,所以对汉语历史词汇的系统的、理论的研究就缺乏坚实的基础;由于对汉语历史词汇没有系统的、理论的研究,对汉语历史词汇的具体研究也就只能有量的增加,而不能有质的飞跃。

所以,要把汉语历史词汇研究推向前进,就必须在两个方面同时做工作。首先要对从先秦直到明清的各个历史时期的词语一个一个地搞清楚,对汉语各个时期的词汇的面貌有一个比较清晰的了解;但也不能等这方面的工作做完了才来对汉语历史词汇作系统的、理论的研究,而是应该和第一方面的工作同时进行。也许,在开始的时候水平会不太高,也会碰到种种困难,但是,"千里之行,始于足下",我们总要一步一步地向前走。

近年来,对汉语历史词汇作理论上研究的逐渐多起来了,尽管这些研究多半还属于探索的性质,各人的看法也不尽一致,但这毕竟是一个良好的开端。因为任何一种科学的理论,都是通过探索、讨论而趋向成熟的。正是基于这种认识,我把这部讲稿整理成书,参加同行的讨论。

这部讲稿是我 1983 年为北大中文系汉语专业的学生开设"古汉语词汇"课而写的。1986—1987 年,在给中文系汉语专业研究生讲课时作了较大的补充和修改,这次整理成书,又作了一次较大的改动。书中试图对汉语词汇历史发展中的一些带规律性的问题进行讨论,就内容来说,应该是属于汉语历史词汇学的范围的,而不仅仅是对"古汉语"(一般把它理解为"文言文"的同义语)词汇的一般知识的介绍。但是，由于目前的研究状况特别是作者本人水平所限，这个意图未能很好地实现，这本书也远远达不到“汉语历史词汇学”的广度和深度，所以，书名就定为《古汉语词汇纲要》。

本书的另一个意图是在汉语历史词汇的研究中努力把传统训诂学的成果和现代语义学的理论结合起来。我国传统训诂学在词汇研究方面有丰富的成果，在词汇理论方面也不乏精辟的见解。但这些成果大多比较零散，而且也有明显的不足之处。这就需要我们对传统训诂学进行总结、整理和创新，而不能墨守传统训诂学的条例和方法。现代语义学在词义研究方面比传统词汇学有较大的突破，在宏观方面，把词义作为一个系统来研究，在微观方面，对词义再进行深入的分析，它的一整套理论和方法是很值得借鉴的。但现代语义学主要是以印欧语为对象进行研究所得出的结论，所以，我们对现代语义学要吸收和消化，而不能不问汉语的实际情况生搬硬套。正确的态度，应该是把传统训诂学和现代语义学很好地结合起来。本书在两者的结合方面若有不当之处，那是由于作者的水平所限。至于汉语历史词汇的研究必须把两者结合起来才能有所创新，这一点我是深信不疑的。

这部稿子虽然经过几次修改，但缺点错误还是在所难免。至于某些看法是否妥当，更是希望和同行们一起讨论，并得到专家的指正。如果这些看法谈出来能够使问题讨论得更深入，那么，即使讨论的结果是否定了我的看法，我也将认为，这是达到了写这本小书的目的。

作 者

1988 年 3 月于北大蔚秀园

本书曾于1989年在北京大学出版社出版，现由商务印书馆再版。此次再版，对原书的一些错误和疏漏作了修正，对个别体例稍作调整，全书没有作大的改动。

作者

2005年5月

第一章　训诂学、语义学、词汇学

在前言中已经讲到：要研究古汉语词汇，建立汉语历史词汇学，就必须吸取我国传统训诂学和现代语义学的成果。在这一章里，把这个问题进一步谈一谈。

第一节　我国传统训诂学的成就及其不足

训诂学研究的对象不仅仅是词汇，但它是以词汇的研究为中心的。在我国，对词汇进行研究的历史是非常悠久的。早在春秋战国时期，由于语言的发展变化，人们对《尚书》、《诗经》这样一些典籍中某些章句已经读不懂了，因此在引用《诗》、《书》时就要加以解释。例如，《国语·周语下》记载，有一次晋国的大夫叔向引用了《诗经·周颂·昊天有成命》："昊天有成命，二后受之。成王不敢康，夙夜基命宥密。於缉熙，亶厥心，肆其靖之。"然后解释说："基，始也。命，信也。宥，宽也。密，宁也。缉，明也。熙，广也。亶，厚也。肆，固也。靖，龢也。"《孟子》中也多次见到对《尚书》、《诗经》中词句的解释。如《孟子·滕文公下》："《书》曰：'洚水警余。'洚水，洪水也。"《孟子·离娄上》："《诗》云：'天之方蹶，无然泄泄。'泄泄，犹沓沓也。"这都是用当时人们能懂的词解释较早的文献中的词句。“沓沓”一词，我们今天看来已经不好懂了，但在战国时期却不是生僻的词。如《荀子·正名》：“故愚者之言，芴然而粗，啧然而不类，誻誻然而沸。”《荀子》中的“誻誻”，就是《孟子》中的“沓沓”，是“多言貌”。另一方面，由于我国地域广大，方言复杂，一些方言词语也需要加以解释。如《左传·宣公四年》：“楚人谓乳穀，谓虎於菟。”《战国策·秦三》：“郑人谓玉未理者璞，周人谓鼠未腊者朴。”这都是散见于先秦典籍中对词语的解释。这些当然说不上是对词汇的系统的研究，但毕竟是对词汇研究的滥觞。到秦汉之际，出现了《毛诗故训传》、《尔雅》等专著，就是对词汇比较系统的研究了。到汉代，为先秦典籍作注之风大盛，贾逵、马融、服虔、郑玄等名家辈出，又出现了扬雄《方言》、许慎《说文解字》、刘熙《释名》等专书，训诂学已经成为一个独立的学科。在《隋书·经籍志》中，把小学分为“体势（文字）、音韵、训诂”三个部分，这种分法，一直为后代所沿用。唐宋元明各代，训诂学都一直在发展，到清代达到了高峰。关于训诂学发展的历史，在各种训诂学著作中都有介绍，这里就从略了。这里主要谈谈我国古代训诂学有些什么成就。

我国古代训诂学的成就，主要表现在以下几方面：

（一）对词的本义和引申义的研究。

古汉语词汇以单音词为主，通常一个字就是一个词，汉字是意音文字，往往可以借助字形的分析而推知字的本义。本义是词义引申的出发点，掌握了本义，就可以提纲挈领地掌握一个词的多种引申义。所以传统训诂学对词的本义非常重视。《说文解字》就是通过字形分析来讲述字的本义的，许多字的本义由此书而得到保存。后代有不少学者对《说文解字》进行研究，他们的研究成果也很值得我们重视。例如《说文》：“字，乳也。从子在宀下。子亦声。”段玉裁注：“人及鸟生子曰字，兽曰犍。引申之为抚字，亦引申之为文字。《叙》云：‘字者，言孳乳而寖多也。’”这就告诉我们，“字”的本义是“生子”。这个意义在古书中不太少见，如《周易·屯卦》：“女子贞不字，十年乃字。”《山海经·中山经》：“其实如兰，服之不字。”注：“字，生也。”《汉书·严安传》：“六畜遂字。”注：“字，生也。”现在常见的“文字”的“字”，是引申义。许慎《说文解字·叙》：“仓颉之初作书，盖依类象形，故谓之文。其后形声相益，即谓之字。……字者，言孳乳而寖多也。”

《说文》也有把字的本义弄错了的。如《说文》：“元，始也。从一从兀。”商代金文“元”作，象人的头。这是“元”的本义。这个本义在古书中有所反映，而且有古注加以说明。如《孟子·滕文公下》：“勇士不忘丧其元。”赵岐注：“元，首也。”《左传·僖公三十三年》：“狄人归其元，面如生。”杜预注：“元，首也。”而《说文》所说的“元，始也”，应该是“元”的引申义。

关于词义的引申，我国古代很早就注意到了。《韩非子·解老》：“人希见生象也，而得死象之骨，按其图以想其生也。故诸人之所以意想者，皆谓之象也。”尽管他的解释是错误的，但很显然，他是在寻找“大象”的“象”和“意象”的“象”之间词义上的联系。在古代的注疏中，虽然没有用“引申”这一术语，但实际上是在谈引申的问题。例如《诗经·豳风·狼跋》：“德音不瑕。”毛传：“瑕，过也。”孔疏：“瑕者玉之病。玉之有瑕，犹人之有过，故以瑕为过。”《左传·宣公十二年》：“观衅而动。”服注：“间也。”杜注：“罪也。”孔疏：“衅是间隙之名。……既有间隙，故为得罪也。”《孟子·梁惠王上》：“将以衅钟。”赵注：“新铸钟，杀牲以血涂其衅郄，因以祭之曰衅。”孙疏：“衅钟之衅谓之衅，亦治乱谓之乱之类也。”到了清代，对于词义引申的研究就更为深入细密。请看段玉裁为《说文》作的两条注：

《说文》："閒，隙也。"段注："隙者壁际也。引申之凡有两边有中者皆谓之隙。隙谓之閒，閒者，门开则中为际。凡罅缝皆曰閒，其谓有两有中一也。《考工记》说钟铣与铣之閒曰铣閒，篆与篆、鼓与鼓、钲与钲之閒曰篆閒、鼓閒、钲閒。病与瘳之閒曰病閒，语之小止曰言之閒。閒者稍暇也。故曰閒暇。今人分其音为户闲切，或以闲代之。閒者隙之可寻者也，故曰閒厕，曰閒迭，曰閒隔，曰閒谍。今人分别其音为古苋切。《释诂》、《毛传》曰：'閒，代也。'《释言》曰：'閒，俔也。'人部曰：'俔，閒见也。'厂部曰：'厢，石閒见也。'今音皆去声。凡自其单出言之曰閒。"

《说文》："副，判也。"段注："《毛诗·大雅》曰：'不坼不副。'《曲礼》曰：'为天子削瓜者副之。'《匡谬正俗》曰：'副贰之字本为褔，从衣畐声。俗呼一袭为一褔衣是也。书史借假，遂以副字代之。副本音普力反，义训剖劈。学者不知有褔字，以副贰为正体。《诗》"不坼不副"，乃以朱点发副字。'按颜说未尽然也。副之则一物成二，因仍谓之副，因之凡分而合者皆谓之副，训诂中如此者致多。流俗语音如付，由一部入三部，故韵书在宥韵。俗语又转入遇韵也。沿袭既久，其义其音遂皆忘其本始。'褔'字虽见于《龟策传》、《东京赋》，然恐此字因'副'而制耳。郑仲师注《周礼》云：'贰，副也。'贝部'贰'下因之。《史记》曰：'藏之名山，副在京师。'《汉书》曰：'臧诸宗庙，副在有司。'周人言贰，汉人言副，古今语也。岂容废'副'用'褔'？"

"閒"字条，段玉裁以"閒"的本义"隙也"（应为"门隙"）为纲，贯串了"铣閒"、"病閒"、"言之閒"（今音 jiān，写作"间"）、"閒暇"（今音 xián，写作"闲"）以及"閒厕"、"閒迭"、"閒隔"、"閒谍"（今音 jiàn，写作"间"）诸义。"副"字条，段玉裁纠正了颜师古《匡谬正俗》中的说法，指出"副贰"的"副"和"判副"的"副"意义上的联系，以及"副贰"的"副"后来读音的变化，并认为"褔"字是因"副"而制的后起字。这些意见都很精辟。

清代朱骏声《说文通训定声》是一部全面研究词义的专著。朱骏声在《说文通训定声·自叙》中说："夫叔重万字，发明本训，而转注假借则难言；《尔雅》一经，诠释全《诗》，而转注假借亦终晦。欲显厥旨，贵有专书。"他的书就是在《说文》解释本义的基础上，补充了字的转注（即引申）和假借义。王力在《中国语言学史》中说："朱书最大的贡献在于全面地解释词义。朱氏突破了许书专讲本义的旧框子，进入了一个广阔的天地。"

（二）关于同义词的辨析。

同义词的辨析，在先秦典籍中就有了。如《左传·文公七年》："兵作于内为乱，于外曰寇。"《左传·庄公二十九年》："凡师有钟鼓曰伐，无曰侵，轻曰袭。"《左传·襄公四年》："臣闻之，访问于善为咨，咨亲为询，咨礼为度，咨事为诹，咨难为谋。"在传注中就更多。如《诗经·大雅·公刘》："于橐于囊。"毛传："小曰橐，大曰囊。"又："于时言言，于时语语。"毛传："直言曰言，论难曰语。"《论语·学而》："有朋自远方来。"郑玄注："同门曰朋，同志曰友。"《离骚》："余既不难夫离别兮，伤灵脩之数化。"王逸注："近曰离，远曰别。"

在《尔雅》、《说文》等字书中，同义词辨析也很多。如《尔雅·释水》："大波为澜，小波为沦。"《尔雅·释器》："金谓之镂，木谓之刻，骨谓之切，象谓之磋，玉谓之琢，石谓之磨。"《说文》："腯，牛羊曰肥，豕曰腯。"《说文》："观，谛视也。""覫，闚视也。""驱，马驰也。""驰，大驱也。"

在同义词的研究方面，古代训诂学家提出了"对文"、"散文"、"浑言（统言）"、"析言"的概念。如：

《诗经·大雅·公刘》："于时言言，于时语语。"毛传："直言曰言，论难曰语。”孔疏：“对文故别耳，散则言语通也。”

《尔雅·释草》：“木谓之华，草谓之荣。”邢疏：“此对文尔。散则草亦名华。郑风云：‘隰有荷华’是也。”

《说文》：“宫，室也。”段注：“宫言其外之围绕，室言其内。析言则殊，统言不别也。”

《说文》：“牙，壮齿也。”段注：“统言之，皆称齿称牙。析言之，则前当唇称齿，后在辅车者称牙。”

《说文》：“国，邦也。”段注：“邑部曰：邦，国也。按邦国互训，浑言之也。《周礼》注曰：‘大曰邦，小曰国。’邦之所居亦曰国，析言之也。”

《说文》：“扇，扉也。”段注：“《月令》：‘乃脩阖扇。’注云：‘用木曰阖，用竹苇曰扇。’按析言如此，浑言则不拘。”

“散文”、“对文”、“浑言”、“析言”不但指出了同义词之间细微的差别，而且注意到了词义在语用中的不同。关于这个问题，在下面“同义词”一章中还要讲到。

传统训诂学在同义词研究方面另一个重要成就是接触到了古今同义词的问题。如：

《尔雅·释天》：“载，岁也。夏曰岁，商曰祀，周曰年，唐虞曰载。”

《孟子·滕文公上》：“夏曰校，殷曰序，周曰庠。学则三代共之。”

《说文》：“屦，履也。”段注：“晋蔡谟曰：‘今时所谓履者，自汉以前皆名屦。《左传》：“踊贵屦贱。”不言“履贱”。《礼记》：“户外有二屦。”不言“二履”。贾谊曰：“冠虽敝，不以苴履。”亦不言“苴屦”。《诗》曰：“纠纠葛屦，可以履霜。”屦，舄者一物之别名，履者足践之通称。’按蔡说极精。《易》、《诗》、《三礼》、《春秋传》、《孟子》皆言屦，不言履。周末诸子、汉人书乃言履。《诗》、《易》凡三‘履’，皆谓践也。然则‘履’本训践，后以为屦名，古今语异耳。许以今释古，故云古之屦即今之履也。”

《说文》：“堂，殿也。”段注：“殿者击声也。假借为宫殿字。……许以殿释堂者，以今释古也。古曰堂，汉以后曰殿，古上下皆称堂，汉上下皆称殿。至唐以后人臣无有称殿者矣。”

段玉裁的分析，表明清代训诂学家对于词语的古今变化已有了较清楚的观念。

（三）对于音义关系的探求。

词是音义结合的产物。词的读音和它的意义之间究竟有什么关系？这个问题，很早就引起了人们的兴趣。总的来说，音义之间并没有必然的联系。人们给某种事物取个什么名称（也就是说，给某个词赋予什么语音形式），在总体上说是任意的。正如荀子所说："名无固宜，约之以命，约定俗成谓之宜。"（《荀子·正名》）但是在词汇的发展过程中，由一个原始词孳生出若干孳生词，在这一组词里，音义却往往是有联系的。这种现象，古人也早就注意到了，因此，很早就有"声训"，如《论语·颜渊》："季康子问政于孔子。孔子对曰：'政者，正也。子帅以正，孰敢不正？'"这就是注意到了"正"和"政"之间音义都有联系。这种声训，在汉人的传注中也颇为常见，都是用来揭示两个同源词之间音义的联系的。如《礼记·明堂位》："库门，天子皋门。"郑注："皋之言高也。"这是说明"高"和"皋"的关系。《说文》中也有类似的解释，如"日，实也"，"月，阙也"，又如"麦，芒谷。秋种厚薶（埋），故谓之麦"，这些解释虽然并不正确，但显然都是想说明"日"和"实"、"月"和"阙"、"麦"和"薶"之间的关系。汉代刘熙《释名》，更是一部集声训之大成的著作，其目的是为了说明事物得名之由。它虽然"颇伤穿凿"，但毕竟也是在词的音义关系方面的一种探索。

在《说文》以后，训诂学家们往往重视文字的形体，忽视词的读音，而且把"字"和"词"等同起来。清代的学者如段玉裁、王念孙等打破了这种束缚，明确提出了"训诂之旨，本于声音"（王念孙《广雅疏证·自叙》），训诂要形、音、义"三者互相求"（段玉裁《广雅疏证序》）。对于他们的成就，王力先生在《中国语言学史》中给予很高的评价，说"这是训诂学上的革命"。这方面的问题，我们在"词汇和语音的关系"一章中还要详谈，此处从略。

（四）关于虚词的研究。

虚词所表示的主要是语法意义，所以对虚词的研究可以归入语法研究的范畴。但虚词毕竟也是整个词汇系统的一个重要部分，而且从历史发展来看，许多虚词都是从实词转化来的。所以，关于虚词的研究，也可以放到词汇研究中来谈，特别按照我国古代的传统，对虚词的研究属于训诂学范围，这是确定无疑的。

古人对虚词十分重视。因为汉语缺乏形态变化，所以词序和虚词就成了汉语语法的重要手段，正确地了解虚词，对阅读古代的典籍关系很大。因此，我国古代很早就有对虚词的研究。

古代把虚词称为"词"。《说文》："曰，词也。"徐锴注："凡称词者虚也，语气之助也。"《说文》："矣，语已词也。""者，别事词也。""各，异词也。""皆，俱词也。""宁，愿词也。""曾，词之舒也。""尔，词之必然也。"这些"词"都是指虚词，《说文》对这些虚词的特点和用法作了简单扼要的说明。

在一些传注中，也谈到了虚词的区别，如《公羊传·宣公八年》："冬，十月，己丑，葬我小君顷熊。雨不克葬。庚寅，日中而克葬。"《公羊传·定公十五年》："丁巳，葬我君定公。雨不克葬。戊午，日下昃乃克葬。"《公羊传·宣公八年》解释"日中而克葬"的"而"字时，把它和"日下昃乃克葬"的"乃"字比较："而者何？难也。乃者何？难也。曷为或言'而'，或言'乃'？'乃'难乎'而'也。"这是对"而"和"乃"两个词很细致的辨析。

此外，《淮南子·说林》："'也'之与'矣'，相去千里。"是对"也"和"矣"作用的区分。再如柳宗元《答杜温夫书》："乎欤耶哉夫者，疑辞也。矣耳焉也者，决辞也。"也涉及语气词的用法。但这些都谈得比较简单。

我国古代研究虚词最早的专书，是元代卢以纬的《语助》，此书共 66 个条目，对 135 个词或固定结构进行了解释，或是分析同一虚词的多种用法，或是比较相近虚词用法的不同，比起以前对虚词的解释，要详细得多了。特别是书中把文言虚词和当时口语中的俗语虚词相比较，这对我们研究宋元时的俗语虚词很有用处。

清代袁仁林《虚字说》对虚词研究的路子大体和《语助》相同，对虚词所表达的"神情声气"描写比较细致。它的一些说法后来为《马氏文通》所继承。《语助》和《虚字说》对虚词的研究主要属于语法研究的范畴，这里不细说。

和词汇研究关系更密切的是王引之的《经传释词》。王引之在《自序》中说："自汉以来，说经者宗尚雅训，凡实义所在，既明著之矣，而语词之例，则略而不究；或即以实义释之，遂使其文扞格，而意亦不明。"所以他"自九经三传、秦、西汉之书，凡助语之文，遍为搜讨，分字编次，以为《经传释词》十卷，凡百六十字。前人所未及者补之，误解者正之，其易晓者则略而不论"。由此可见，此书主要是为解释经传而作的，而此书的主要内容是纠正前人把虚词当作实词之误，以及阐发一些虚词久已湮没的古义。在这些方面，王引之确实做出了巨大的贡献，《经传释词》一书，在训诂学史上有很高的地位。

王引之《经传释词》着重在对具体字词的训释，而没有系统研究虚词的一般规律。但从他的训释中，我们可以看出虚词也有和实词相通的地方。

首先，不少虚词由实词发展而来，因此有些虚词的意义和实词有联系。比如，王引之把《诗·终风》"终风且暴"解释为"既风且暴”，纠正了从《毛传》以来训释之误，是一个很著名的例子。而他论证“终”有“既”义所用的方法，除了根据《诗经》中同样的“终……且……”的格式排比归纳外，还从虚词与实词的关系来加以解释。“家大人曰：终，词之既也。僖二十四年《左传》注曰：‘终，犹“已”也。’已止之已为终，因而已然之已亦曰终。故曰：词之既也。”（按：“终风且暴”的“暴”应为“瀑”的借字。《说文》：“瀑，疾雨也。从水，暴声。诗曰：终风且瀑。”“终风且暴”意谓既刮大风又下暴雨。）

又如：“迪，词之用也。《书·牧誓》：‘昏弃厥遗王父母弟不迪。’《史记·周本纪》‘不迪’作‘不用’。迪为不用之用，又为语词之用，义相因也。《书·皋陶谟》曰：‘咸建五长，各迪有功。’言各用有功也。”他的意思是说，“迪”用做实词时有“用”（动词，使用）义，因而用做虚词时也有用（介词，因，由）义。这种两个词之间“义相因”的现象，我们在《词义的发展与变化》一章中还要详细讨论。

其次，虚词也和实词一样，有字形的通假。这种例子王引之举了很多。如：

“唯（惟）”与“虽”通。《管子·君臣》：“故民迁则流之，民流通则迁之。决之则行，塞之则止。虽有明君能决之，又能塞之。”此“虽”通“唯”。《荀子·大略》：“天下之人唯各特意哉，然而有所共予也。”此“唯”通“虽”。

“而”与“如”通。《吕氏春秋·顺说》：“与生与长，而言之与响。”此“而”通“如”。《荀子·儒效》：“乡是如不臧，倍是如不亡者，自古及今，未尝有也。”此“如”通“而”。

刘淇《助字辨略》成书比《经传释词》早，但流传不广，影响不如《经传释词》大。不过如实而论，《助字辨略》也有它自己的特点。它所释的虚词不限于经传，正如叶德辉序所说：“嘉庆中，高邮王文简引之曾撰《经传释词》一书，正与此书同例，而专在疏通经义，不若此之贯穿群籍，足穷文字之变化也。”如卷五“莫”字条：“包何诗：‘莫是上迷楼。’莫是者，方言，犹今云‘恐是’也。又《宋史·岳飞传》：‘莫须有三字，何以服天下。’莫须，犹莫是也。”对唐宋口语中的虚词“莫是”、“莫须”的解释是正确的。

（五）关于方言词汇的研究。

我国是一个方言复杂的国家，在先秦的古籍中就记载了方言词汇的歧异。除前面引过的《左传》、《战国策》中的记载外，在《尔雅》中也有记载。如《尔雅·释兽》：“鼳，鼠身长须而贼，秦人谓之小驴。”《说文》中这类记载更多。如《说文》：“聿，所以书也。楚谓之聿，吴谓之不律，燕谓之弗。”又：“笔，秦谓之笔。”《说文》：“餥，……陈楚之间相谒食麦饭曰餥。”又：“飵，楚人相谒食麦曰飵。”又：“𩟔，秦人谓相谒食麦曰𩟔䬪。”至于汉代扬雄《方言》、清代杭世骏《续方言》等，更是专门记载方言词语的书。

我国古代训诂学家不但对方言词语作了记录，而且对方言发展演变的规律作了初步研究。例如郭璞注《尔雅》就说明了扬雄《方言》中的词语在晋代的变化情况。王国维《书郭注方言后》加以归纳，有如下几种情况：

（1）汉时方言变为晋时通语。如《方言》卷一：“好，赵魏燕代之间曰姝。”注：“昌朱反。今四方通语。”

（2）汉时此地方言变为晋时彼地方言。如《方言》卷一：“好，自关而东，河济之间谓之媌。”注：“今关西人呼好为媌。”

（3）汉晋时语同而义异。如《方言》卷一：“相谒而食麦饘……秦晋之际，河阴之间曰𩟔䬪。”注：“今关西人呼食欲饱为𩟔䬪。”

（4）汉晋时语异而义同。如《方言》卷二：“逞、苦、了，快也。”

注："今江东人呼快为煊，相缘反。"又卷四："袀襢谓之禅。"注："今又呼为凉衣也。"

训诂学家们还以方言材料上推古语，下证今言。如：

《经义述闻》卷十九："'诲之以忠，耸之以行。'（作者按：此为《左传·昭公六年》文）杜注曰：'耸，惧也。'《汉书·刑法志》'耸'作'㒞'。颜师古注曰：'㒞，谓奖也。'家大人曰：颜说是也。耸之以行，谓举善行以奖劝之。故《楚语》：'教之春秋，而为之耸善而抑恶焉，以戒劝其心。'韦注曰：'耸，奖也。'《方言》曰：'自关而西，秦晋之间，相劝曰耸，或曰奖。中心不欲而由旁人之劝语，亦曰耸。'又曰：'怂慂，劝也。南楚凡己不欲喜而旁人说之，不欲怒而旁人怒之，谓之怂慂。''怂'与'耸'义亦相近。"

这里是用扬雄《方言》中的材料，说明《左传》中的"耸"是"奖"、"相劝"的意思，从而纠正了杜预注之误；而这个"耸"也可以说成"怂慂"，"怂慂"这个词直到今天还用，只是一般写作"怂恿"罢了。可见"怂恿"这个词来源很古。

综上所述，可以知道我国古代训诂学在词汇研究方面取得了很大的成就。这笔宝贵的遗产，我们今天是一定要很好地继承的。

但是，传统训诂学也有明显的不足之处。我们今天研究古汉语词汇，就要克服这些方面的不足，在前人研究的基础上，再向前迈进一步。其不足之处主要是：

（一）首先，传统训诂学基本上没有脱离经学附庸的地位。古代训诂学家所做的工作，主要是为先秦的经典或秦汉时期小学的典籍作注，因此对古汉语词汇缺乏系统的理论研究。当然，这不是说古代训诂学家没有涉及词汇理论，特别是清代的一些大师如段玉裁、王念孙等，他们有些见解是很精辟的；但他们这些观点，也散见于对具体字词的诠释之中。这就不能不限制了对词汇理论系统的研究。因此，我们今天面对着的训诂学遗产，是极为丰富的材料（历代的注释、字书、音义等等，还有散见于笔记、杂著中的词语诠释），以及大量极为精辟然而散见于各处的理论观点，亟待我们去整理、归纳、总结。而这方面的工作，至今还做得很不够。

（二）传统训诂学基本上还是把古汉语词汇作为一个平面来研究的。尽管段玉裁提出了“有古形，有今形，有古音，有今音，有古义，有今义”，要“六者互相求”，而且说“古今者，不定之名也。三代为古，则汉为今；汉魏晋为古，则唐宋以下为今”，在具体的研究中，也有像上面所举的关于“屦”和“履”、“殿”和“堂”历史变化的精至之论，但总的说来，传统训诂学并不太注意汉语词汇在各个不同时期的历史发展，训诂学家们研究的重点是先秦和西汉的词汇，东汉以下，直至明清，各个时期的词汇研究得很少，就更谈不上从历史发展的观点对古汉语词汇作历时的描写并探索其发展的规律了。这方面的工作，我们今天要脚踏实地地从头做起，努力把各个历史时期的词汇面貌逐步搞清楚，在此基础上，总结汉语词汇从古到今的发展历史，总结汉语词汇发展的规律。

（三）传统训诂学在很长时间里没有摆脱文字形体的束缚，正如王力先生所说，严格地说，在清代以前的小学研究，是属于语文学的范围。清代学者打破了字形的束缚，重视了因声求义和声近义通，但其流弊又成为滥用通转。至于把语言看做一个语音、词汇、语法互相影响的完整的系统，这更是古代训诂学家所不可能做到的，我们也不应以此苛求古人。我们今天来研究古汉语词汇，就应该正确处理形、音、义三者的关系，而且要把词汇放到整个语言系统中来加以研究。

（四）传统训诂学对词汇的研究在理论上不够准确和深入。

这是和上面所说的第一点（即缺乏系统的理论研究）有关的。以同义词的研究为例。既然训诂的主要目的是读懂古代典籍，那么，说“初、哉、首、基、肇、祖、元、胎、俶、落、权舆，始也”就并无不可，而这些词之间的差异就被忽视了。后来的训诂学家对这些词的不同作出了说明，并提出“浑言”、“析言”等概念，这在对同义词的分析方面是一个进步。但是，究竟什么叫“浑言”，什么叫“析言”，还是没有一个准确的界说，对为什么会出现“浑言则同，析言则异”这种现象，更缺乏深入研究。又如所谓“反训”，也是一个很早就提出但一直没有说清的问题。我们今天来研究古汉语词汇，就要克服传统训诂学的这种缺点，一是要求其准确，一是要求其深入。在这方面，吸取现代语义学的研究成果，来用于古汉语词汇的研究，是有积极意义的。

（五）传统训诂学以解经、作注为主要任务，所以往往对僻字僻义花很大力气，而对常用词却略而不论。如王念孙《广雅疏证》、王引之《经传释词》、郝懿行《尔雅义疏》都是如此。也许，这正是使一些人对训诂学望而生畏的原因。应该肯定，对僻字僻义的研究、解释是重要的，因为僻字僻义确是我们阅读古书的一个障碍，而且，对有些僻字僻义进行研究，得出的是关于古汉语词汇的一般规律。但是，构成某种语言词汇系统的主要部分毕竟还是常用词，不论是阅读古书也好，研究古汉语词汇的规律也好，常用词有更大的重要性。因此，应该把常用词的研究放到更重要的地位上来，这样才能使古汉语词汇的研究为更多的人接受，更好地为整理、继承文化遗产服务，也更有利于总结古汉语词汇的规律。

第二节　现代语义学对古汉语词汇研究的启发

语义学(semantics)最早是在19世纪由德国学者莱西希(K. Reisig)提出来的,他主张把词义研究作为一个独立的学科,并把这个学科叫做 semasiologie(semasio 意义,logie 学)。现代语义学研究的不仅是词义,而是语义(包括词组、句子所表达的意义),但对词义的研究是其中一个重要部分。

语义学这门科学现在还不成熟。正如英国语言学家莱昂斯所说的:"迄今为止,还没有人对语义学作出一个令人满意的综合性的概述。"(J. Lyons: Introduction to Theoretical Linguistics, 1968)[①]但语义学研究所取得的一些成果以及它提出的一些理论、观点乃至问题,对我们研究古汉语词汇都很有启发。

(一)语义学研究的不是一种语言,而是多种语言,因此它的视野比较广阔,能注意到一些只研究某一种语言的人所不容易注意到的现象,并从中得出一些关于人类语言的一般性结论。

在这方面,语义学吸取了人类学家的一些研究成果。人类学家通过调查发现,表示颜色的词和表示亲属关系的词,在不同的语言中是表现得很不一样的。

比如,根据 B. Berlin 和 P. Kay 的说法,英语中有11个基本的颜色词,它们的分布图示如下("灰"在图中没有表示):

---

① 原文是英文,中文为本书作者所译。下同。

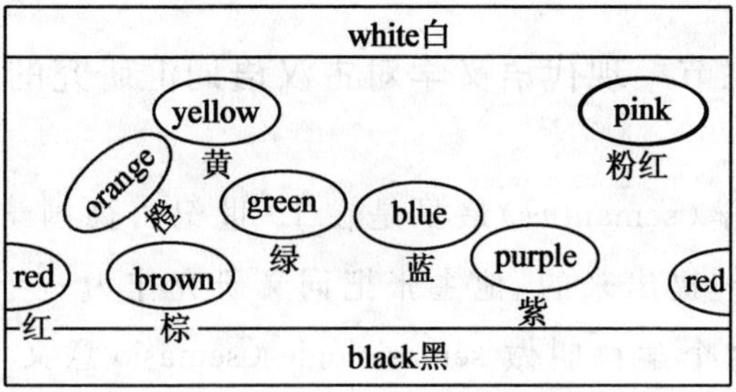

而根据 H. C. Conklin 的调查，在菲律宾的 Hanunòo 语中，只有四个颜色词，即：

(ma) biru＝黑，和其他的深颜色

(ma) lagti^ʔ＝白，和其他的浅颜色

(ma) rara^ʔ＝栗色、红色和橙色

(ma) latuy^ʔ＝浅绿、黄和浅棕

它们的分布图示如下：

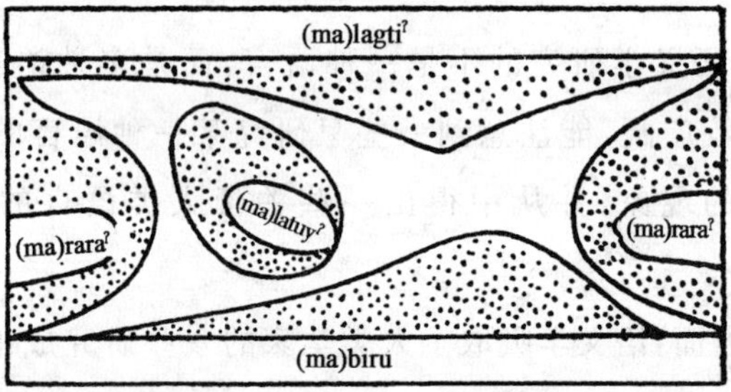

又如，根据朗斯伯里(F. G. Lounsbury)的调查，美洲伊洛魁部落森纳加(Seneca)语中表示亲属关系的词如下表：

A 类

1. ha^{ʔ}nih　　父系的，比我高一辈的男子。（包括父亲、叔伯、祖父母的兄弟姐妹之子。）

2. no^{ʔ}yēh　　母系的，比我高一辈的女子。（包括母亲、

姨母、外祖父母的兄弟姐妹之女。）

B类

3. hakhnoˀsēh　母系的，比我高一辈的男子。（包括舅舅、外祖父母的兄弟姐妹之子。）

4. ake:hak　父系的，比我高一辈的女子。（包括姑母、祖父母的兄弟姐妹之女。）

C类

5. hahtsiˀ　A类的儿子，长于我。

6. heˀkē:ˀ　A类的儿子，幼于我。

7. ahtsiˀ　A类的女儿，长于我。

8. kheˀkē:　A类的女儿，幼于我。

D类

9. akyä:ˀse:ˀ　B类的子女。

E类

10. he:awak　和我同辈的同性者之子。

11. khe:awak　和我同辈的同性者之女。

F类

12. heyē:wō:tēˀ　男子称与我同辈的异性者之子。

13. hehsōˀneh　女子称与我同辈的异性者之子。

14. kheyē:wō:tēˀ　男子称与我同辈的异性者之女。

15. khehsōˀneh　女子称与我同辈的异性者之女。[①]

这些例子很好地说明不同的语言中词汇的结构是不同的。尽

① 以上两图一表均转引自 G. Leech：Semantics. Second edition，1981。表中关于这些亲属称谓的解释是我加的。——作者

管颜色和亲属关系都是客观存在，但在不同的语言中却用不同的词来表达，而且这些词并非一一对应。用我们比较熟悉的汉语和英语来比较，这种情况也很容易见到。例如亲属称谓，英语中的brother，汉语中要按长幼分为“哥哥”和“弟弟”，英语中的uncle，汉语中要按父系母系分为“叔叔、伯伯”或“舅舅”。反过来，汉语中的“桌子”，英语要区分table和desk，汉语中的“杯子”，英语要区分为cup、glass、mug。

这些事实促使我们考虑关于一种语言的词汇系统的问题。这一点到后面的章节再详谈。如果我们从这个角度来考虑古汉语词汇和现代汉语词汇的不同，我们立即会想到：仅就颜色词和亲属词而论，古今汉语也有类似的情况。

例如，古代有这样一些颜色词：一染谓之縓，再染谓之赪，三染谓之纁，（以上见《尔雅》）四入谓之朱（见《仪礼》郑注），五入谓之緅（见《考工记》），六入谓之玄（见《周礼》郑注），此外还有“赤”、“绛”，都是与“红”色有关而深浅不同的词，这些词在现代汉语中找不到和它们一一对应的词。

古代的“舅”，既指舅父，又指公公；“姑”既指姑母，又指婆婆。王力《汉语史稿》说：“它们在最初只有一个总的意义。……在最初的时候，凡和父母同辈的男人都叫做‘舅’，凡和父母同辈的女人都叫做‘姑’。”古代的“子”，既指儿子，又指女儿；“弟”既指弟弟，又指妹妹（一般称“女弟”），也是这种情形。

这种情况，进一步证实了荀子所说的“名无固宜，约之以命，约定俗成谓之宜”的理论。明了这种情况，就不会再坚持音义之间有必然联系的看法了。

（二）语义学把词汇和词义作为一个系统来研究。这比传统的词汇研究是一个很大的进步。传统的词汇研究往往只注意单个词的发展变化，这种研究被称为是“原子主义”(atomism)。从索绪尔开始，提出了语言有聚合(paradigmatic)和组合(syntagmatic)两种关系，到了20世纪二三十年代，一些德国和瑞士的语言学家分别根据这些关系提出了不同的“语义场”(semantic field)的理论。

德国语言学家特里尔(J. Trier)提出的语义场主要着眼于词的聚合关系。他认为在同一个概念场(conceptual field)上，覆盖着一个词汇场(lexical field)。词汇场中的各个词互相联系，互相制约，每一个词的意义只能根据和它相邻近或相反的其他词的意义而确定。词汇场是随着时代的不同而变化的，这不仅是因为有旧词的消亡和新词的产生，而且是因为一个词意义的变化会影响到和它邻近的词，使这些词之间的关系发生变化。

特里尔曾举过一个十分著名的例子。他说：在13世纪初，高地德语中“知识”的概念场是由Wisheit、Kunst、List三个词组成的词汇场覆盖的。而一百年后，这个词汇场变成由Wisheit、Kunst、Wizzen组成的了。而且，这不是简单地由Wizzen代替了List，而是整个词汇场中三个词的义域(conceptual area)都发生了变化。粗略地说，在早先，Kunst是指比较高雅的一些知识，List是指普通的技能之类的知识，Wisheit不但在句子中可以替换这两者，而且往往是指一个人具有的兼包这两者的全面的知识。而到后来，Wisheit指较深的知识，Wizzen指较浅的知识，Kunst介于两者之间。根据特里尔的说法，我们可以把“知识”这个语义场的变化图示如下：

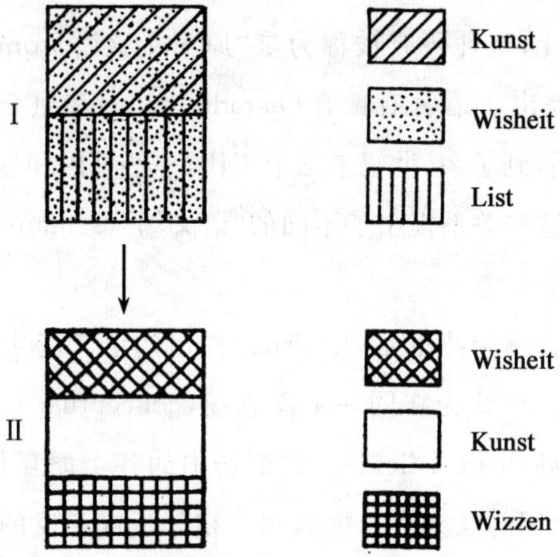

大致和特里尔同时，德国语言学家波尔席齐（W. Porzig）根据语言的组合关系提出了另一种语义场的理论。他注意到词与词之间（特别是名词和动词、名词和形容词之间）的搭配关系（collocation）。例如：bite（咬）和 teeth（牙齿）、lick（舔）和 tongue（舌头）、bark（吠）和 dog（狗）、fell（砍伐）和 tree（树）、blond（亚麻色）和 hair（头发）之间，意义联系非常明显。人们几乎不可能离开 dog（狗）去解释 bark（吠）的意义，离开 hair（头发）去解释 blond（亚麻色）的意义。这些词相互之间也构成语义场。

这种词语之间的搭配关系也影响到词的发展变化。例如，英语中的 ride（骑），原来只和 horse（马）搭配，但后来也可以说 ride on a bicycle（骑自行车）、ride on a carriage（乘坐马车）、ride on a train（坐火车），这个词的意义也就扩大了。又如，drive（驾驶）这个词由于经常和 car（汽车）搭配，所以在语言中有时可以光说 drive 而省略 car。如 Will you drive or shall I？（你开车还是我开车?)He's driving up to London.(他正开车去伦敦。)

这两种语义场的理论是互相补充的。在一种语言中由于聚合关系而处于同一语义场中的两个词,在另一种语言中,如果没有相应的词,就可能改用语言的组合关系来表示。如英语中的 kick(踢)和 punch(用拳打),在法语中就要分别用 donner un coup de pied(用脚打)和 donner un coup de poing(用拳打)。从聚合关系看,kick 和 punch 都表示打人的动作而属于同一语义场,从组合关系看,kick 和 foot(脚)、punch 和 fist(拳)因为固定的搭配关系而属于同一语义场。

对于特里尔和波尔席齐等人的语义场理论虽有种种批评,但人们也都公认,语义场的理论在语义学的研究中开创了一个新的阶段。我们在后面的章节中也将看到,这一理论对于研究古汉语词汇是极有用处的(关于语义场部分的引文,均转引自 J. Lyons: Semantics)。

词与词之间的联系是多种多样的,因此,构成的语义场也是多种多样的。现代语义学深入分析了这多种关系,如有的是上位义和下位义的关系,有的是部分和全体的关系,有的是同义或反义的关系,以及其他等等。这些我们在后面的章节中都将涉及。

(三)现代语义学对词义作了进一步的分析。提出了"义位"(sememe)和"义素"(semantic component)的概念。

先说"义素"。义素也有人称为 semantic feature(语义特征)。它是对词义进一步分析以后得出的。比如英语中 man(男人)、woman(女人)、boy(男孩)、girl(女孩)四个词,如果进一步分析,可以发现它们有一些共同的和互不相同的成分。例如,它们都是人,但性别和年龄有所不同。其关系可以图示如下:

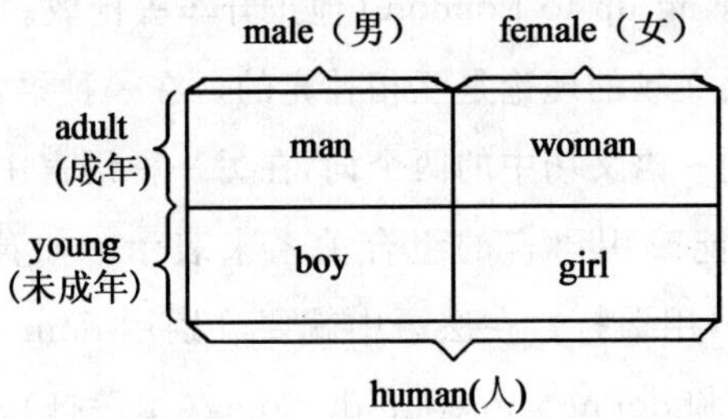

如果进一步用-male 表示 female，用-adult 表示 young，那么，HUMAN、MALE、ADULT 就是构成这四个词的义素，这四个词由这三个义素不同的组合而构成，即：

man＝＋HUMAN＋ADULT＋MALE

woman＝＋HUMAN＋ADULT－MALE

boy＝＋HUMAN－ADULT＋MALE

girl＝＋HUMAN－ADULT－MALE

从这个最简单的例子中可以看出，“义素”是由处于同一语义场中相邻或相关的词相比较而得出的。构成一个词的若干义素，就是这个词区别于其他词（特别是同一语义场中相邻或相关的词）的区别性特征（distinctive feature）。例如 man 一词，以＋MALE 和 woman 相区别，以＋ADULT 和 boy 相区别，以＋HUMAN 和 ram（公羊）相区别。而它的三个义素加在一起，大致就可以看做这个词的定义：成年的男人。

这种把词分析为义素的方法叫“义素分析法”（componential analysis，简称 CA，也可以译为“成分分析法”）。很显然，这种分析方法是受对音位的区别性特征的分析的启发而产生的。布拉格学派的特鲁别茨柯依（N. S. Trubetzkoy）等语言学家把音位看做一组区别性特征，如英语中的/p/是由“双唇音＋塞音＋清音”构成的，在双唇音这一点上，它和/t/对立，在塞音这一点上，它和/m/对立，在清音这一点上，它和/b/对立。用这种观点来分析词义，也就得出了语义方面的区别性特征，即义素。

下面再说“义位”。上面讲到，义素是把词的意义进一步分析而得出的区别性特征。但是，词往往是一词多义的。如汉语中的“孩子”和英语中的 child 一样，有两个意义：(1)儿童；(2)子女。前一意义，无疑包含着“未成年”的义素，但后一意义，却不能说有“未成年”的义素。比如一个六十岁的老人对着他的老朋友介绍自己三十岁的儿子时说：“这是我的孩子。”这个“孩子”就绝不是未成年的。由此可见，义素分析不是对一个词的几个意义综合起来加以分析，而是以一个词的一个意义为单位来进行分析。像“孩子”所具有的两个意义，在词典中称为“义项”，这是大家比较熟悉的名称；而在语义学中，称为“义位”。(sememe 这个术语，在语义学中有不同的定义，有人认为它大致等于“义素”，有人把它看做是区别性特征的混合。我们在后一种意义上使用它。)

这样，我们可以说：一个词，如果是单义词，就只有一个义位。如果是多义词，就包含几个义位。语义的基本单位应该是义位，而不是词。把若干词的处于同一语义场中的相邻或相关的义位加以比较和分析，就可以得出若干义素。换句话说，词可以分析为若干义位，义位又可以分析为若干义素。当然，这是很粗略的说法，一些更深入的理论问题，我们不打算在这里讨论。

作这样的分析是不是烦琐哲学？不是的。在下面的章节中我们将会看到，使用“义位”和“义素”的概念，对古汉语词汇的研究(不论是静态的分析还是历史的描写)都很有好处。特别是义素分析法，表面看起来烦琐，但只要运用得当，实际上是可以起以简驭繁的作用的。比如汉语中的亲属称谓名目繁多，但如果用义素分析法，就可以用八个义素把它们全部表示出来。（参见石安石《亲属词的语义成分试析》）上面举过的伊洛魁语的亲属称谓也很复杂，但调查者朗斯伯里（F. G. Lounsbury）用八个义素把它们表示出来。（参见 G. Leech：Semantics. 1981）

当然，义素分析法还是一种不很成熟的方法，语言学家们对它的看法也不完全一致，有的赞同，有的表示怀疑。迄今为止，对义素分析法的运用也仅限于一部分词，而另有一些词（如表示抽象概念的词）如何进行义素分析，还有待于进一步研究。但我认为，义素分析法毕竟是词义研究方面的一种突破。如果说语义场的理论是从宏观方面来认识词和词义，那么义素分析法则是在微观方面对词和词义的认识的深入。我们不必因为义素分析法的一些缺陷而断然否定它，而应该在不断的探索中使它完善起来。

第三节 建立汉语历史词汇学

上面谈了传统训诂学和现代语义学的大致情况，这里要谈一谈它们和汉语历史词汇学的关系。

早在 1947 年，王力先生写过一篇《新训诂学》，一开始就说到：

> 训诂学，依照旧说，乃是文字学的一个部门。文字学古称“小学”。《四库全书提要》把小学分为三个部门：第一是字书之属；第二是训诂之属；第三是韵书之属。依照旧说，字书之属是讲字形的，训诂之属是讲字义的，韵书之属是讲字音的。从古代文字学的著作体裁看来，这种三分法是很合适的。不过，字书对于字形的解释，大部分只是对于训诂或

声音有所证明，而所谓韵书，除注明音切之外还兼及训诂，所以三者的界限是很不清楚的。若依语言学的眼光看来，语言学也可以分为三个部门：第一是语音之学，第二是语法之学，第三是语义之学。这样，我们所谓语义学(semantics)的范围，大致也和旧说的训诂学相当。但是，在治学方法上，二者之间有很大的差异，所以我们向来不大喜欢沿用训诂学的旧名称。这里因为要显示训诂学和语义学在方法上的异同，才把语义学称为新训诂学。

这一段话简明扼要地说明了训诂学和语义学的关系：(1) 它们研究的范围大致相同，即都是以词义为中心的。(2) 但它们在治学方法上有很大的差异。旧训诂学必须加以改造，才能成为新训诂学。

那么，旧训诂学的根本缺点又是什么呢？王力先生在同一篇文章中说："旧训诂学的弊病，最大的一点乃是崇古。""从历史上去观察语义的变迁，然后训诂学才有新的价值。……等到训诂脱离了经学而归入史的领域之后，新的训诂学才算成立。"这话也是说得很中肯的。王力先生在他后来写的《中国语言学史》"西学东渐的时期"一章的结束语中，在谈到那个时期语言学中的新旧两派时说："直到 1947 年，王力发表了他的《新训诂学》，其中讲了'旧训诂学的总清算'，提出了'新训诂学'，才算跟旧派宣布了决裂。"可见，他自己一直认为，对旧训诂学的改造，是具有重要意义的。

那么，是不是把旧训诂学加以改造，克服了它的根本的缺点以后，新训诂学、语义学、汉语历史词汇学三者就合一了呢？我认为并不如此。

这是因为，这三者的研究范围还是各有侧重，三者的研究方法也不必完全划一。这三者完全可以成为相互交叉的、关系密切的，然而又是各自独立的学科，三者在它们的发展中互相促进，相辅相成。

训诂学，它的重点在于具体词义的考释。当然，它研究的词语不应该到西汉为止，汉魏以下的“俗词语”也应是它研究的重要内容。(关于这一点，郭在贻《训诂学》中提出了很好的见解。)一些行之有效的传统的训诂方法也还应当继续使用，当然，与此同时，它应该摒弃旧训诂学中那些陈旧落后的东西，还应该注意吸取现代语言学(包括现代语义学)的科学的观点和方法。这样的训诂学，就可以称为“新训诂学”。

语义学的研究以词义为重点而又不限于词义，它研究的对象也不仅仅是汉语，而是要通过研究人类各种语言探求语义方面的理论和规律。但现代西方语义学主要是通过对印欧语(特别是英语)的研究来归纳理论的，我们研究语义学，就不能跟在西方学者后面亦步亦趋，而应该努力通过汉语的研究，来发展和丰富语义学，这里也包括对我国传统训诂学的研究成果加以分析和总结，使之理论化。同时，我们在运用现代语义学的成果来研究汉语词汇时，也要注意汉语的特点，绝不能生搬硬套。

汉语历史词汇学，是对汉语词汇的历史发展作一些理论上的探讨。它无疑是要在吸取我国传统训诂学和现代语义学的成果的基础上建立起来的。但它毕竟还不同于训诂学，因为它主要着眼于一些理论性问题的研究，而不是对具体词语的考释；它也不同于语义学，因为它不是谈一般的语义问题，而是对汉语词汇历史发展中的一些问题进行理论上的探讨。如果这方面的研究做好了，那么，它一方面会对汉语词汇历史发展的描写和研究有帮助，另一方面也会对语义学的发展作出贡献。而要做到这一点，就需要我们大家共同努力。

第二章　词和词义

第一节　词

什么是词，这个问题不大好回答。语言学家们给词下过各种不同的定义，但各种定义都有不完善之处。这在张永言《词汇学简论》(华中工学院出版社，1982)中有较详细的介绍。对于这个理论问题，此处不详谈。

对古汉语词汇的研究来说，一个重要的问题是区分字和词。字不等于词，词是语言的单位，字是记录词的文字符号，两者有联系，但不是一回事；研究古汉语词汇要以词为单位，而不能以字为单位。这些似乎都是常识，用不着再说。但是，因为古汉语研究的对象是书面资料，出现在面前的是一个个的方块汉字，所以在传统的古汉语研究中一直是以“字”为单位，“字”的观念在人们头脑里根深蒂固。正如王力先生在《中国语言学史》中所说：“文字本来只是语言的代用品。文字如果脱离了有声语言的关系，那就失去了文字的性质。但是，古代的文字学家们并不懂得这个道理，仿佛文字是直接代表概念的：同一个概念必须有固定的写法。意符似乎是很重要的东西；一个字如果不具备某种意符，仿佛就不能代表概念。这种重形不重音的观点，控制着一千七百年的中国文字学(从许慎时代到段玉裁、王念孙时代)。”直到今天，在古汉语的研究中，还常有不自觉地把字和词混同起来，或者把汉字直接和概念联系起来的。所以，这个问题还很有强调的必要。我们在下面各章中的一些论点，就是建立在字和词相区别的基础上的。

古汉语词汇的研究既然要以词为单位，那么所要解决的第一个问题就是究竟哪些是词，哪些不是词；哪些是一个词，哪些是几个词。这个问题处理起来也会碰到一些复杂的情况。下面从共时(synchronic)和历时(diachronic)两个角度来加以讨论。

(一) 从共时的角度看，要注意两种情况，分述如下。

(1) 一个汉字，有时不是词，有时代表一个词，有时代表两个或两个以上的词。

在联绵字中，两个汉字只是代表两个音节，两个汉字合起来，才代表一个词。这一点，古人的认识是不清楚的，常常把一个联绵字拆开来讲。如《孟子·梁惠王下》："流连荒亡，为诸侯忧。从流下而忘反谓之流，从流上而忘反谓之连，从兽无厌谓之荒，乐酒无厌谓之亡。"《方言》："美心为窈，美状为窕。"有一些字典词典也沿袭这些说法，其实古人的这些话是不足为据的。最好的证明就是在古书中找不出任何单个的"流"表示"从流下而忘反"，"连"表示"从流上而忘反"，"窈"表示"美心"、"窕"表示"美状"的例子。

复合词中的一个汉字也不代表一个词，而只代表一个语素。但是这些语素往往可以独立成词。如"天子"中的"天"和"子"，"黎民"中的"黎"和"民"。

在上古汉语中以单音词为主，就单音词来说，一个词就写成一个汉字；但不能反过来说，一个汉字就是一个词。例如"女"字，既可以表示"女子"，又可以表示第二人称代词，读 rǔ。这后一个意义显然应该看做另一个词，因为这个意义和前一个意义毫无联系，而且读音也不一样。只是这个词和表示“女子”的“女”这个词汉字写作同一形体，是“同形词”。另外，像“耳朵”的“耳”和用于句尾表示“而已”的“耳”也是两个词，只不过它们读音相同，写法相同，是“同音同形词”。

（2）两个不同的汉字，有时代表两个词，有时却代表一个词。

一般来说，两个不同的汉字，即使读音相同，也不代表同一个词。如“叹”和“炭”，从古到今读音都相同，但它们的意义毫不相干，所以只是两个同音词，而不是同一个词。这一点不用多说。

但是，有的时候，两个不同的汉字却是代表同一个词。例如，《说文》中有“喜”字，又有“憙”字，有“嘆”字，又有“歎”字。《说文》：“喜，乐也。”《说文》：“憙，悦也。”段注：“憙与嗜义同，与喜乐义异。浅人不能分别，认为一字。”《说文》：“歎，吟也。”《说文》：“嘆，吞歎也。”段注：“按嘆歎两字，今人通用。毛诗中两字错出，依《说文》则义异。歎近于喜，嘆近于哀。”但是，段玉裁这样的解释并不正确，清人徐灏和现代语言学家王力都已指出段氏是强生分别。“喜”和“憙”，“歎”和“嘆”音义都相同，它们是同一个词的不同写法。从古书资料来看，段氏所说的那种区别并不存在。

上述例子说明，判断是一个词还是两个词，字形并不是最重要的，重要的还是音和义。如果音义都相同，即使字形不同，也是一个词；如果音同义不同，那就是两个同音词（如“叹”和“炭”），义同音不同，那就是两个同义词（如“喜”和“悦”）。

但是，这也还是一个大致的说法，有些问题还需要深入讨论。

（1）从读音方面看，是不是必须读音完全相同才是一个词？

例如，联绵字往往可以有多种写法。这多种写法，有的读音一样，如“仿佛”、“彷彿”、“髣髴”，显然是同一个词。但有些读音不一样。如“逶迤”也可以写作“逶蛇”、“逶移”、“逶迟”、“威夷”等，这些字在上古音中也不完全相同（“迤”、“蛇”、“移”为歌部，“迟”、“夷”为脂部）。那么它们算不算同一个词？

又：古人有所谓“急言”、“缓言”、“长言”、“短言”之说。如俞樾《古书疑义举例·语急例》：

> 《论语·先进篇》：“由也喭。”郑注曰：“子路之行，失于畔喭。”然则“喭”即“畔喭”也，并古人语急而省也。《雍也篇》：“君子博学于文，约之以礼，亦可以弗畔矣夫。”“畔”亦即“畔喭”也。畔喭本叠韵字，急言之，则或曰“喭”，“由也喭”是也；或曰“畔”，“亦可以弗畔矣夫”是也。

王筠《毛诗双声叠韵说》也讲到“一言可抵连语者”，如：

> “灵雨其濛”，“濛”即“溟濛”也。“冽彼下泉”……“冽”即“栗烈”也。“击鼓其镗”，“镗”即“镗鞳”也。……“静女其娈”，“娈”即“婉娈”也。“朱芾斯皇”，“皇”即“唐皇”，亦即“堂皇”也。“彼尔维何”，“尔”即“丽尔”，犹“靡丽”也。“子之丰兮”，“丰”即“丰容”也。……“烂其盈门”，“烂”即“粲烂”也。

像“畔喭”和“畔”或“喭”，“溟濛”和“濛”，还有后来的“作么”和“怎”，“不用”和“甭”，算不算一个词？

上述这些例子，都是意义相同，读音不同。如果说必须是音义都相同才能算一个词的话，那么它们就只能算是同义词。但是，它们和一般的同义词如“喜”和“悦”、“舟”和“船”显然又不大一样：它们的读音虽然不同，但毕竟是有联系的。我们最好把它们看做同一个词的变体，或者把它们叫做“变音词”。

（2）从意义看，两个汉字意义相近而并不相同，当然不能算一个词；意义相同而读音不同，也不能算一个词，比如上面说的“喜”和“悦”、“舟”和“船”，只是同义词。问题在于：同一个汉字表示的多种意义，究竟哪些是属于不同的词？哪些是同一个词的不同义位(即通常所说的“一词多义”)?

这个问题,在有些情况下是很清楚的,如“居”字,古代常见的有这样几个意义:①坐。②居住。(如《列子·汤问》:“面山而居。”)③住处。(如《左传·宣公二年》:“问其名居。”)④疑问语气词,读 jī。(如《左传·襄公二十三年》:“谁居?”)这四个意义中,④显然是另一个词,因为它的音义都和前三个音义相差很远。①和②显然是同一个词的两个义位,因为这两个意义联系很密切。但③究竟是和①、②同属一个词的不同义位,还是应看做另一个词?这就需要讨论了。

这牵涉到意义和语法两个方面。从意义方面看,在古汉语词汇研究中,如果同一汉字表示的几种意义之间有一定的联系,一般都看做同一个词的几个义位。按这个标准,表示居住的“居”和表示住处的“居”意义是有联系的,应该算一个词的两个义位。

但从语法方面看,“面山而居”和“问其名居”这两个“居”语法功能不同,按照一般的看法,它们一属名词,一属动词,既是不同的词类,就应该是两个词。

但我认为,这样的处理,至少对古汉语词汇来说,会有相当大的困难。因为古汉语词汇中像这样的情况相当多。如果“居”要分成一个名词的“居”和一个动词的“居”,那么,很多类似的情况都要分成两个或三个词(名、形、动),而实际上这些分出来的词词义是很接近甚至是一样的。这样既不利于古汉语词典的编纂,也不利于古汉语词汇的研究。因为这样分开的结果,割断了词义发展的联系。

又如,“目”在古汉语中有三个常见的意义:①眼睛。②注视,看。③细目。如果把它分为一个名词和一个动词的话,那么将是这样：

目$_1$：①眼睛。②细目。

目$_2$：注视，看。

而实际上，“眼睛”和“看”在词义上的联系比“眼睛”和“细目”的联系更为紧密。联系不太紧密的反而是一个词，联系紧密的反而是两个词，这是不太合理的。就是在《现代汉语词典》中，“居”和“目”也没有分列为两条，“居”的前几个义项是：①住。②住的地方。③在（某种位置）。而“目”的义项排列为：①眼睛。②网眼。③〈书〉看。④大项中再分的小项。⑤生物学中把同一纲的生物按照彼此相似的特征分为几个群叫做目。⑥目录。

但是，如果把“面山而居”的“居”和“问其名居”的“居”看做一个词的两个义位，把表示“眼睛”的“目”和表示“看”的“目”也看做一个词的两个义位，那么这些词究竟属于什么词类呢？我认为，既然是“一词多义”，相应的也可以有“一词多类”。在表示“居住”时，这个词是动词，在表示“住处”时，这个词是名词。“目”也是这样。当然，并非所有的“一词多义”全是“一词多类”，有的词几个不同的义位都具有相同的语法功能，这样的词就只属一个词类。

这样说，并不等于在区分词的问题上完全不考虑语法功能。如实词虚化为虚词后，两者语法功能差别甚大，这当然应该看做两个词了，如名词的“被”和介词的“被”。但这种情况，两个词的意义也必然相差甚远。这时如果以意义为标准，也应看做两个词。所以，主要以音义为标准来判断是不是同一个词，是可行的。

（3）有时候，在词义发展过程中，意义的变化或语法的变化会引起读音的变化。如“解”，由“解开”义引申为“懈怠”义，读音变为xiè（后来字形也变成“懈”）；“女”，由“女儿”义转化为“以女嫁人”

义，读音变为 nǜ。这就是所谓“清浊别义”和“四声别义”。读音的改变是一种标志，说明人们已把它看做一个新的词了。所以，在这种情况下，尽管“解开”义的“解”和“懈怠”义的“解”，以及“女儿”义的“女”和“以女嫁人”义的“女”在词义上有一定的联系，但仍应把它们看做两个词。

但是，有时候“四声别义”的作用不在于区别词义，而仅仅是表示语法功能的不同。如：

染，濡也，而琰切，上声。染人之染，而艳切，去声。（用做谓语和用做定语之别。）

过，逾也。古禾切，平声。既逾曰过，古卧切，去声。（一般与完成之别。）

这种情况应该说和“解”、“女”有所不同，我们可以把它们也看做一个词的不同变体，或称之为变音词。

（4）综上所述，可以知道要判断是不是一个词，主要应根据音义。但是，这并不是说字形可以完全不考虑。例如“山头”、“山顶”、“山颠”（也作巅）、“山领”（后来写作“山岭”）、“山腰”、“山脚”，都是借人体为喻的。这里的“头”、“顶”、“腰”、“脚”，和表示人体的“头”、“顶”、“腰”、“脚”显然是同一个词。而“巅”和“颠”、“岭”和“领”，就是两个词了。为什么这样说呢？这主要是从词义来判断的。比如，可以说“岭上”、“五岭”，而“领”却不能这样说。可见“岭”虽是从“领”分化而来的，但已成为另一个词。当然，字形也可以作为一个参考：人们把“山领”写作“嶺”，就反映出人们觉得“山领”的“领”和“首领”的“领”已经有所不同了。不过这种参考的作用不能夸大。比如，古代字书中有一个“嵴”字，义为“山脊也”。又有“嵾嵯”两字，义为“不齐貌”。我们就决不能仅根据字形，说“脊”

和“嵴”、“参差”和“嵾嵳”是两个不同的词，因为“嵴”和“嵾嵳”只是某些人笔下的产物，在语言中，它们并没有从“脊”、“参差”这个词中分化出来而成为新词。

（二）从历时的角度看，同一个词在语言的不同历史时期，音和义都会有变化。只要它的读音变化符合语音发展的规律，意义古今有历史的联系，就是同一个词。如“伐”（讨伐），上古是浊声母，双唇音，入声，现代是清声母，唇齿音，去声，但仍是一个词。这一点不用多讲。需要注意的是下面几种情况：

（1）有的词，如“父”和“爸”、“无”和“吗”，从历史演变的角度看，应该是同一个词，后者是由前者发展来的。但是，由于它们共存于某一语言平面中，在这个平面上它们还应该说是两个词。

（2）有的词，如“刻削”的“刻”和“一刻钟”的“刻”，从历史发展来看，词义是有联系的，开始时应该认为是一个词的两个义项。但发展到今天，人们一般已经意识不到它们意义的联系了，所以应该看做两个词。

（3）有的词，如“是物”、“甚摩”、“什么”，虽然出现的时代不同，书写形式不同，读音也有差异，但因为它们意义完全一样，读音的差异也有规律可循，而且正反映了它在不同时代逐步演变的过程，所以，它们是同一个词。反之，有的字古今相同，但它所表示的意义截然不同，而且找不到任何历史的联系，如“找”，古代是“划”的异体字，现代是“寻找”。“绸”，古代是“绸缪”之义，现代是“绸子”。“抢”，古代是“碰撞”，现代是“抢夺”。既然它们的意义毫无关系，就不应该看做一个词，而应该看做两个完全不同的词，只是凑巧用了同一个书写形式罢了。

第二节　词义

什么叫词义？这个问题看来很简单：词义就是词的意义。其实，这是一个很复杂的问题。如果深入分析，词可以有好几种“意义”。英国语言学家里奇(G. Leech)在他的《语义学》(Semantics)中，对“意义”(meaning)作了进一步分析，认为有七种意义。他的意见是值得重视的。下面结合古汉语词汇来对其中与词义有关的六种作一些介绍。

(一) 理性意义。也称为概念意义(conceptual meaning)、指称意义(denotative meaning)。大致就等于这个词所反映的概念。理性意义反映某一事物的本质特性，是词义的核心，在词典中给词所下的定义就是词的理性意义。如“妇：成年女子”，“媪：老年女子”等。

(二) 隐含意义(connotative meaning)。它反映事物的非本质属性。如“水”，它是无味的，流动的，凉的。(指在自然状态下的水。热水古代就称“汤”了。)这些属性不构成“水”这个词的理性意义，而是它的隐含意义。但是在某种语言环境中这种隐含意义会反映出来。如：

> 君子之交淡如水。(言其无味)
> 碧天如水夜云轻。(言其清凉)
> 旧恩如水满身流。(言其流动)

隐含意义还随着民族和时代而不同，汉语中的“冰”，有“高洁”的意义，如“一片冰心在玉壶”，而其他民族的语言中，“冰”未必有这样意思。古代汉语中“女”有“柔弱”、“卑下”的隐含意义，如《诗经·豳风·七月》：“猗彼女桑。”孔疏：“女是人之弱者，故知女桑柔桑。"《释名·释宫室》:"城上垣曰睥睨,……亦曰女墙。言其卑小,比之于城,若女子之于丈夫也。"这就和古代对女子的看法有关。

隐含意义如果经常被使用,也会发展成一个新的词或义位。如"飞"的隐含意义是"迅速",到后来,由这个隐含意义发展出一个副词"飞",如"飞跑"、"飞快"等。

(三)社会意义(social meaning)。指一个词所表达出来的它使用的社会环境。一些词的理性意义相同,但社会意义不同。如:

帝　一般指远古时的帝王(如帝尧、帝高阳),或史书中称皇帝。

圣人　唐代称皇帝为圣人。

大家　唐代宫廷中称皇帝。(如白居易《上阳白发人》:"今日宫中年最老,大家遥赐尚书号。")

陛下　臣民当面称皇帝。

上　臣民称皇帝。

(四)感情意义(affective meaning)。即通常所说的"感情色彩",包括褒、贬、轻、重、尊敬、轻蔑等。如《论语·为政》:"君子周而不比,小人比而不周。""周"和"比"大致相当于现代汉语的"团结"和"勾结",理性意义相同,但感情意义不同。又如"君"、"子"、"尔"、"汝"都可以指对方,但古代当面称对方为"尔"、"汝"有轻蔑的意思。《孟子·尽心下》:"人能充无受尔汝之实,无所往而不为义也。"

(五)联带意义(reflected meaning)。指一个词有多种意义,在使用甲义时,使人联想到它的乙义。比如"血",有"血液"义,也有"流血、杀伤"义(如"血洗"、"血战")。"猪血"、"鸡血"等词语中的"血"本是前一意义,但因使用时容易使人联想到后一意义,所以有人因避讳而把"猪血"改为"猪红"。古典诗歌中的"借对"更是巧妙地使用词的联带意义。如杜审言《秋夜宴临津郑明府宅》:"酒中堪累月，身外即浮云。”诗中的“月”用的是“年月”的“月”，但借“星月”的“月”来和“云”相对。

（六）搭配意义（collocative meaning）。指一个词由经常和哪些词搭配而体现出来的意义。如“美”和“丽”意义相近而又不同，不同就在于“美”的使用范围广，可以和较多的词搭配，如“美人”、“美池”、“美玉”、“美景”等。而“丽”使用的范围较窄，能够搭配的词较少，一般限于指容貌，如“丽人”、“丽质”等。

第三节　义位

一个词可以只有一个意义，但多数情况下有多种意义。每一个意义称为一个义位。

粗略地说，“义位”就是词典上所列的义项。但是，词典有时对字词的区分不是很严格的，所以，在一个字条下面所列的义项，首先要区分哪些是属于同一个词，哪些不属同一个词，然后，才能把那些属于同一个词的义项看做这个词的不同义位。例如，新版《辞源》在“耳”字条下列了五个义项：（例句略去）

> 耳：㈠耳朵。㈡附于物体两边便于提举之物。㈢状似耳之物。如木耳、银耳、虎耳草。㈣听、听说。㈤助词。

“耳”字实际上是记录了两个词：一是实词，一是虚词。实词“耳”有四个义位，即㈠、㈡、㈢、㈣。

把词分为义位，对研究古汉语词汇有什么必要性呢？

第一，下面将会看到，在讨论词义的发展变化和同义词、反义词等问题时，都不能笼统地以词为单位，而要以义位为单位。

第二，这样的区分，有助于消除传统训诂学中的一些模糊、不精确之处。这里着重谈第二点。

如《尔雅·释诂》:“林、烝、天、帝、皇、王、后、辟、公、侯,君也。”从“天”以后的一系列词,都有“君”的意思(或多少与“君”有联系),这不难理解;“林、烝”是否也有“君”的意思呢?以前确有人根据《尔雅》而认为“林、烝”也有“君主”之义,但实际上并非如此。又:“艾、历、觋、胥,相也。”似乎“艾、历、觋、胥”四个字应该同义,但事实上也并不是这样。

王引之《经义述闻》卷二十六对此作了解释:

> 林、烝、天、帝、皇、王、后、辟、公、侯,君也。引之谨案:君字有二义,一为君主之君,天、帝、皇、王、后、辟、公、侯是也。一为群聚之群,林烝是也。古者“君”与“群”同声。……天、帝、皇、王、后、辟、公、侯为君主之君,林、烝为群聚之群,而得合而释之者,古人训诂之指,本于声音,六书之用,广于假借,故二义不嫌同条也。……艾、历、觋、胥,相也。艾为辅相之相,历、觋为相视之相,胥为相保相受之相。……义则有条而不紊,声则殊涂而同归,此《尔雅》所以为训诂之会通也。魏张稚让作《广雅》,犹循此例。……自唐以来,遂莫有知其例者也。

根据王引之的说法,我们知道:用来解释“林、烝”的是君$_1$(“群”的假借字),用来解释“天……侯”的是君$_2$(君主),《尔雅》实际上把同一汉字表示的两个词混同了。用来解释“艾”的是“相”的一个义位(辅佐),用来解释“历、觋”的是“相”的另一个义位(视),《尔雅》又把同一个词的不同义位混同了。王引之发现了《尔雅》这种“二义不嫌同条”的体例,这是他的贡献;但他称赞《尔雅》这种体例,却是不正确的了。在这一点上,还是戴震比他高明,戴震是批评《尔雅》这种做法的。他在《答江慎修论小学书》中说:

> 《尔雅》亦不足据。姑以《释诂》言之。如“台、朕、赉、畀、卜、阳,予也。”“台、朕、阳”当训“予我”之“予”,“赉”、“畀”、“卜”训“赐予”之“予”,不得错见一句中。“孔、魄、哉、延、虚、无、之、言,间也。”郭氏注云:“孔

穴延魄虚无皆有间隙，余未详。”考之《说文》，“哉，言之间也。”“言之间”即词助。然则“哉、之、言”三字乃“言之间”。“言”为词助，见于《诗》、《易》多矣。“豫、射，厌也。”郭氏注云：“诗曰：‘服之无射。’余未详。”“豫”盖当训厌足厌饫之“厌”，“射”训厌倦厌憎之“厌”。此皆拾掇之病。

他正确地批评了《尔雅》。实际上，他所批评的正是混同字词以及混同一个词的不同义位的毛病。这个毛病在传统训诂学中是常见的。

王力先生《训诂学上的一些问题》中讲到“偷换概念”的问题。王力先生举了一个例子。《诗经·伐檀》：“胡取禾三百亿兮。”俞樾认为：“亿”通“繶”，而《广雅·释诂》：“繶，束也。”所以“三百繶”就是“三百束”。其实，古书中并无证据说“繶”可当量词用。《周礼·屦人》注：“繶，缝中紃也。”《广雅·释器》：“繶，絛也。”据此，“繶”是一种饰履缝的丝绳。《广雅·释诂》：“繶，束也。”王念孙认为这个“束”与“缀絛”有关，“亦系束之义”。这已比较勉强，而俞樾把动词“束”牵合到量词“束”，这就是偷换概念。

王力先生又说：“凡是一词多义的地方，都可以偷换概念。……例如《广雅·释诂》：‘翫（玩）、俗，习也。’‘翫’与‘习’是同义词，‘俗’与‘习’是同义词，但‘翫’与‘俗’不是同义词，因为‘习’是多义词，兼有‘狎习和‘习俗’等义，如果把‘翫’字解作‘习俗’的意义，那就大错特错了！”我们可以为王力先生这段话补充一个例证。俞樾《古书疑义举例·以双声叠韵字代本字例》：“《夏小正》：‘黑鸟浴。’传曰：‘浴也者，飞乍高乍下也。’按：飞乍高乍下何以谓之浴？义不可通。‘浴’者，‘俗’之误字。《说文》：‘俗，习也。’‘黑鸟俗’，即黑鸟习也。《说文》：‘习，数飞也。’传所谓‘飞乍高乍下’者，正合‘数飞’之义。‘俗’、‘习’双声，故即以俗字代习字耳。”俞樾所说“浴”为“俗”字之误有无证据姑且不论，他根据《说文》“俗，习也”、“习，数飞也”得出结论，说“俗”就是“数飞”，这正是“偷换概念”。因为“习”有两个义位，$习_a$＝俗，$习_b$＝数飞。从这里是得不出“俗＝数飞”的结论的。俞樾的错误，就在于他没有区分词的义位。

下面讲“义位变体”。

一个多义词分为若干义位，反映在词典中就是分为若干义项。但是，曾经使用词典阅读古书的人都有一个经验：词典中的义项往往和句中的词义“对不上号”。例如，“投”这个词，新版《辞源》列了七个有关的义项：

投：㈠掷，扔。㈡投入。㈢投赠。㈣投奔。㈤投送，呈递。㈥投合。㈦到，临。

有的例句，很快能对上号，如《左传·成公二年》：“桀石以投人。”这个“投”就是“掷、扔”。但下面举的一些例句中的“投”字，似乎哪一个义项也“对不上号”，而应该随文作别的解释：

《左传·宣公十四年》：“投袂而起。”（投：甩。）

《左传·哀公二年》：“太子惧，自投于车下。”（投：扑。）

《汉书·扬雄传》：“唯寂寞，自投阁。”（投：跳。）

《汉书·外戚传》：“自投地啼泣。”（投：趴。）

张协《七命》：“单醪投川，可使三军告捷。”（投：倒。）

也许这样的解释太迁就于上下文，而且是从古今对译而产生的区别。但我们仔细体会一下这些“投”字，它所表示的动作确实不是完全一样的。“投袂”的“投”和“投醪”的“投”会是同一种动作吗？

为了排除古文今译所产生的错觉，我们再看一组例子，这组例子中的“摄”字，应该是同一义位，但古注就说得不大一样：

《说文》：“摄：引持也。”

《汉书·陈馀传》：“（张）耳摄使受笞。”注：“谓引持之。”

《仪礼·士丧礼》：“举者盥，右执匕却之，左执俎横摄之。”注：“持也。”

《仪礼·聘礼》:“庭实,皮则摄之,毛在内。”注:“摄之者,右手并执前足,左手并执后足。”

《文选·吴都赋》:“摄乌号。”刘注:“摄,持也。”

《文选·喻巴蜀檄》:“皆摄弓而驰。”注:“摄谓张弓注矢而持之也。”

《左传·成公十六年》:“请摄饮焉。”注:“摄,持也。持饮往饮子重。”

《左传·昭公十八年》:“郲人袭鄅,鄅人将闭门,郲人羊罗摄其首焉。”疏:“摄训为持也,斩得闭门者首而持其头。”

这些“摄”大致都是“持”的意思,但“持”的具体方式并不一样。正如注解所表明的那样,如果“摄”的对象是羊皮,那么“摄”是左手右手并持之。如果“摄”的对象是弓,那么“摄”是张弓注矢,两手一前一后持之。《汉书》例和《左传》两例注解说得比较简单,但也可以从上下文推断:如果“摄”的对象是人,那么“摄”就是用两手拉着他。如果“摄”的对象是酒或人头,那么“摄”就是用手举着它。

既然这些“投”和“摄”所表示的具体动作并不相同,那么,它们究竟是一个义位,还是几个义位呢?

正如“投”和“摄”所表明的那样,一个词在具体上下文中意义可能是各不相同的。如果把这些在上下文中不同的意义都看做义位,从而要在字典中列相应的义项,那么,很多常用词的义项就会非常之多,这样的词典是无法编写的。

为了更好地说明问题,我们再举一个现代汉语的例子。现代汉语中“摇”这个词,意思很单纯,只有一个意义,或者说只有一个义位。《现代汉语词典》对这个词的解释是:“摇摆;使物体来回地动。”但是,当这个词在语言中使用的时候,它所表示的具体动作却不完全一样。如“摇铃”、“摇头”、“摇手”、“摇尾巴”、“摇树”、“摇旗(呐喊)”、“摇橹”、“摇纺车”。这里面有的“摇”是上下摇动,有的是左右摇动，有的是成直线来回摇动，有的是成曲线循环摇动，摇动的幅度也有大有小。但是，从来没有一个会说现代汉语的人会觉得这些不同的“摇”是几个不同的义位或几个不同的词。

人们的这种感觉是正确的。词和义位都是对事物（包括动作、性状）的抽象，在抽象的过程中，只概括了事物的本质特征，而把一些不重要的差异舍弃了。所以，只要是使物体来回地动，就都叫“摇”，而不管摇的具体方式如何；只要是用力使某物（包括人）离开原处而快速运动都叫“投”，只要用手紧紧抓住某物就叫“摄”，而不管这些动作具体有什么差别。这就是“义位”的意义。但是这些具体的差别在一定的上下文中会显示出来。这些由上下文而显示的不同意义，我们称之为“义位的变体”。

“义位”和“义位变体”的关系，就如同“音位”和“音位变体”的关系。音位不等于具体的语音，同一音位，在不同的环境中产生不同的变体，如英语中的/l/音位，出现在元音前（如 light）和出现在辅音前（如 old）是两个不同的变体。又如汉语中的/a/音位，出现在 ian 中是[ε]，在 an 中是[a]，在 ang 中是[ɑ]，包含三个不同的变体。（除此之外，还有不依赖环境的“自由变体”，此处不谈。）义位和义位变体也是这样：出现在具体上下文中的都是义位变体，而义位变体的概括才是义位。

各个义位变体在语言中出现的频率不是均等的。比如在“投”的各个义位变体中，最常见的是“桀石以投人”的“投”，也就是表示“掷、扔”的“投”。这种“投”的使用范围也比较广，“投”的对象可以是人，也可以是“鼠”（如“投鼠忌器”），“投”的东西可以是石，也可以是“盖”（《左传·庄公三十二年》：“能投盖于稷门。”）、“戟”（《左传·成公二年》：“晋郤克投戟。”）、“首”（《左传·昭公五年》：“投其首于宁风之棘上。”)等等。而“投阁”的“投”就用得较少,而且出现的场合也有限制,比如,只能出现在“投阁”、“投井”等少数场合。前者我们称之为“中心变体”,后者称之为“非中心变体”。中心变体的意义,就是这个义位的中心意义。

在词典中对一个义位的意义的表述(也就是一个义项的释义),可以有两种方式。一是定义式的,这就是说出从各个义位变体中概括出来的共同意义。比如《现代汉语词典》:“摇:使物体来回地动。”按照这种方式,我们也可以说“投”的一个意义是“用力使物体(包括人)离开原来的位置而快速地运动”,“摄”的一个意义是“用手紧紧抓住”等等。这种释义概括性较强,但定义往往不容易下得准确、周密。二是用同义词解释,这时往往解释的是这个义位的中心变体所具有的意义。如“投:掷,扔。”“摄:拉,拽。”等等。这种方式简单明了,而且抓住了义位的中心意义,因此一般词典都采用这种释义方式。但它也有个缺点:照顾不到非中心变体的意义。正因为这样,我们在使用词典来阅读古书时不能刻板地“对号入座”,有时候需要根据上下文作适当的变通。不过,这种变通是有限度的,因为一个非中心变体总不会离中心变体太远,更不会和这个义位的概括意义相脱离。如果离开了一个义位固有的意义,只是凭上下文去主观猜测,那就不对了。王力先生在《训诂学上的一些问题》中说:“我们只应该让上下文来确定一个多义词的词义,不应该让上下文来临时‘决定’词义。前者可以叫做‘因文定义’,后者则是望文生义。二者是大不相同的。”我们这里说的“适当变通”应该是“因文定义”,而不是“望文生义”。

一个多义词的义位如何确定?这是一个很复杂的问题。只要看看一些词典对同一个多义词的义项有几种不同的划分法,就可以知道这个问题要处理起来并不容易。比如，拿“投”这个词的几个义项来比较一下：

新版《辞源》(商务印书馆)：投：㊀掷，扔。《诗·小雅·巷伯》：“取彼谮人，投畀豺虎。”《左传·文公十八年》：“投诸四裔，以御魑魅。”㊁投入。《庄子·让王》：“(北人无择)因自投清冷之渊。”㊂投赠。《诗·卫风·木瓜》：“投我以木瓜，报之以琼琚。”

《简明古汉语字典》(四川人民出版社)：投：㊀甩，掷。《战国策·秦策》：“其母惧，投杼逾墙而走。”贾谊《陈政事疏》：“里谚曰：‘欲投鼠而忌器。’”㊁投入。曹植《野田黄雀行》：“不见篱间雀，见鹞自投罗。”㊂投赠。《诗·大雅·抑》：“投我以桃，报之以李。”

《古汉语常用字字典》(商务印书馆)：投：①投掷，投入。《史记·西门豹传》：“即使吏卒共抱大巫妪投之河中。”成语有“自投罗网”。②扔掉，抛弃。魏徵《述怀》诗：“中原初逐鹿，投笔事戎轩。”

比较一下可以看出，《辞源》和《简明古汉语字典》设的义项基本一致，《古汉语常用字字典》和它们不同。(1) 少了一个“投赠”的义项。(2) 多了一个“扔掉，抛弃”的义项。(3)“投入”这一义项与“投掷”合并。究竟怎样处理更为合理呢？

有一条原则是可以肯定的：那些只限于特定的词语组合中才能存在的意义，或者完全是根据某种上下文而显现出来，离开那种上下文就会消失的意义，都是某一义位的非中心变体，而不是独立的义位。因此，在词典编纂中，不能把它们列为单独的义项。比如上面举过的“投阁”的“投”，只在“投阁”、“投井”等少数词组中才有“跳”的意义，“投醪”的“投”，只在这里有“倒”的意义，任何一本词典都不会把它们列为单独的义项。又如下列句子中的“投”，都是“掷”的意思，但根据具体的上下文，意思略有差别：

①《世说新语·容止》注引《语林》：“安仁至美，每行，老妪以果掷之，满车。张孟阳至丑，每行，小儿以瓦石投之，亦满车。”

②《晋书·潘岳传》：“岳美姿仪，妇人遇之者，皆连手萦绕，投之以

果。”

③《世说新语·赏誉》注引《江左名士传》:“邻家有女,尝往挑之。女方织,以梭投折其二齿。”

④《战国策·秦策》:“其母惧,投杼逾墙而走。”

⑤《左传·文公十八年》:“投诸四裔,以御魑魅。”

这几个“投”,显然是同一个动作,但根据上下文来看,“投”的目的有所不同。例①、③“投”的目的是击中对方,例②“投”的目的是为了送给对方,例④“投”的目的是舍弃某物,例⑤“投”的目的是放逐对方。但这些区别都是完全根据上下文而显现出来的,“投”这个动作本身并无区别,所以也不能把它们看做不同的义位,不能在词典中为“投”设立“击中”、“赠送”、“丢弃”、“放逐”等义项。

特别值得注意的是例①和例②的比较。例②的“投之以果”,显然就是例①的“以果掷之”,它和“以瓦石投之”的“投”毫无区别,不能说“以瓦石投之”就是“掷”义,“投之以果”就是“投赠”义。同样的,《诗经》中的“投我以桃”、“投我以木瓜”也就是“投掷”的“投”,郑玄为“投我以桃”作笺说:“投犹掷也。”就是很好的证明。

同样,也可以拿例③和例④比较。“投梭”和“投杼”并无区别,说前者是“投掷”,后者是“丢弃”,也是不合理的。

不过,上面比较的只是一部分例子。如果再多看一些例子,就会感到“投”表示“掷而弃之”的用法在古代相当多。据粗略的统计,在《左传》中表示“投掷”的“投”有9个,表示“掷而弃之”的“投”有7个,比例相当接近。特别是在后代出现了这样的用法:《后汉书·陈蕃传》:“以谏诤不合,投传而去。”注:“投,弃也。传谓符也。”《后汉书·范滂传》:“滂怀恨,投版弃官而去。”这时的“投”,已没有具体的“投掷”义,而只是表示舍弃的意思,所以,为“投”立一个“扔掉、抛弃”的义项是可以的。

那么，“投桃报李”的“投”有没有类似的情况呢？在后代也有这样的例子，如王安石《答刘季孙》：“愧君绿绮虚投赠。”这里的“投”显然是从“投桃报李”的“投”发展来的，而且在这里已没有具体的“投掷”义，只有“赠送”义。但这种“投”不能单用，只能“投赠”连用，看来还是把“投赠”看做一个复音词为好。所以，据我看，为“投”设立“投赠”的义项是不妥当的。

从以上的分析中可以知道：甲义位的某一非中心变体，如果出现的频率相当高，那么，它那种本来是由某种上下文而显现出来的意义也可能固定下来，从而和甲义位的中心意义相脱离，而形成一个新的乙义位。但是，具体到某一个词的某一意义到底是依然作为甲义位的非中心变体而存在，还是已形成一个新的乙义位，这就需要具体问题具体分析。而且，在这两者之间也并无绝对的界线，所以在词典编纂中有时义项的分合可以见仁见智，也不必完全强求一致的。

与此相关的是义位和词的区分问题。这个问题，在以“字”为条目的词典中显不出来，在以词为条目的词典中，问题就突出了。比如上面举的新版《辞源》在“投”下列的第七个义项：“到，临”，和上面六个义项是同一个词，还是两个词？（如果是两个词，那么在以词为条目的词典中应列为“投$_2$”。）在本章第一节中已经说过，相关而且相近的意义应该是一个词的不同义位，无关的或者是相距甚远的应该算两个词。但是在“远”、“近”之间有时也难以划出绝对的界线。汉语词汇史因为是研究词义的历史发展的，所以，我们不妨把“词”的界线放宽些，比如“投”的“到、临”义，可以不看做另一个词，而看做和上六个义位一起，构成同一个词的第七个义位。

第四节　义素

在第一章中介绍了现代语义学中“义素”的概念，现在结合古汉语词汇来谈谈有关的问题。

首先，以“池”为例，来分析一下它的义素。在古汉语中，“池”有两个义位：1. 池塘（“数罟不入洿池”）。2. 护城河（“金城汤池”）。这里要分析的是第一个义位。

分析的方法是把“池”和与之同类的、同处于表示水域的语义场中的词进行分析比较，找出这些词共同的和不同的语义特征。可以列成这样一个表：

水面					
流动的			停聚的		
大	中	小	大	中	小
川	溪	沟	海	湖	池

“川、溪、沟、海、湖、池”这六个词有一个共同的义素：“水面”，这使它们和“山、陵、原、野”这些词相区别而处于同一语义场中。其中“川、溪、沟”和“海、湖、池”又以流动和不流动相区别分为两类；在每一类中又各自以面积大小相区别。这样，就总共得到了 1.［水面］2.［±流动］3.［面积（大、中、小）］三个义素，而构成“池”的义素就是 1.［水面］2.［－流动］3.［面积小］。

构成一个义位的诸义素之间不是任意地、无规则地堆积在一起的，义素之间也有层次结构。例如在“池”的三个义素中，［水面］是表示它所属的语义场的，这种义素叫做“中心义素”，［－流动］和［面积小］是用来限定中心义素的性质的，叫做“限定性义素”。把限定性义素和中心义素按层次排列起来，成为[面积小]+[－流动]+[水面]，大致上就和“池”这个义位的定义相应。我们可以说池塘是“面积不大的停聚的水面”。

当然，这只是以最简单的方式举个例子。同属于水面的词还很多，如“泽、渊、泉、涧”等，要把这些词都放在一起，找出能对它们普遍适用的义素，还要作更细致的分析研究。如“溪”和“涧”都是比“川”小的水流，它们的区别在于“溪”是平地的，“涧”是山中的。“沟”和“泉”都是较小的水流，它们的区别在于“沟”是人工挖成的，“泉”是山中流出的。“湖”和“泽”都是较大的水域，它们的区别在于“水草交厝，名之为泽”(《风俗通》)，也就是说，泽是较浅的；而湖是有水无草，也就是说，是较深的。(古代“泽”有时与“湖”同义。如今之太湖，古称“震泽”，这应该看做“泽”的另一义位。)“池”和“渊”都是面积不大的停聚的水面，它们的区别在于“池”浅“渊”深。如果把“池”和“渊”的区别也考虑在内，那么，“池”的义素就应该有四个：[面积小]+[－流动]+[－深]+[水面]。

有一点需要注意：同一类的词，虽然同属于一个大的语义场(或称母语义场)，但是其所属的小语义场(或称子语义场)却可以是互不相同的。如《尔雅·释畜》的马属有种种马的名称，但有的是着眼于公母的，如“骘”(牡曰骘)和“骀”(牝曰骀)，有的是着眼于高矮的，如“騋”(马七尺以上)和“駥”(马高八尺)，有的是着眼于毛色的，如“骊”(黑马)、“异”(白马)。因此，它们的义素，除了“马”这个中心义素外，其余各不相同：“骘”、“骀”是[马]+[±公]，“騋”、“駥”是[马]+[七尺/八尺]，“骊”、“异”是[马]+[黑色/白色]。这一点，跟“溪”和“涧”、“沟”和“泉”、“湖”和“泽”、“池”和“渊”等就不很相同。

还有一种情况是若干词构成等级体系(hierarchy),如:

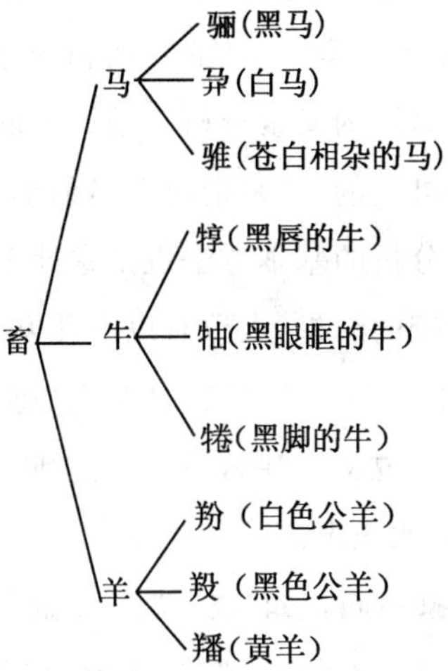

从概念上说,它们是“属”和“种”的关系,从语义学上说,把反映属概念的称为“上位词”(super ordinate),把反映种概念的称为“下位词”(hyponym)。但“上位词”和“下位词”都是相对的,就“畜”和“马”、“牛”、“羊”来说,“畜”是上位词,“马”、“牛”、“羊”是下位词。但就“马”和“骊”、“异”、“骓”来说,“马”又是上位词,“骊”、“异”、“骓”又是下位词。据《尔雅》,“骊”又按白跨、白尾、白颡等有“𬴃”、“𫘤”、“𬳶”等,就此而言,则“骊”又是上位词了。而像“马”、“牛”、“羊”或“骊”、“异”、“骓”那样处于同一等级的词,相互之间可以称为“同位词”(co-ordinate)。处于这种等级系列中的词,其义素有一个特点:下位词必然包含上位词的全部义素,在此之外还另加上一个或几个义素。如“骊”的义素是[黑色]+[马],而“𫘤”的义素是[白尾]+[黑色]+[马]。由此可见,处于等级系列中的词,义素越多,那么这个词的外延越窄;反之,义素越少,那么这个词的外延越宽。即“马”=[马]>“骊”=[黑色]+[马]>“骡”=[白尾]+[黑色]+[马]。这一点，对于我们分析词义的扩大、缩小、转移等是很重要的。（详见第三章“词义的发展和变化”。）

上面讲的都是名词的义素分析。动词和形容词是否也可以做义素分析呢？也是可以的，只是情况和名词不完全相同。

对动词作义素分析的基本方法也是拿处于同一个语义场中的词来进行比较。比较的结果，大致有以下几方面的不同：

（1）动作的主体不同。如“鸣”、“吠”、“咆”、“雊”都是动物的呼叫，但主体不同。《说文》：“鸣，鸟声也。”“吠，犬鸣也。”“雊，雄雉鸣也。”《广韵》：“咆，熊虎声。”

（2）动作的对象不同。如“洗”、“沐”、“浴”、“盥”都是洗，但对象不同。《说文》：“洗，洒足也。”“沐，濯发也。”“浴，洒身也。”“盥，澡手也。”

（3）动作的方式、状态不同。如“行”、“趋”、“走”、“奔”都是行走，但快慢不同。《尔雅·释宫》：“堂上谓之行，堂下谓之步，门外谓之趋，中庭谓之走，大路谓之奔。”（按：这是以行走的处所来表示行走的快慢。）又如“睨”、“睇”、“瞻”、“观”都是观看，但方式不同。《说文》：“睨，衺视也。”“睇，小衺视也。”“瞻，临视也。”“观，谛视也。”

（4）动作的工具不同。如“抶”、“抰”、“捭”、“捶”都是打，但工具不同。《说文》：“抶，笞击也。”“抰，以车鞅击也。”“捭，两手击也。”“捶，以杖击也。”

动词的义素可以大致根据这四方面去分析。比如前面说的“投”，它的主体必定是人，它的对象可以是物（如“石”、“果”、“梭”、“酒”等），也可以是人（如“自投”，“投”的对象就是自身）。它的工具与对象有关：如果对象是自身，就没有工具；如果对象是自身以外的物或人，工具就是手。它的方式是用力使对象离开原处而快速运动。再如《说文》："掖，以手持人臂也。"这个释义就把"掖"的义素表示得很完全：主体是"人"，对象是"人臂"，方式是"持"，工具是"手"。

形容词的义素大致有以下几方面：

(1) 是什么事物(人、兽、山川、宫室等等)的性状。如《说文》："腯，牛羊曰肥，豕曰腯。"段注："按人曰肥，兽曰腯，此人物之大辨也。又析言之，则牛羊得称肥，豕独称腯。""臁，益州鄙言人盛讳其肥谓之臁。"据此，可以知道"肥"、"腯"、"臁"的区别在于：豕称腯，人和牛羊都可称"肥"，大概是因此之故，有的方言中人讳言"肥"，而改称"臁"。这三个词用来描写不同事物的同一性状。

(2) 是哪一方面(色彩、声音、形状、质量等)的性状。如《尚书·洪范》："视曰明，听曰聪，思曰睿。""明"、"聪"、"睿"都是表示人感觉敏锐清楚的形容词，其区别在于"明"表示视觉方面的性状，"聪"表示听觉方面的性状，"睿"表示思维方面的性状。

(3) 性状的性质不同。如《说文》："暑，热也。"段注："暑与热浑言则一，故许以热训暑。析言则二。……暑之义主湿，热之义主燥，故溽暑谓湿热也。"这是说"暑"和"热"的区别是一为湿热，一为燥热，两者性质不同。

(4) 性状的程度不同。如《尔雅·释器》："一染谓之縓(郭注：今之红也)，再染谓之赪(郭注：浅赤)，三染谓之纁(郭注：纁，绛也)。""縓"、"红"、"赪"、"赤"、"纁"、"绛"都是赤色，其区别在于程度有深浅。"凉"和"寒"，"温"和"热"也是程度的不同。但是并非所有的形容词都像这些词那样可进行程度的比较的，所以这方面的义素没有普遍适用性。

从以上几个方面考察，“暑”的义素是：它表示的是天气的性状，是温度方面的性状，表示温度高，它的性质是热而且湿。

以上对名词、动词、形容词的义素分析都是就其理性意义进行分析。而一个词除了理性意义外，还有隐含意义、感情意义等。这些意义，也可以分析为义素。隐含意义的义素，就是这个词所反映的事物（包括动作、性状）等的非本质特征，包括事物的非自然的，而是社会心理所赋予的特征。如前面说过，“水”的隐含义素可以有[无味的]、[凉的]、[流动的]等，“女”的隐含义素可以有[柔弱的]、[弱小的]等，“飞”的隐含义素有[迅速]，“白”的隐含义素有[无]。感情意义，如褒、贬、轻、重、尊敬、轻蔑等，有人主张也作为一个义素看待，但一般讲义素分析法都不把它们包括在内。

隐含义素一般是不出现的。如《孟子·尽心上》：“民非水火不生活。”这是把“水”作为一种物质看待，而不管它是流动的还是静止的，有味的还是无味的，凉的还是热的。但在本章第二节所举的那些例子中（参见 35 页），“水”的这些隐含义素就分别显示出来了。又如《孟子·滕文公下》：“救民于水火之中。”在这里显示的是水的另一隐含义素：[能溺人]。当一个词用于比喻时，常常显示的是它的隐含义素，而且在不同的上下文中所显示的隐含义素是不同的。如“面色如土”，显示的是土的颜色（灰褐色），“挥金如土”，显示的是土的社会属性（不足贵）。这是因为比喻总是就甲乙两事物在某一方面的共同点而言，而不会甲完全等于乙的。苏轼的《日喻》很生动地说明了这个道理（虽然这篇文章主要的意思是讲如何“为学”的）。

但是，前面已经说过，隐含意义如果经常使用，就会形成一个新的义位。这时，原来的隐含义素也就变成构成新义位的理性意义的义素了。

其实，不但隐含义素有时隐时现的情况，就是构成一个义位的理性意义的义素，有时也不一定全都出现。比如“人”这个词，构成它理性意义的义素是什么呢？现在给“人”下的定义是：“能制造工具并使用工具进行劳动的动物。”这是现代对“人”的科学的认识，古人还没有这种科学的认识。在古人看来，“人之所以为人者，非特以二足而无毛也，以其有辨也。”（《荀子·非相》）也就是说，人和禽兽的区别一在形体（二足而无毛），一在思想道德（“有辨”包括能辨别是非善恶）。所以，对于那些道德极端败坏的人，古人斥之为“衣冠禽兽”。可见，形体和思想道德是构成“人”这个词的理性意义的两个义素。但这两个义素并不是在任何场合都同时显现出来的。如：

《吕氏春秋·察传》：“母猴似人。”

《左传·庄公八年》：“豕人立而啼。”

《史记·吕后本纪》：“（孝惠见‘人彘’）曰：‘此非人所为。’”

韩愈《原道》：“人其人，火其书，庐其居。”

《吕氏春秋·察传》：“宋之丁氏家无井，而出溉汲，常一人居外。及其家穿井，告人曰：‘吾穿井得一人。’国人道之。闻之于宋君。宋君令人问之于丁氏，丁氏对曰：‘得一人之使，非得一人于井中也。’”

上面例一、二的“人”，主要指形体，而不涉及思想道德。例三、四的“人”，主要指道德伦常，而与形体无关。例五中的“穿井得一人”是个歧义句，造其歧义的原因主要是因为“人”可以在两个意义上使用，一是指人的实体，一是指人的功用。

此外，像“国”也有这种情况，在不同上下文中，构成它的理性意义的义素并不同时出现，因此具体所指有所不同。如：

《孟子·滕文公下》:“灭国者五十。”

《诗经·大雅·召旻》:“今也,日蹙国百里。”

《庄子·逍遥游》:“德合一君,而徵一国。”

例一的“国”指国家政权,例二的“国”指国土,例三的“国”指一国之人。

本章上一节所说的“义位变体”,特别是那些“非中心变体”,就是由于在一定上下文中义素(包括构成理性意义的义素和隐含义素)的或隐或现而造成的。如“投我以桃”的“投”,就是在“投掷”以外,在具体上下文中又出现了“赠送”这个隐含义素。

关于义素分析法,最后再讲几点。

在第一章中已经说过,义素分析法还是一种不成熟的方法,迄今为止,它使用的范围还是很有限的。比如虚词,还没有人对它作过义素分析。在实词中,一些表示抽象概念的词,如“道德”、“印象”、“美感”等,似乎也无法作义素分析。即使是一些很具体的事物,进行义素分析也会碰到困难,如“金、银、铜、铁、锡”、“赤、白、青、黄、黑”,这些词如何作义素分析?作为科学概念,它们可以用原子结构和光的波长来加以说明,但词义毕竟不等于科学概念,义素分析的单位也必须是语言单位而不能用非语言的单位(如元素符号等)。所以如何对这些词作义素分析也还是问题。这些问题能不能解决?如何解决?今天都还没有结论。不过,至少在一定的范围之内,义素分析法还是有效的。比如下面将会看到,义素分析法对于同义词、反义词,以及词义发展变化等方面的研究,都是很有用的。所以,它还是一种值得注意的方法,我们可以在运用过程中,逐渐使它完善起来。

第三章　词义的发展和变化

词义处于不断的发展变化之中。研究词义发展变化的规律是词汇研究的一个重要课题。特别是像汉语这样具有悠久历史的语言，研究词义的发展变化更有十分重要的意义。本章分三节来讨论这个问题。

第一节　词义发展变化概说

讨论词义的发展变化，有几个问题首先要弄清楚。

（一）什么是词义的发展变化。

这个问题似乎很简单：像“唱”，由领唱变为歌唱，“宫”，由宫室变为宫殿，“兵”，由兵器变为士兵，都是词义的变化。

确实，这些都是讲词义变化时常举的例子。但除此以外，下面一些词的词义从古到今有没有变化呢？如：

布，最初都是麻布，《说文》：“布，枲织也。”后来有了棉布，现代又有“混纺布”。

灯，古代都是油灯，现代有各种各样的灯：电灯、弧光灯、霓虹灯。

钟，古代指一种乐器，现代主要指钟表的钟。

枪，古代指长矛，现代主要指发射子弹的枪。

鲸，古代认为是一种鱼，现代知道是一种哺乳动物。

心，古代认为是思维的器官，现代知道是血液循环的器官。

要回答这个问题，就先要弄清什么是词义。

现代语义学对于 sense（意义）和 reference（所指）作了区别，认为“所指”相同，意义未必相同。如：

The Morning Star is the Evening Star.

（启明星就是长庚星。）

The victor at Jena is the loser at Waterloo.

（耶拿的胜利者就是滑铁卢的失败者。）

这里的 Morning Star 和 Evening Star 都是指金星，victor at Jena 和 loser at Waterloo 都是指拿破仑，它们的所指相同，但意义不同，否则，这两个句子就是“同义反复”，是没有意义的话了。

这个观点是对的。我们还可以补充一些例证。

Morning Star 和 Evening Star 这个例子不很典型。《诗经·小雅·大东》就有这样的话：“东有启明，西有长庚。”可见，不论是西方还是东方，古人都是把早晨出现的金星和晚上出现的金星误认为是两个东西，也就是说，在古代人的观念里，作为所指物，它本身就是两个而不是一个。但所指相同，而词义不同，这样的情况还是有的。如“月亮”和“月球”，两个词所指无疑是同一个，但是，在“天上挂着一轮弯弯的月亮”、“八月十五的月亮十分明亮，使周围的星星都显得暗淡了”等句子中，“月亮”不能用“月球”代替。又如欧阳修自号“醉翁”，这两个词所指无疑是同一个，但是，在“欧阳修和苏轼都是唐宋八大家”、“欧阳修文章的风格像孟子”等句子中，“欧阳修”也不能用“醉翁”代替。这是为什么呢？因为“所指”反映的只是词的理性意义，而没有包括词的隐含意义、感情意义、社会意义等等。而且，词的理性意义和词的“所指”也不能完全等同，“所指”是就词和它代表的事物（包括动作、性状）之间的关系而言的，而词义指的是一个词在和其他词的对立（contract）关系中所处的地位，也就是在语义场中的地位。如“月亮”，是和“太阳”、“星星”、“云彩”等处于同一语义场的，而“月球”是和“地球”、“卫星”、“行星”等处于同一语义场的。“欧阳修”是和“陶渊明”、“苏轼”等处于同一语义场的，而“醉翁”是和“五柳先生”、“东坡居士”等处于同一语义场的。关于“所指”和“词义”的不同，在下面将会看得更清楚。

要补充一点：reference 这个术语，含义有宽有窄。如莱昂斯在他的《语义学》一书中，把 reference 和 denotation 加以区别：词组和句子的所指是 reference，词的所指是 denotation。而在他以前的一部著作《理论语言学导论》中，他以 reference 兼指两者。我们这里只讨论词义，所以不准备把 reference 和 denotation 译成两个不同的术语，而都用“所指”来译它们。

现在，可以来讨论“布”、“灯”、“钟”、“枪”、“鲸”、“心”等问题。

“布”从古到今都处在“衣料”这个语义场中。在古代，“衣料”这个语义场主要由“布”、“帛”、“革”三个词构成。在现代，“衣料”这个语义场主要由“布、绸子、皮革”三个词构成。“布”从古代的麻布到现代的麻布、棉布、混纺布，种类增加了，范围扩大了，但这只是“所指”的变化，而“布”和“帛（绸子）”、“革（皮革）”之间的对立关系，也就是它们在语义场中的地位并没有改变，所以“布”的词义没有变化。

“灯”，自古至今都是一种照明用具。古代的照明用具最初只有“炬”，后来有了“烛”和“灯”。而从“灯”出现以后，就一直和“炬”、“烛”处在同一语义场中，直至今天，它们的关系也并没有改变。所以，从“油灯”到“电灯”、“弧光灯”、“霓虹灯”等的变化，也是“灯”的“所指”的变化，而不是“灯”的词义的变化。

“布”和“灯”从古到今的这种变化，从它们所代表的概念看，是概念外延的扩大。只要这种扩大不涉及其他的概念，那么，这个词的词义就没有发生变化。

“鲸”和“心”的变化，是这些概念的内涵的改变。由于人类认识的不断发展和加深，许多概念的内涵都发生了变化。比如：人，古代认为是“二足而无毛”的生物，现代知道人的特点是会制造和使用工具进行劳动的高等动物；盐，古代知道它是有咸味的一种小颗粒，现代知道它的分子式是 NaCl。此外，像“天”、“地”等，内涵都有了很大改变。但一般说来，内涵的改变和词义的变化无关。因为在一般情况下，词义并不要求像科学概念那样深入和精确。一个文化程度较低的人，可能不知道盐是 NaCl，不知道鲸是哺乳类，但只要他们能把“盐”、“鲸”和对象正确地联系起来（比如，不把“糖”说成“盐”，不把“鲨鱼”说成“鲸”），并且能正确地用这些词来和别人交谈（当然不是谈有关的科学问题，如动物的分类等），那么就应当说他们掌握了“盐”和“鲸”的词义。如果说，概念的内涵不同，相应的词的词义就不同，那么，同一个词在文化程度不同的人那里就有了不同的词义，甚至在不同的思想体系中也有了不同的词义（如“国家”、“工资”、“文明”等词，无产阶级和资产阶级有不同的词义），这是完全不可能的。所以，应该说“鲸”和“心”古今词义没有改变。

“钟”和“枪”是另一种情况。它们和相关的词的对立关系，或者说在语义场中的位置有了变化。“钟”在古代和“磬”、“埙”、“篪”等同属表示乐器的语义场，现在和“表”同属表计时器的语义场。“枪”在古代和“刀”、“剑”、“戟”等属于表武器的语义场，这个意义现代也还在用；而现代又和“炮”、“手榴弹”同属武器这一语义场中的“火器”这一语义子场。也就是说，“枪”古代在“武器”这个语义场中占一个地位，而现代在“武器”这个语义场中占两个地位。根据它们在语义场中的位置的变化，应该说“钟”和“枪”的词义古今有了变化。

按照这种理解，在下面讨论词义的发展变化时，将把“布”、“灯”、“鲸”、“心”之类排除在外。

（二）怎样看待词义的发展变化。

在讲古今词义的变化时，常举“城”、“池”两个词为例。“城”古代指城墙，现代指城市。“池”古代指护城河，现代指池塘。所以，这两个词的词义古今不同。

但是，仔细推敲一下，这样的说法不很严密。说“城”的古今意义不同是可以的，因为在先秦“城”只指城墙，在现代“城”只指城市，两者确实不同。虽然“城市”义在《史记》中已很常见，但以先秦为“古”，西汉为“今”，也是未尝不可的。而“池”就不是那样了。“池”在先秦就既有“护城河”的意义（如《孟子·公孙丑下》：“城非不高也，池非不深也。”），但同时也有“池塘”的意义（如《孟子·梁惠王》：“数罟不入洿池。”）。所以，说“池”的古今意义不同，只是说对了一半。换句话说，“池”这个词在古代有两个义位，发展到现代，一个义位（护城河）消失了，另一个义位（池塘）还保留着。这样表述就清楚了。

在讲词义的发展变化时还常常讲词义的扩大、缩小和转移。

比如,“子”这个词,古代包括儿子和女儿,现代只指儿子,这是词义的缩小。但是,进一步考察一下,就会发现:“子”这个词在六朝和唐代还有“种子”的意义(如杜甫诗:“江花结子已无多。”),现代还有“幼小的”这个意义(如“子猪”、“子鸡”)。从这个角度讲,也未尝不可以说“子”这个词从古到今词义扩大了。如果拿古代表示“子女”的“子”和现代表示“幼小的”的“子”比较,也许会得出第三个结论:这是词义的转移。要是把古代“子”的又一意义“男子的美称”考虑在内,就更说不清了。

造成这种混乱的原因也在于没有把词区分为义位。如果运用义位这个概念,问题就清楚了。“子”这个义位,古代和现代都有若干义位,它们的关系如下:

子$_{古}$	A.男子的美称……	减少……→	a.0	子$_{现}$
	B.子女…………	缩小……→	b.儿子	
	C.0………………	增加……→	c.种子	
	D.0………………	增加……→	d.幼小的	

也就是说:古代的“子”有 A、B 两个义位,义位 A 在现代汉语中消失了,义位 B 变为现代汉语中的义位 b,意义缩小了。同时,在历史发展中,“子”这个词又增加了两个义位 c 和 d。这样来描写“子”这个词的发展,才是全面的。

从上面的例子中可以看到:

(1)讨论词义的发展变化,要以义位为单位,而不能笼统地以一个词为单位。

(2)义位的变化有两种情况。一是义位的增减,即一个词产生新的义位,或消失了旧的义位。一是原有义位的变化,即扩大、缩小和转移。这两种情况不能混为一谈。例如,“快”、“慢”这一对词，“快”在古代有一个义位“愉快”，现代此义位仍然保留，同时又产生一新的义位“迅速”，这是义位的增加，而不是扩大。“慢”在古代有两个义位：“怠慢”和“缓慢”，到现代“怠慢”这一义位基本消失，只保留“缓慢”这一义位，这是义位的减少，而不是缩小。

当然，从词义发展的过程来看，新形成的义位一般都与原有的义位有关。如“子”的“种子”义，应该说是从“子女”引申为“动物的后代”（如《诗经·尸鸠》：“尸鸠在桑，其子七兮。”），然后再进一步引申而来的，开始的时候，可能是由“动物的后代”扩大而包括了“植物的种子”，后来“植物的种子”义又分出来，独立成为一个义位，因此反映在字形上就加以区别写作“籽”。（到现代汉语中又加上儿化而成为“子儿”，成为另一个词了。）从这个角度来说，义位的扩大和增加并不是完全无关的。但当“子”的“种子”义已独立成为一个新的义位之后，拿原有义位“子女”和它比较，就不能说是扩大而只能说是转移，而从整个词来说，就是义位的增加。

第二节　词的本义

在词义的发展变化过程中，词的本义占有十分重要的地位。一个词的引申义，不管有多么纷繁，都是从本义引申出来的，所以，抓住了一个词的本义，就是抓住了这个词的诸多意义的纲。

什么是词的本义？这个问题不大好回答。传统训诂学不讲词，只讲字，所以，所谓“本义”只是指字的本义。“字的本义”一般指字形所反映出的字义，这是很清楚的。但是，“字的本义”是否就是“词的本义”呢？

应该说，这两者是不同的。顾名思义，“词的本义”指一个词本来的或最初的意义，而词的产生比文字要早得多。世界上最早的文字不过有五六千年的历史，而语言是和人类同时产生的，至今已有几十万年的历史了。所以，有许多词在文字产生以前很久就已存在，从它的最初意义发展到文字产生时代它所具有的意义，中间已经过很长的历史过程，其间难免不发生变化。就是说，“词的本义”要比“字的本义”古老。

不过，在文字产生以前的词的本义是什么？我们现在已无法知道了。就汉语而言，我们现在所知道的汉语词汇的较古的意义，都是凭借文字记载而知道的；而在这些意义里面，当然是文字产生阶段的意义最为古老。而甲骨文和其他古文字的字形所反映出来的意义，一般来说就是文字产生阶段的意义，所以，它们既是字的本义，又是我们所知道的最古老的词义，这样，字的本义和词的本义就一致了。

但是，还有一些情况需要进一步分析。

（一）怎样理解字的本义。

汉字是意音文字，特别是其中的象形字，是可以反映文字产生阶段的词义的。如（日）、（山）、（涉）、（陟）等。但是，不应该忘记，文字不是直接表达概念的，它的作用是记录语言中的词。早在文字产生以前，语言中就会有一些表示抽象概念的词，如大、小、高、长、轻、细等，而最早的象形字都是“画成其物”，这个“物”都比较具体。这样，就会有一些字是以具体的形象反映抽象的概念。如果忽视了这一点，完全根据字形来推断它所记录的词的词义，就会发生错误。

例如，、、三个字，是以大人、沙粒、台榭这三个形象来记录语言中“大”、“小”、“高”这三个词，不能拘泥于字形说这三个字

以及它们记录的三个词的本义是大人、沙粒、台榭，然后引申为大、小、高的意义。特别明显的是“高低”的“高”这个词，肯定是在人类能造台榭之前就存在了，很难想象是先有“台榭”这个意义然后引申为“高”的意义。关于这几个字，文字学家的意见都很一致，都认为这几个字表达的是抽象的意义。但有些字，说法就不大一样。如甲骨文中的字，就被认为是表示长头发，而后从长头发引申为长短的长。其实，为什么“”不能和“大”、“小”、“高”同样看待呢？

形声字和会意字一般也认为它的本义和它的字形有关。如《说文》：“牧，养牛人也。”这是因为“牧”字从“牛”的缘故。其实，甲骨文中“牧”也可以写作，在先秦文献中，既可以说“牧牛”，也可以说“牧羊”、“牧马”、“牧猪”。可见，“牧”的本义是泛指放牧牲畜，并不限于牧牛。《说文》：“逐，追也，从辵从豖。”（一本作“从辵从豚省”）这个解释是对的，并不因为“逐”字从豖，就说它的本义是追猪。在甲骨文中，“逐”字也有作、、的。商承祚《殷墟文字类编》：“此或从豖，或从犬，或从兔，或从鹿，从止。象兽走圹而人追之，故不限何兽，许云从豚省，失之矣。”这说得很对。在语言中，“逐”是追赶野兽，但写成文字，“野兽”这个抽象的概念无法用象形符号表示，于是就只能“或从豖，或从犬，或从兔，或从鹿”了。又《说文》：“落，凡草曰零，木曰落。”“霝，雨零也。”“零，雨零也。”段玉裁解释说：“雨曰霝零，草木曰零落。”这完全是拘守《说文》所作的解释。其实，在语言中只有“零”、“落”两个词，既可表草木之落，也可表雨之落，并不因为“落”从草，就只能表示草木之落，而雨之落就必须用从雨的字来表示。这最好的证明，就是“零”从雨，但并不妨碍它表示草之落。所以，对这些词的本义的解释，是不能拘泥于字形的。

这一点，清代一些学者就已讲过。陈澧《东塾读书记》："《尔雅》'初哉首基'邢疏：'初者，《说文》云"从衣从刀，裁衣之始也。"……此皆造字之本义也。及乎诗书雅言所载之言，则不必尽取此理，但事之初始俱得言焉。'澧谓近人之说多与邢氏同，以《说文》为本义，《尔雅》为引申义，其实不尽然也。造'初'字者无形可画，无声可谐，故以从衣从刀会意也。"他的意见是很对的。象形、会意以及形声字中的义符都是比较具体的，但它所代表的词，却不一定是一个具体的意义，而可能一开始就是一个很抽象的意义。只是既然用意音文字来表示，那么抽象意义也就不得不以一个具体的字形或义符为依托了。

当然，这样说并不是认为从分析字形所得出的字的本义全不可信。分析字形是确定字的本义（如上所说，在一般情况下也就是词的本义）的重要依据，从具体到抽象，也是词义发展的一条一般规律。我们的意思只是在确定字的本义时，除分析字形之外，还需要从多方面进行一些分析。其中很重要的一条，就是要依据我们所掌握的语言事实。比如，《说文》："坚，土刚也。""彊，弓有力也。""固，四塞也。"这些本义都是可信的，因为在语言资料中有这种本义的反映。但"初，裁衣之始也"这个本义就值得怀疑，因为在语言资料中见不到"初"有这个意义。所以，我们宁愿相信陈澧的说法："初"的本义就是"初始"。

（二）字的本义是否都等于词的本义。

上面谈到的一些字的本义，不论是直接由字形反映出来的比较具体的意义（如日、山、涉、陟以及"坚，土刚也"、"彊，弓有力也"等等），还是依托一定的字形而表达出来的比较抽象的意义（如"大"、"小"、"高"、"长"以及"逐，追也"、"初，初始也"等等），都是我们所能知道的这些词的最早的意义，所以，也就是这些词的本义。在多数情况下，字的本义和词的本义是一致的，这在前面已经讲过。

但是，字的本义是否都是词的本义呢？这两者有没有不一致的情况呢？让我们先看一个例子。

在《说文》中有一个“启”字和一个“啟”字。《说文》：“启，开也。从户口。”段玉裁注：“按后人用‘啟’字训开，乃废‘启’字不行矣。”朱骏声云：“经传皆以‘啟’为之。”《说文》：“啟，教也。从攴，启声。《论语》曰：‘不愤不啟。’”

训“开”的“启”为什么要从口？许慎和段、朱都没有讲出道理。从先秦的典籍看，没有“启”字，只有“啟”字。“啟”有两个意义，一是“开门”义，如《左传·隐公元年》：“夫人将啟之。”一是“教”义，如《论语·述而》：“不愤不啟，不悱不发。”从这两个意义的关系看，应该是“开门”为本义，“教”为引申义（“教”是“开人之智”，是“开门”义用于抽象的意思），而不可能倒过来。但是，从字形看，不论是“启”还是“啟”都从口，从字形来看，这两个字的本义都应该与口有关，如果字的本义一定是词的本义，那么，就只能是由“教”引申为“开”了。

关于这两个字，杨树达《积微居小学论丛·释启啟》说：

> 疑许君说此二字之形皆误也。甲文有“戺”字……又有“戺”字，……皆示以手开户之形。愚谓训“开”者当为此字，以手辟户，故为开也。训“教”之“啟”，许解为从攴启声，愚谓当解为从口戺声。盖教者必以言，故字从口；开人之智，与戺户事相类，故字从戺声，兼受戺之义也。

杨树达说得很对。许慎对“啟”的分析是讲错了。但我们更感兴趣的是：杨树达是根据甲骨文来纠正许慎之误的。如果我们没有见到甲骨文，而只凭先秦典籍和《说文》中记载的字形来确定“啟”这个词的本义,而且认为字的本义必定是词的本义的话,那么,得出的结论只能是:“啟”的本义是“教”,而这个结论是错误的。

如果进一步问:为什么甲骨文中的“戹”到小篆中就没有了,而只有“启”和“啟”了呢?我想,很可能是到小篆的阶段,这个词的“开门”义已退居次要地位,而“教”义成了它的常见意义。因此,小篆中“启”和“啟”这两个汉字,是为这个词的引申义(“教也”)而造的,当然,它的字形反映的也就是引申义而不是本义。

如果说在小篆中有为某个词的引申义而造的字,那么在甲骨文中有没有为某个词的引申义而造的字呢?从道理上说,也应该有的。因为如前所述,在甲骨文时代,词已有了相当长的发展历史,在那时,一些词的本义可能已经消失或比较少见,甲骨文时代的人根据某个词的引申义来造字,这不是没有可能的。

在这个问题上,我们遇到的最大困难是资料的缺乏。甲骨文是我们见到的最早的语言资料,所以,在甲骨文以前一个词有哪些意义,哪一个义是它的本义,根本就无法用资料来确凿地证明。不过,尽管如此,词义的发展还是有自己的规律的,一个词具有多种意义,构成一个引申系列,在这个引申系列中,哪个意义是最初的意义(本义),哪些意义是引申出来的意义,它们之间是如何引申的,一般还是有规律可循的(详见本章第三节)。根据这一点,我们还是能够作一些分析和推论。

例如,《说文》中有“昜”和“陽”(现简化为“阳”)两个字。《说文》:“昜,开也,从日一勿。一曰飞扬,一曰长也,一曰彊者众貌。”段注:“此阴陽正字也。阴陽行而侌昜废矣。”《说文》:“陽,高明也,从阜,昜声。”段注:“山南曰陽,故从阜。”在先秦典籍中,正如段玉裁所说,只有“陽”而没有“昜”。“陽”有多种意义:

① 陽光。《诗经·湛露》:“匪陽不晞。”

② 温暖。《诗经·七月》:“春日载陽。”

③ 明亮。《诗经·七月》:“我朱孔陽。”

④ 山南水北。《诗经·殷其雷》:“在南山之陽。”

⑤ 阴陽的“陽”。《周易·系辞》:“一阴一陽之谓道。”

⑥ 表面上,假装。《礼记·檀弓》:“陽若善之。”(这个意义后来写作“佯”。)

在这些意义中哪一个是本义呢?传统的说法,认为“陽”的本义是“山南为陽”,因为“陽”字从阜,阜是山冈。但这是字的本义,它表明“陽”字是为“山南为陽”这个意义而造的。而“陽”这个词,在它的意义系列中,哪一个词是本义呢?分析“陽”的几个意义的引申关系,显然应该是:

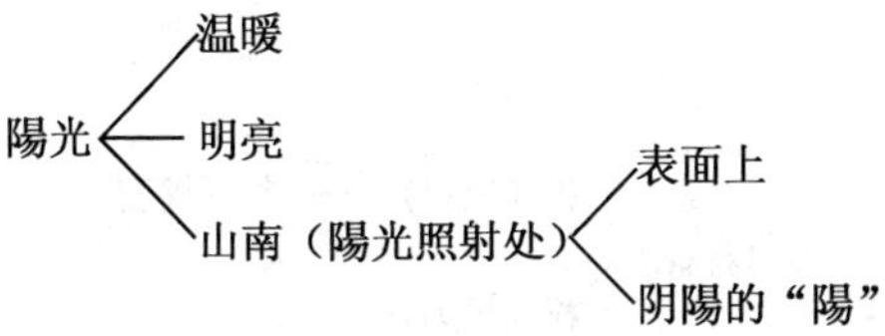

而不可能以“山南”为引申的出发点。所以,尽管没有历史资料作为确凿的证据,我认为,“陽”这个词的本义应是“陽光”,而不是“山南”。

从上所述可知:字的本义和词的本义并非都是一致的,如果一个字是为词的引申义而造的,那么,这个字的本义就不等于它所代表的词的本义了。

(三)“本无其字”的词的本义如何确定。

有些词,一开始并没有专为它造个字,是后来才用一个区别字专门表示它。如疑问语气词“与”,开始是借用“党与”的“与”来表示,后来才用“欤”来表示。还有一些词,自始至终没有专门给它造过字。如“权”字，本为木名。《说文》：“权，黄华木也。”但表示“权力”的“权”这个词就借用这个汉字来表示，而且一直用到现在，没有专为“权”这个词造一字。既然这些词是“本无其字”而借另一个字表示的，那么这个汉字的本义就不是这个词的本义了。这些词的本义又如何确定呢？

有两种方法。第一种方法是整理这个词的引申系列，从而找出它的本义。例如：“权”这个词，除了“权力”的意义外，还有“秤砣”义，如《论语·尧曰》：“谨权量，审法度。”有“称量”义，如《孟子·梁惠王上》：“权，然后知轻重；度，然后知长短。”有“权变”义，如《孟子·离娄上》：“嫂溺援之以手者，权也。”整理这个词的引申系列，可以知道“称量”义、“权力”义、“权变”义，都是由“秤砣”义引申出来的：

权$_b$（称量）—— 权$_d$（权变）
权$_a$（秤砣）＜
权$_c$（权力）

所以，“权”这个词的本义是“秤砣”。

第二种方法是通过同源词的研究来确定本义。如“贯”这个词，《说文》：“贯，钱贝之贯也。”据此是个名词。《说文》：“毌，穿物持之也。”据此，这是个动词。古书中有“贯”无“毌”，“贯”和“毌”实同一词。但这个词毕竟有名词和动词两义，它的本义究竟是什么？从字形看，“贯”从“贝”，那么《说文》所讲的“钱贝之贯”这个意义大概是不错的。《史记·平准书》：“京师之钱累巨万，贯朽而不可校。”就是这个意思。但这个字和这个意义显然都比“毌”后起。“毌”字很像“穿物持之”之形，但实际上它是甲骨文中 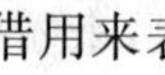 的变形，甲骨文中这些字是“干戈”的“干”字，因为音近而借用来表示

"贯穿"的"贯"。所以在最初,这个词也是"本无其字"的。既然如此,根据什么来判断它的本义呢?

在古书中,表示"贯穿"义而又与"贯"音同或音近的有"关"、"丱"、"擐"。《礼记·杂记下》:"见轮人以其杖关毂而转辂者。"注:"关,穿也。"《说文》:"丱,织绢以系贯杼也。"《国语·吴语》:"夜中,乃令服兵擐甲。"注:"擐,穿也。""贯"、"关"、"丱"都是见母元部,"擐"是匣母元部,读音相近,它们是同源词。从这一组同源词的共同意义可以推知,"贯"的本义应是"穿","钱贝之贯"是它的引申义。

顺便说一下,"关"的本义是什么?《说文》:"關,以木横持门户也。从门丱声。"据此,"关"的本义为"门栓",古文字"關"作𨳌,也像门栓的样子,这是没有问题的。但"关"除了"门栓"义以外,又有"贯穿"义,例见上引。又有"交通"义,如《后汉书·西羌传》:"使南北不得交关。"有"经由"义,如《汉书·董仲舒传》:"太学者,贤士之所关也。"注:"关,由也。"有"涉及"义,如《尚书大传》:"虽禽兽之声悉关于律。"这些意义是不是由"门栓"义引申来的呢?更值得注意的是古代有"关弓"一词。《孟子·告子下》:"越人关弓而射之。"《左传·昭公二十一年》:"将注,豹则关矣。"注:"注,傅矢;关,引弓。"释文:"关乌弯反,本又作弯。"后来学者都据此认为"关弓"即"弯弓"。但是,《说文》:"弯,持弓关矢也。"如果"关"即"弯","矢"又如何弯呢?段玉裁解释说,"矢桰檃于弦而镝出弓背外"叫"关",这是对的。这种情况实际上就是"贯",即矢贯于弓弦和弓背。正因为如此,所以古代"关弓"也叫"贯弓"。《史记·伍子胥列传》:"伍胥贯弓执矢向使者。"把弓拉满,使矢贯于弓弦和弓背也可以单称"贯"或"关",如《仪礼·乡射礼》:"不贯不释。"(不拉满弓不放箭。)《吕氏春秋》:“中关而止。”(弓拉到一半就停止。)可见“关”就是“贯”。“关”和“贯”的关系不仅仅是因音近而通假,而且是同源词。也就是说,在上古汉语中表示贯穿的动词,既可音“贯”,也可音“关”。“关”的“交通、经由、关涉”诸义,都是由“贯串”义引申而来的。门栓之所以叫“关”,也正是因为它是用来贯穿门户的,正如卓立于地的叫“桌”,坐而可倚的叫“椅”一样。所以,不是由“门栓”义引申为“贯穿、交通、经由、关涉”诸义,而是“贯穿”义引申为“交通、经由、关涉、门栓”诸义。只是“门栓”义已独立为另一词,字形写作“關”;“交通、经由、关涉”等应为另一词,但并没有另造一字,字形仍写作“關”。从这个例子也可以看出,讨论词义,有时必须打破字形的束缚,从有声语言的角度去看待词义及其发展。

第三节 词义发展的几种方式

关于词义的发展变化,一般认为有引申、假借两种途径。这种说法是不正确的。“假借”只是文字问题,与词义无关。比如《诗经·鄘风·柏舟》:“之死矢靡它。”“矢”假借为“誓”。“矢”这个汉字本来是记录“弓矢”的“矢”这个词的,现在又可以记录“发誓”的“誓”这个词,这并不表示“弓矢”的“矢”这个词取得了“发誓”的“誓”的意义。所以,字有“假借义”,而词没有“假借义”,这是必须弄清楚的。至于引申,的确是词义发展的重要途径,但并不是惟一途径。词义发展的主要途径有以下几种:

(一) 引申

什么叫引申?引申是基于联想作用而产生的一种词义发展。甲义引申为乙义,两个意义之间必然有某种联系,或者说意义有相关的部分。从义素分析的角度来说，就是甲乙两义的义素必然有共同的部分。一个词的某一义位的若干义素，在发展过程中保留了一部分，又改变了一部分（或增，或减，或变化），就引申出一个新的义位，或构成一个新词（在下面的论述中，对词和义位不作严格的区分）。例如，“信”有这样几个意义：

① 言语真实。《老子》：“信言不美，美言不信。”
② 对人真诚，有信用。《论语·学而》：“与朋友交，而不信乎？”
③ 相信。《左传·襄公三十一年》：“人谓子产不仁，吾不信也。”
④ 的确，确实。《韩非子·难一》：“舜其信仁乎？”
⑤ 凭证。《史记·外戚世家》：“用为符信，上书自陈。”
⑥ 信使。杜甫《寄高适》：“书成无信将。”
⑦ 音讯。杜甫《得弟消息》：“近有平阴信，遥怜舍弟存。”
⑧ 书信。白居易《谢寄新茶》：“红纸一封书后信。”

其间关系如下：

信
① 言语真实：[言语]＋[真实]
② 有信用：[对人的态度]＋[真实]
③ 相信：[确认]＋[某种情况]＋[真实]
④ 的确：[某种动作/状态]＋[真实]
⑤ 凭证：[用以证明情况真实]＋[物品]
⑥ 信使：[携带凭证传递消息或命令]＋[人]
⑦ 音讯：[信使传递的]＋[消息]
⑧ 书信：[传递音讯的]＋[文字材料]

其中①—⑤都包含“真实”这一义素。⑤—⑧，每个意义都是在前一个意义的义素上加上别的义素而形成（但有的意义一旦固定后，有些义素可能消失。如“信使”，后来不一定携带符信）。

又如“要”，包含如下意义：

① 腰。《墨子·经说》：“昔楚灵王好士细要。”
② 中间。《战国策·秦策》：“是王之地一经两海，要绝天下也。”

③ 拦截。《左传·襄公三年》:"吴人要而击之。"

④ 要挟。《论语·宪问》:"虽曰不要君,吾不信也。"

⑤ 求得。《孟子·公孙丑》:"非所以要誉于乡党朋友也。"

⑥ 需要。白居易《红线毯》:"地不知寒人要暖,莫把人衣作地衣。"

其间关系如下(为了表达的方便,各个意义不再分成一个个的义素,而采取定义的方式来表述):

要:①腰(人体的中间部分)——②中间(中间)——③拦截(迫使他人中途停止行进)——④要挟(迫使他人改变意向,满足自己的欲望)——⑤求得(请求他人满足自己的欲望)——⑥需要(期待某种欲望得到满足)

这里每一意义和邻近的意义都有共同的义素,但隔得较远的意义,就没有共同的义素了。

从引申的方式来看,大致有两种类型,一是连锁式(concatenation),即一环套一环的引申。如以上面举的"要"就是这类引申。一是辐射式(radiation),即从本义出发,向不同的方向引申出几个引申义。如"节",有如下意义:

本义:

竹约也。左思《吴都赋》:"竹则笋苞抽节。"

引申义:

① 用于树木,则为木节。《后汉书·虞诩传》:"不遇槃根错节,何以别利器乎!"

② 用于动物,则为关节。《庄子·养生主》:"彼节者有间,而刀刃者无厚。"

③ 用于时日,则为节气。《史记·太史公自序》:"四时八位十二度二十四节。"

④ 用于音乐,则为节奏。陆机《拟古诗》:"长歌赴促节。"

⑤ 用于道德,则为节操。文天祥《正气歌》:"时穷节乃见。"

⑥ 用于社会,则为法度。《礼记·曲礼》:"礼不逾节。"

⑦ 用于动作,则为节约。《论语·学而》:"节用而爱人。"

图示如下：

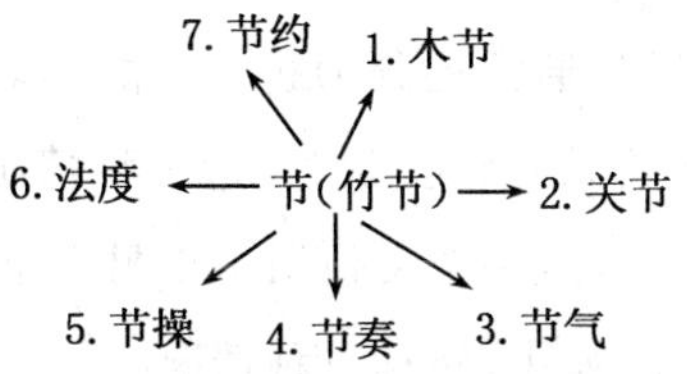

辐射式的引申，每个引申义都是由本义从不同角度引申而来的，都和本义有共同的义素。如“竹节”、“木节”、“关节”均为坚硬突出处，“竹节”、“节气”、“节奏”均为事物的分段处，“竹节”、“节操”、“法度”、“节约”都含有“约束”之义。但各个引申义之间未必有共同点，如“节气”义和“节约”义就没有共同点。

这是就引申的方式而言。实际上，一个词的引申往往是两种方式兼而有之。如上面所说的“信”，图示如下：

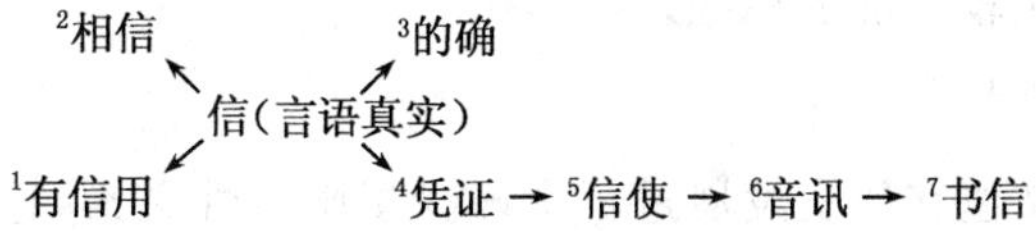

从本义引申为1、2、3、4义，是辐射式的，从本义到4、5、6、7义，是连锁式的。如果把“要”和“节”的全部意义列出来，它们也是辐射式和连锁式综合的。

像上述“要”、“节”、“信”这样的本义和引申义所构成的系列，就叫“引申系列”。

通常还讲到“比喻义”。如以“金”、“玉”比喻贵重，以“虎”、“豹”比喻凶猛，以“清”比喻廉洁，以“浊”比喻贪墨等等。比喻义往往是一个词的隐含义素在起作用。这种比喻义有的是临时产生的，有的因经常使用而固定了下来。如果已经成为固定的意义，也可以包括在引申义之中。所以，我们不在“引申”之外另列一类“比喻”。

关于词义的发展，通常还分为扩大、缩小，转移三种情况。它们和“引申”是什么关系呢？我认为，这三种情况是就词义引申所产生的结果而言的。即：一个义位引申出另一个义位，就这新旧义位比较而言，有扩大、缩小、转移三种情况。

对于这三种情况的理解，也一直存在着模糊不清之处。比如“脸”由“面颊”义发展为“面孔”义，是不是扩大？“趾”由“脚掌”义发展为“脚趾”义，是不是缩小？“汤”由“热水”义发展为“菜汤”义，是扩大、缩小，还是转移？通常把“脸”作为词义扩大例，把“趾”作为词义缩小例，但这种看法是值得商榷的。而“汤”究竟属于哪一种，似乎不大好回答。造成这些模糊不清的原因是“扩大”、“缩小”、“转移”没有一个明确的标准。我们试图用义素分析法给它们建立一个比较明确的标准。

(1) 扩大

一个义位在历史发展过程中减少了限定性义素，这个义位由下位义变成上位义，这就是扩大。例如：“唱”，古代指领唱，现代指一切歌唱，它的义素变化是：

唱(古)：[带头]+[唱]→唱(今)：[唱]

它在有关语义场中位置的变化是：

从“唱”所代表的概念来说，就是由种概念变为属概念(唱歌＞领唱)，所以这是词义的扩大。

“扩大”的例子还有：

嘴（古）：鸟的嘴。　　嘴（今）：鸟、兽、人的嘴。
响（古）：回声。　　响（今）：声响。
洗（古）：洗脚。　　洗（今）：洗。
涉（古）：徒步渡水。　　涉（今）：渡水。
雄（古）：鸟的雄性。　　雄（今）：鸟兽的雄性。
彊（古）：弓有力。　　彊（今）：有力。

这些义位的变化，都可以用义素的减少和在语义场中上下义位的变化来说明，都符合我们所说的“扩大”的条件。只是要补充说明一点：“嘴”从“鸟的嘴”发展为“鸟、兽、人的嘴”，好像是限定性义素增加了，为什么说是限定性义素减少了呢？这是因为，这里的表述，用的是定义式的，实际上并没有分解到义素。如果分解到义素，“鸟”的义素应是[会飞的]+[二足]+[有毛的]+[动物]，“兽”的义素应是[会走的]+[四足]+[有毛的]+[动物]，“人”的义素应是[会走的]+[二足]+[无毛的]+[动物]。而“鸟、兽、人”合为一类，就不再区分会飞会走，有毛无毛，四足二足，它的义素只有[动物]。所以定义式的“鸟、兽、人的嘴”，其义素不等于[鸟]+[兽]+[人]+[嘴]，而是[动物]+[嘴]，反而比“鸟嘴”的义素[会飞]+[二足]+[有毛]+[动物]+[嘴]要少。从语义场中上下位的关系来看，它的变化是：

所以，“嘴”从“鸟嘴”发展为“鸟、兽、人的嘴”，是符合上面所说的条件的。

现在再看“脸”由古代的“面颊”义变为现代的“面孔”义，是不是扩大呢？首先，很难想象“面颊”义是减少一个什么限定性义素而变为“面孔”义。其次，“面孔”和“面颊”既不是一个语义场中的上下位关系，也不是逻辑上的属和种的关系，而是全体和部分的关系：由“额”、“颜”、“颊”(即古代所说的“脸”)、“颏”等组成“面”。它的古今变化是和上述“唱”、“嘴”等不同的一种类型。过去有人把它称为词义的“扩大”，实际上它“扩大”的不是词义，而是这个词的“所指”(reference)由部分“扩大”到了全体。

这种类型的词义变化还可以举出另一些例子。如“眼”，古代是眼珠，现代是整个眼睛。“身”，最初指肚子，现代指全身。“体”，古代指身体的一部分，如“四体”即四肢，现代指整个身体。“舆”，最初指车厢，后来指整个车。它们的变化应是“转移”中的特殊的一类，这到“转移”中再讲。

(2)缩小

“缩小”和“扩大”相反，从义素看，是原来的义位增加了限定性义素，从语义场的上下位关系看，是由上位义变成了下位义。从概念来看，是属概念变成了种概念，例如“谷(穀)”，古代指百谷，即粮食作物之总称；现代指粟。其义素变化为：

谷(古)：粮食作物。→谷(今)：一种子粒圆形的粮食作物。

语义场的变化为：

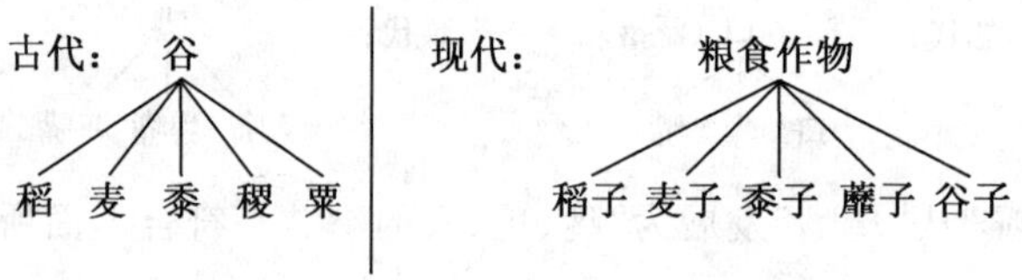

缩小的例子还有：

宫(古)：房屋。　　　　宫(今)：帝王的房屋。

臭(古):气味。	臭(今):臭气。
诏(古):告诉。	诏(今):上告下。
吃(古):饮、食。	吃(今):食。
肥(古):人畜肥。	肥(今):畜肥。
恶(古):品行、形貌不好。	恶(今):品行不好。

为什么说"人畜肥"和"畜肥"相比,反而是增加了限定性义素呢?道理和上面所说的"鸟嘴"的义素比"鸟、兽、人的嘴"的义素少一样。"人畜肥"是定义式的表述,它的义素不是[人]+[畜]+[肥],而是[人畜]+[肥],所以它的义素反而比[畜]+[肥]少。同样,[品行+形貌]+[不好]的义素也比[品行]+[不好]少。"吃"在唐宋时期既可用于吃饭,吃肉,又可用于吃茶、吃西北风,它的义素是[摄入]+[东西]。现代的"吃"只能用于吃饭、吃肉等,它的义素是[摄入]+[干的]+[东西],所以义素也是增加了。这些义位在语义场中的变化,也都是从上位义变为下位义。

"趾"从古代表示脚掌发展为现代表示脚趾,不是词义的缩小,而是它的"所指"由全体变为部分。"脚"从古代的膝盖以下的部分变为"脚掌",也是如此。这道理和"脸"、"眼"等不是"扩大"一样,就不重复了。

还有一点需要说明:按传统的说法,这一类型的词义变化(缩小)是不叫"引申"的。传统所说的"引申",只指词义的扩大和由旧义产生出另一个新义。但王力《汉语史稿》中说:"依照西洋的传统说法,词义的变迁,大约有三种情况:(一)词义的扩大;(二)词义的缩小;(三)词义的转移。汉语词义的'引申'情况大致也可以归入这三类。"则是把"缩小"也看作引申的一种。我赞成这种看法。所以也把"缩小"作为引申的结果之一。

(3) 转移

转移是一个义位某一限定义素保留，其他义素，特别是中心义素变化而引起的词义变化，这就使得这个义位由一个语义场转入了另一个语义场。如“兵”，古代指兵器，其义素为[作战用的]+[器械]，中心义素是[器械]，它和“甲”、“革”、“乘”等处于同一语义场。现代指士兵，其义素为[持兵器的]+[人]，它和“工”、“农”、“商”、“学”等处于同一语义场。古代的“兵”和现代的“兵”有共同的义素（前者的义素全部包含在后者之中），但是它的中心义素和语义场都变了，所以是词义的转移。

前面所说的隐含义素由于经常使用而形成独立的义位，这种情况也属于词义的转移。例如“本”，本义为“树根”或“树干”。它的隐含义素为“根本的”、“重要的”，由此而引申为“事物的根本”，或引申为“农业”（古代以农为“本”，以商为末），这也是转移。

前面说到，“汤”从古代的“热水”义变为现代的“菜汤”义，究竟是扩大、缩小还是转移？如果从这个词的“所指”来比较，问题很难说清。“汤”是热水，但并非一切热水都是汤，有味道的、可以喝的才是汤，从这个角度说是“缩小”；“汤”是热水，但菜汤不一定是热的，也可以是凉的，从这个角度讲又是“扩大”。因此，我们还是要从它的义素和语义场的变化来判断。它的义素变化是：

汤（古）：[热的]+[水] ⟶ 汤（今）：[有味的]+[以水制成的]+[食物]

两个义位中[水]的义素相同，但中心义素不同。古代的“汤”和“水”处于同一语义场，如《孟子·告子上》：“冬日则饮汤，夏日则饮水。”而现代的“汤”和“饭”、“菜”处于同一语义场。所以，这应该是词义的转移。

词义转移的例子还有：

嘴(古)：鸟嘴。　嘴(今)：形状像嘴的东西(茶壶嘴)。

唱(古)：领唱。　唱(今)：带头做(后来写作"倡")。

狱(古)：诉讼。　狱(今)：监狱。

树(古)：种植。　树(今)：树木。

"嘴"、"唱"的例子说明：同一个义位可以引申为两个义位，而其中一个可以是扩大或缩小，一个可以是转移。这进一步说明：在谈词义的发展变化时，要以义位为单位。同时也说明词义的发展可以有不同的角度。古代的"唱"，是"领唱"之义，着眼于它的"唱"，词义可以扩大而为"歌唱"，着眼于它的"领"，词义可以转移为"倡导"(如《史记·陈涉世家》："为天下唱")。

词义扩大或缩小后，一般是新义代替了旧义，即随着新义的产生，旧义就消失了。转移则不同。转移有两种情况：一是新义产生后旧义消失，如上面举的"兵"、"本"、"狱"、"树"等；一是新义产生后旧义依然存在，如"首"从"头"义引申为"首领"义，"目"从"眼睛"义引申为"视"义，都是如此。这是不奇怪的。因为词义转移后，它的中心义素和语义场都不同了，在语言的运用中，必然会出现在不同的组合关系里，这种组合关系就可确定其意义。如贾谊《陈政事疏》："凡天子者，为天下首。"出现在这个位置上的"首"绝不会是"头"。屈原《九歌·国殇》："首身离兮心不惩。"出现在这个位置上的"首"绝不会是"首领"。而词义的扩大或缩小，新旧词义中心义素相同，语义场相同，就往往出现在相同的组合关系中，如果新旧义同时并存，就容易辨别不清。如杜甫《十六夜玩月》诗："谷口樵归唱，孤城笛起愁。"如果在杜甫的时代"唱"的新旧义并存，那么这句诗中的"唱"究竟是说的"领唱"还是"歌唱"，就很不清楚了。所以，词义扩大或缩小后，旧义一般要消失，这是符合语言交际功能的要求的。不过，这也只是一般情况，词义扩大或缩小后新旧义也有并存的。比如在战国时期，“涉”既有“徒步渡水”义，如《吕氏春秋·察今》：“循表而夜涉。”也有“以舟楫渡水”义，如屈原《九歌·涉江》。

上面说过，“脸”、“目”等义位的变化不属于扩大，“趾”、“脚”等义位的变化不属于缩小，它们都应是转移，但是，是转移中特殊的一类。为什么这样说呢？这些义位的义素不大容易说清楚，我们主要看它们所处的语义场的变化：

脸

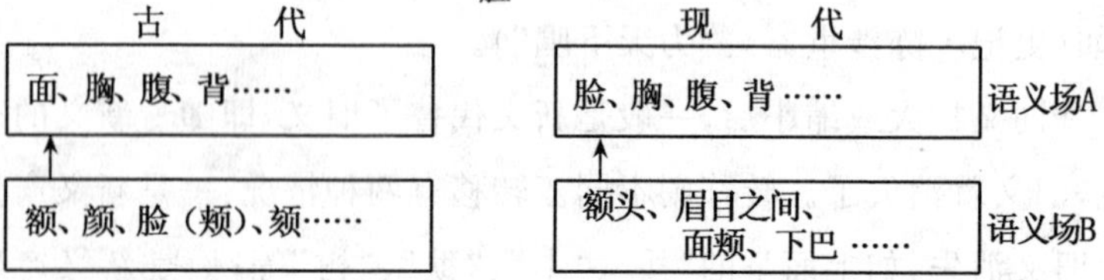

趾

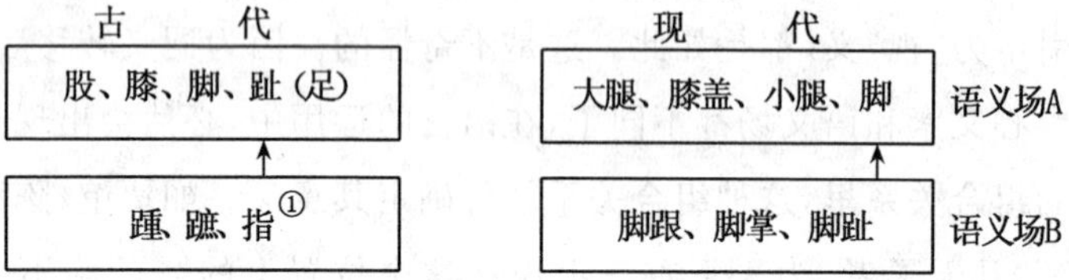

在古代，“面、胸、腹、背……”组成一个语义场 A，其中各个义位都表示人体的一部分。“额、颜、脸、颏……”组成另一个语义场 B，其中各个义位表示面部的一部分。现代汉语中有语义场 A 和 B 与之相应。“脸”从古代的“面颊”义变为现代的“面孔”义，是由语义场 B 转到了语义场 A，所以应是词义的转移。但语义场 A 和 B 是

① 上古汉语中手指脚趾都叫“指”，如《史记·高祖本纪》：“（汉王）乃扪足曰：‘虏中吾指！’”

有特殊关系的:语义场B中的各项,都是语义场A中一个义位的一部分。所以,它又是转移中特殊的一类。“趾”的情况与“脸”相似,只不过它是从语义场A转入语义场B。

除了传统所说的“扩大”、“缩小”、“转移”外,我们还打算另立一类“易位”。

(4) 易位

“易位”指的是一个义位中心义素不变,但限定义素发生了变化,因此这个义位的变化没有改变语义场,而只是在同位义之间的变易。如“涕”,古代是“目液”(眼泪),现代是“鼻液”(鼻涕),其义素的变化为:

涕(古):[从目中分泌的]+[津液]⟶涕(今):[从鼻中分泌的]+[津液]

它在语义场中的变化为:

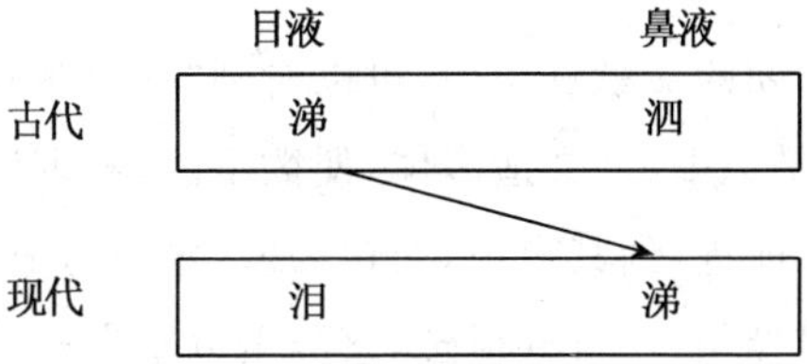

此外,像“走”,由古代的“快跑”变为现代的“行走”,“红”,由古代的“粉红”变为现代的“大红”,都是易位。它们在语义场中的变化分别为:

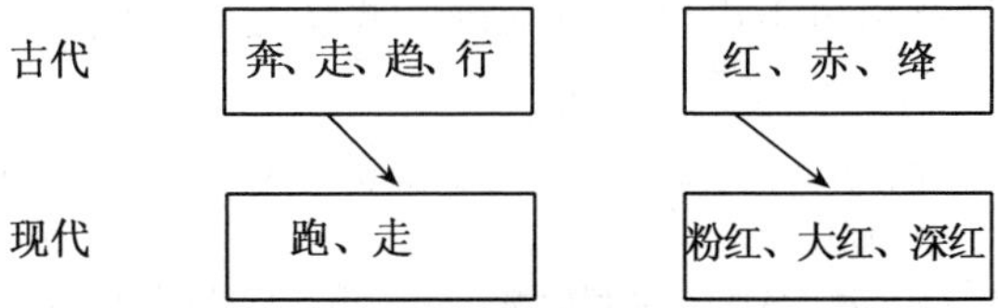

最有意思的是“盗”和“贼”。在古代,“盗”是“窃物者”,“贼”是“杀人者”,而现代,两个词的意思对换了一下:“盗”是“杀人者”,“贼”是“窃物者”。这也是易位。

这样,由引申而产生的结果,就有四类:扩大、缩小、转移、易位。

除引申以外,词义的发展变化还有其他几种途径,这以下几种途径的共同特点是:从旧义到新义不是由义素的变化形成的。

(二) 相因生义[①]

“相因生义”指的是甲词有 a、b 两个义位,乙词原来只有一个$乙_a$义位,但因为$乙_a$和$甲_a$同义,逐渐地乙词也产生一个和$甲_b$同义的$乙_b$义位。

或者,甲词有 a、b 两个义位,乙词原来只有一个$乙_a$义位,但因为$乙_a$和$甲_a$是反义,逐渐地乙词也产生出一个和$甲_b$反义的$乙_b$义位。

例如,在六朝的文献资料中,可以看到“呼”有一种很特别的用法:陆云《与兄平原书》:“文适多体,便欲不清,不审兄呼尔不?”《树提伽经》:“小复前进,到其户内,白银为壁,水精为地,王呼水流,疑不得进。”《经律异相》:“猕猴得蜜,盛满蜜以奉世尊。世尊不受,令其水净。猕猴不解,谓呼有虫,将至水边洗钵。”[②]这三个“呼”都是“以为”义。“呼”的这种意义在先秦两汉是不具备的,是六朝时新产生的。但这种意义是如何发展来的呢?从“呼”原有的意义“呼叫”、“称呼”是引申不出这个意义的。我认为,这个意义是受“谓”

① 本节所举相因生义的例子有误,详见蒋绍愚《汉语历史词汇学概要》(商务印书馆,2015)p.199—210。

② 这些例句引自张联荣《六朝词语琐记》,《语言学论丛》第 18 辑,商务印书馆,1993 年。

的影响而产生的。

"谓"是个多义词，它包含如下义位：

① 对……说。《左传·哀公十一年》："陈僖子谓其弟舒：'尔死，我必得志。'"

② 称为，称。《诗经·王风·葛藟》："终远兄弟，谓他人父。"《韩非子·显学》："以人之所不能为说人，此世之所以谓之为狂也。"

③ 认为，以为。《孟子·梁惠王上》："宜乎百姓之谓我爱也。"《世说新语·任诞》："监司见船小装狭，谓卒狂醉，都不复疑。"

"呼"有两个义位和"谓"相同或相近：

① 叫，对……说。《左传·哀公十一年》："吴子呼叔孙曰：'而何事也？'"

② 称为，称。《齐民要术·地榆》："（玉札）其实黑如豉，北方呼豉为札，当言玉豉。"

其中第①义实际上是"呼其名而谓之"之意，与"谓"意义并不相同，只是在这种上下文环境中，"呼"也可以换成"谓"（比较上引"谓"①例，此二例同出《左传·哀公十一年》）。第②义和"谓"完全相同，使用的格式"呼 x 为 y"和"谓 x 为 y"也完全相同，这里的"呼"与"谓"完全可以互换。人们在语言运用的过程中往往有这样一种心理：既然"谓 x 为 y"可换为"呼 x 为 y"，那么"谓卒狂醉"中的"谓"也可以换为"呼"，这样就出现了"呼"表示"认为，以为"的意思。上引"呼"表示"认为，以为"的第三例中，"谓呼"连用，很明显地反映出当时人们把"呼"看作"谓"的同义词。

"呼"产生"认为，以为"义的过程，可图示如下：

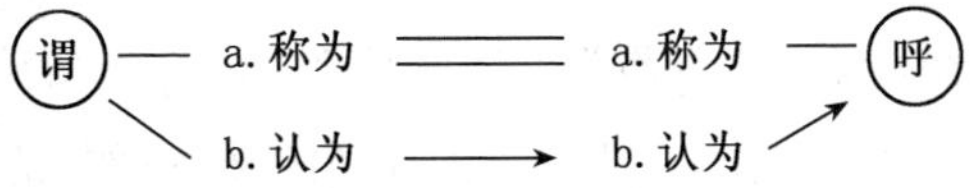

再举一个例子：言。

“言”原有“言说”义,此义常见,不必举例。在唐诗中,“言”又有“以为”和“料”义,如李白《驾去温泉宫》:“自言管葛竟谁许?长吁莫错还闭关。”(此为“以为”义)郭震《宝剑篇》:“何言中道遭弃捐,零落飘沦古狱边。”(此为“料”义)这两个意义是如何产生的呢?是因为受“谓”的影响而来的。

“谓”也有“言说”义,此义常见,不必举例。“谓”的“以为”义,例已见上。“谓”的“料”义,在唐诗中可以见到,如李白《江夏行》:“只言期一载,谁谓历三秋。”

人们在使用语言的过程中,同样认为表“言说”的“谓”可用“言”代替(如《战国策·秦策》:“此乃公孙衍之所谓也。”注:“谓,言也。”),那么,表“以为”和“料”的“谓”也可用“言”来代替,从而“言”就逐渐取得了原来是“谓”具有的“以为”义、“料”义。这个过程是和“呼”产生“以为”义的过程一样的。而且,有意思的是,唐代也有“谓言”连用。如韩愈《孟生》诗:“尝读古人诗,谓言古犹今。”

所以,“言”产生“以为”义和“料”义,也是“相因生义”。

“相因生义”实际上是一种类推,也可以说是一种错误的类推,因为甲乙两词有一个义位相同,其他义位未必就相同,这在第二章讲“义位”时已经讲过。但语言是约定俗成的,如果这种类推被社会所承认,那么由这种类推而产生的意义就成为一个词固定的义位了。

这种类推的过程在现代汉语中也可以见到。比如,北方话中有“瞧”这个词。根据 1943 年出版的《国语词典》,它有两个义项:①观看。②偷看。在“观看”这个意义上,“瞧”和“看”相同,所以“看书”也可以说“瞧书”。但“看”还有别的义位,如“访问”,比如说“出门看朋友”。而“瞧”本来是不具备这个义位的,但现在北方方言中也可以说“他瞧亲戚去了”，这就是受“看”的影响，通过类推而取得的。南方人初到北方，也不自觉地按照类推的原则，把“试试看”说成“试试瞧”，北方人听了就觉得好笑（因为“看”可以放在动词重叠式后面，表示试一试，而“瞧”不能这样用），这就是这种类推没有得到社会的承认。

反义词之间也有相因生义的现象。

例如，古代称僧人为“黑衣”，称俗徒为“白衣”。《佛祖统纪》卷三十六：“（玄畅、法献）时号黑衣二杰。”《维摩诘经上·书权品》：“虽为白衣，奉持沙门。”又“僧俗”也称“黑白”。《景德传灯录》十九：“钱王请于寺之大殿演无上乘，黑白骈拥。”僧人因穿黑衣，故称之为“黑衣”和“黑”，这是好理解的。但俗徒并非全都穿白衣，官员可穿青衫，权要可着紫衣，为什么称为“白衣”或“白”呢？这是因为“黑”与“白”是一对表颜色的反义词，“黑”既可指僧，“白”也就受其影响，用来指“僧”的反义即“俗”了。这种关系同样可图示如下：

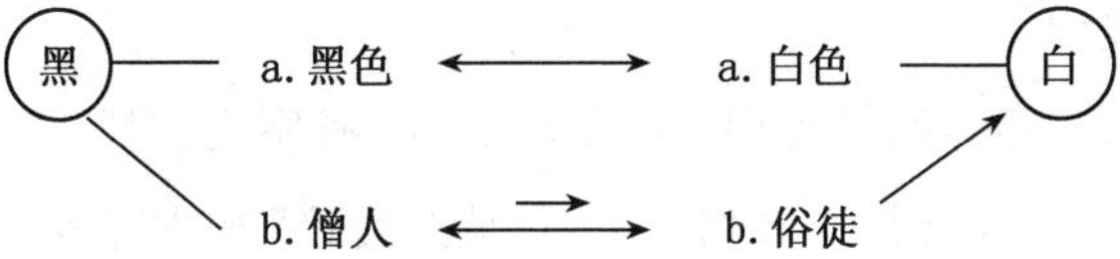

又如现代汉语中“快”、“慢”是一对反义词。但“快”除“迅速”义外，还有“锋利”义，而“慢”却无“钝”义。可是，现在可以听到这种说法：“这把刀子很慢。”把“慢”用于“钝”义，与其说是从“缓慢”义引申来的，还不如说讲话者的心中是以“慢”来代替“不快”，所以，这种用法也是“相因生义”，只不过这还没有得到社会的承认，所以是一种不规范的说法。

“相因生义”有时还可以使一个字取得一种新的词义。如：

王引之《经传释词》卷一："《诗·小星》传：'犹，若也。'亦常语也。字或作'猷'。《尔雅》曰：'猷，若也。''犹'为'若似'之'若'，又为'若或'之'若'。《礼记·内则》曰：'子弟犹归器，衣服、裘、衾、车马，则必献其上，而后敢服用其次也。'郑注曰：'犹，若也。'襄十年《左传》：'犹有鬼神，于彼加之。'言若有鬼神也。"

这是说"犹"有"犹如"之义，又有"如若"之义。《礼记》例是说，子弟如果被赏赐东西，应该把那些东西里好的献给宗子，自己服用次一等的。《左传》例是说，如果有鬼神，当加罪于彼。"犹"为什么会有"如若"之义呢？这个意义不可能从"犹如"引申而来，也不可能是"犹"通"如"（"犹"和"如"语音相差甚远）。王引之说："'犹'为'若似'之'若'，又为'若或'之'若'。"照这个解释，就是"相因生义"。

关于词的相因生义，在拙著《论词的"相因生义"》[①]一文中有较详细的论述，在这里就简单地说这些。

（三）虚化

"虚化"指的是实词的词汇意义逐渐消失，最后变为表示语法关系的虚词。

例如，"相"，原是动词。《说文》："相，省察也。"段注："目接物为相，故凡彼此交接皆曰相。"所谓"彼此交接"就是"相爱"、"相见"的"相"，这就是副词了。段玉裁的注说出了动词"相"与副词"相"之间的联系。

"和"，原有"搀和"之义，是动词。如杜甫《岁晏行》："今许铅锡和青铜。"虚化为联接等立两项的连词。如罗隐《四顶山》："游人来至此，愿剃发和须。"动词"和"与连词"和"之间是有联系的。

---

① 见《语言文字学术论文集——庆祝王力先生学术活动五十周年》，知识出版社，1989年。

"故",《词诠》"故"字条:"(二)名词……今言原由。""(九)承递连词。因果相承时用之,与今义'所以'同。按此用法乃由第二条'缘故'之义引申而来。"

还有一些虚词在刚开始虚化的阶段与实词的关系比较明显,但虚化完成以后,与实词就看不出什么关系了。例如助词"得",是从动词"获得"虚化来的,"了"是从动词"了结"虚化来的,"着"是从动词"附着"虚化来的,在汉语史上可以看到这种虚化的过程(这是汉语语法史讨论的问题,这里不谈),但现代汉语中的助词"得"、"了"、"着"就看不出与动词"得"、"了"、"着"有什么关系了。

传统训诂学也有把虚化称为"引申"的,如上引"故"字,杨树达就称之为"引申"。这是因为着眼于实词与虚词间的联系。但这种联系毕竟和前面所说的引申义和被引申义之间的联系性质不同,它不是两个义位的词汇意义之间的联系,所以我们还是把"虚化"另立一类,不包括在"引申"之中。

(四) 语法影响

这又包括两个方面:

(1)有些词因为经常处在某种句法位置上,因而取得了新的意义。

例如,"是"原是指示代词,后来变为判断词。这种变化是怎样产生的呢?

这是因为指示代词"是"经常出现在《荀子·天论》"日月星辰瑞历,是禹桀之所同也"这样的句子中。这种句子有个特点:谓语("是禹桀之所同")是个主谓结构,"是"充当这个主谓结构的主语,而且复指整个句子的主语"日月星辰瑞历"。

日月星辰瑞历，是禹桀之所同也。

主$_1$　　　　谓$_1$

　　　　主$_2$　　谓$_2$

在“是禹桀之所同”这个主谓结构中，“是”（主$_2$）和“禹桀之所同”（谓$_2$）构成判断。但因为“是”是复指“日月星辰瑞历”的，所以在意义上，“日月星辰瑞历”（主$_1$）和“禹桀之所同也”（谓$_2$）也可以构成判断。这样，“是”的作用就逐渐变为联系一个判断中的主谓两项的“系词”。

这种例子还有一些，我们将在第八章“词汇和语法的关系”中详细讨论，此处从略。

由这种途径而产生的新义，和旧义在语义上毫无联系。

(2)某些词经常用于使动，逐渐形成一种固定的词义。

例如：“闻”，原为“听到”义，由于常用于使动（使……听），就形成“报告”的意义。如“昧死以闻”，等于说“昧死以此禀告”。特别是《吕氏春秋·察传》：“有闻而传之者曰：‘丁氏穿井得一人。’国人道之，闻之于宋君。”“闻之于宋君”如果仍作使动理解，解释为“使之闻于宋君”，那么这个“闻”就只能解释为“被听到”，整句话解释为“使这件事被宋君听到”，这是颇为迂曲的。“闻之于宋君”的“闻”应当为“报告”义，整句等于说“告之于宋君”。

“纳”（内），是“收入”之意。由于常用于使动，就形成“交纳”义。如《史记·秦始皇本纪》：“百姓内粟千石，拜爵一级。”

语法对词义变化的影响，还表现为词的“转化”。见第八章。

（五）修辞影响

这主要是指修辞中“借代”的影响。“借代”这种修辞手法，本来是临时借一物来指代另一物，如“披坚执锐”中的“坚”指铠甲，“乘坚策良”中的“坚”指坚车，“坚”的意义随上下文而异，并没有形成固定的词义。但有的借代经常使用，也会使某些词产生一新的义位。

如：以“木”代棺材，是以质料代事物。但在先秦已形成一种固定意义。例如《孟子·公孙丑下》：“木若以美然。”《左传·僖公二十二年》：“我二十五年矣，又如是而嫁，则就木焉。”其中的“木”都是“棺材”义。

“帆”指代船，是部分代全体，后来也成为一种固定的词义。如刘禹锡《酬乐天扬州初逢席上见赠》：“沉舟侧畔千帆过，病树前头万木春。”李贺《大堤曲》：“莫指襄阳道，绿浦归帆少。”

在古代诗文中还有一种“割裂”式的借代，如以“而立”代替“三十”，以“友于”代替“兄弟”。“而立”、“友于”都不是词，连词组都不是。但如果“割裂”下来的部分是个词，那么这个词就因此而取得了新义。如《诗经·邶风·谷风》：“燕尔新婚，如兄如弟。”“燕尔”本为喜悦貌，通过借代，就具有了“新婚”之意。

还有的借代是由于用典而形成的。如传说月中有蟾蜍，所以能以“蟾”代月。如司马光《伫月亭》诗：“孤蟾久未上，五马不成归。”又如沈括《梦溪笔谈》卷二十三：“吴人多谓梅子为曹公，以其尝望梅止渴也。又谓鹅为右军。有一士人遗人醋梅与焊鹅，作书云：‘醋浸曹公一甏，汤焊右军两只，聊备一馔。’”（“右军”指王羲之，王羲之爱鹅，曾以初写《黄庭经》换白鹅。）“蟾”和“曹公”、“右军”都是由传说或典故形成借代，从而取得新的意义。只是“蟾”这一意义用得很普遍，而“曹公”、“右军”的这一新的意义只通行于吴地士人之中，而且后来就不大用了。这种词义的发展变化，与民族文化关系极为密切，如果不了解其文化背景，是无法理解为什么“蟾”可以有“月”的意思，“曹公”、“右军”竟然会指梅子和鹅的。

（六）简缩

“简缩”指的是原来由一个复合词或词组表达的意义，后来用其中的一个词素（一个字）来表达。时间一久，人们忘了这是一种简缩，而把这个词素看成是词，把这个意义直接看成这个词的意义了。但这个词原有的意义和这个新取得的意义之间是找不到直接联系的，必须通过简缩前的复合词或词组，才能找到这个词原有意义和新义之间的联系。

如“生”，最初的意义是“出生”、“生长”。在现代汉语中，“生”又有“指正在学习的人”一义（如“学生”、“师生”）。这两个意义之间，找不到直接联系。“师生”的“生”这个意义是如何产生的呢？它经过两步：第一步，在秦汉时，“生”是“先生”的简缩。《汉书·贡禹传》：“生有伯夷之廉。”注：“生谓先生也。”在“先生”这个复合词中，“生”是“出生”之意。《孟子·告子下》：“先生将何之？”注：“学士年长者，故谓之先生。”第二步，“生”后来又指“儒生”。《史记·儒林传》：“言礼自鲁高堂生。”索隐：“自汉以来儒者皆谓生。”这样年轻的书生也就叫“生”，一直沿袭到现代，学生也称“生”。

“堂兄弟”的“堂”，和“堂”的本义“殿堂”也看不出有什么联系。“堂兄弟”的“堂”也是简缩形式。六朝时人称同祖兄弟为“同堂”。《北史·公孙表传》：“二公孙同堂兄弟耳。”《北史·崔镳传》：“汝等皆宜一体，勿作同堂意。”到唐代省去“同”字，称“堂兄弟”。“同堂”的“堂”和“殿堂”的“堂”意义是有联系的。省去“同”后，单以“堂”表示同祖兄弟，就看不出与“殿堂”义有什么联系了。

（七）社会原因

有的词义的发展是由社会原因造成的。例如：

“省”(shěng)，现代汉语中有一个意义是指县以上的行政区，“河北省”、“浙江省”的“省”。这个意义是怎样发展来的呢？

“省”的本义是“省察”。《说文》：“省，视也。”在汉代，宫中称“省中”。这个“省”和“省察”的“省”有什么关系呢？原来汉代宫中称“禁中”，后来因元后之父名禁，避讳而改为“省中”。《颜氏家训·书证》：“或问：‘《汉书》注：“为元后父名禁，故禁中为省中。”何故以“省”代“禁”？’答曰：‘案，《周礼·宫正》：“掌王宫之戒令纠禁。”郑注曰：“纠，犹割也，察也。”李登云：“省，察也。”张揖曰：“省，今省察也。”然则小井，所领二反，并得训察。其处既常有禁卫省察，故以“省”代“禁”。’”(颜师古注《汉书》取另一种解释，认为称禁中为省中的原因是“言入此中者皆当察视，不可妄也”。但比颜之推说稍为迂曲，今从颜之推说。)取一个意义相关而不相同的字代替另一个字来避讳，这是常见的情况。如唐朝讳“渊”，就以“泉”代替，其实“渊”和“泉”本非同义，而只是同一类。以“省”代“禁”也是这种情况。但由此，“省”就取得了“宫禁”义。魏晋时在宫中设一为皇帝主管文书的机构叫“中书省”，后来中书省权力逐渐增大，中书令相当于宰相。唐代“中书门下”成为总理国家政务机构。元代废尚书省，以中书省统管六部，又在各地设十一“行中书省”，作为中书省的派出机构，简称“行省”。明代改行中书省为“承宣布政司”，但习惯上就称“行省”，简称“省”。清代相沿，就使“省”成了县以上一级行政机构的名称。“省”这个词经历了这样一个曲折的历史变化，其中有些变化是由社会历史造成的，有些甚至是人为的原因造成的。但是，词义发展变化的内部规律也在起作用，如“省”和“禁”意义有关，所以避讳能以“省”代“禁”。而“行中书省”发展为

"行省"再发展为"省",则是属于前面所说的"简缩"。所以,"省"的词义变化是社会原因和其他原因结合在一起的。

又如,"寺"原来是"官署"之义。《后汉书·刘般传》:"官显职闲,而府寺宽敞。"汉代的中央机构多以"寺"名,如"大理寺"、"太常寺"等。后来"寺"的意义变为佛寺。这一变化是如何形成的呢?因为汉明帝时摄摩腾竺法兰初自西域以白马驮佛经来,舍于鸿胪寺(汉代主管礼宾的中央机构)。永丰十一年创建白马寺,这是我国最早的佛寺。从此以后,佛寺都以"寺"名。"寺"的词义的发展,完全是由于社会原因。

其他如唐代因避讳而以"代"代替"世",因此"三世"(祖孙三辈)说成了"三代",这是常举的例子,这里就不细说了。

以上七种说的主要都是词的理性意义的发展变化。词的感情意义在历史发展过程中也是有变化的,下面举几个例子。

从褒义变为贬义。如"爪牙",古代指"得力的武臣"。《国语·越语上》:"夫虽无四方之忧,然谋臣与爪牙之士不可不养而择焉。"现代指"帮凶"。

从贬义变为褒义。如"烂漫",最早为"散乱"义。《庄子·在宥》:"大德不同,而性命烂漫矣。"注:"烂漫,散乱也。"《史记·司马相如传》:"牢落陆离,烂漫远迁。"正义引颜师古:"言其聚散不常,杂乱移徙。"后来变为褒义。马融《长笛赋》:"纷葩烂漫,诚可喜也。"现代汉语中的"烂漫"是"颜色鲜明而美丽"之义,意义略有变化,但仍是褒义的。

从中性变为贬义。如"遭",古代既可说遭到坏的事情,又可说遭到好的事情。扬雄《解嘲》:"吾子幸得遭明盛之世。"但是现代只能说遭到坏的事情。

从贬义变为中性。如“氛”，上古指“恶气”。如《汉书·董仲舒传》：“今阴阳错缪，氛气充塞。”注：“氛，恶气也。”后来既可说“妖氛”，也可说“香氛”，后者例如江淹《采菱曲》：“高彩隘通路，香氛丽广川。”

从轻变重。如“惩”，是“受创而知戒”之义。但古代“受创”也可以是吃点小苦头，《楚辞·九章·惜诵》：“惩于羹者而吹齑兮。”“惩”指的是被热羹烫了一下。现代的“惩”就用得较重，必须是受到惩罚。

从重变轻。如“购”，古代指“重金收购”。苏轼《送刘道原归觐南康》：“百金购书收散亡。”现代汉语说“购货”，可以指买很不值钱的东西。

虚词也有发展变化，这种发展变化和实词又不一样，是语法意义的变化。这因为主要属于语法研究的范围，这里就不谈了。

第四章　同义词

同义词和反义词是词的聚合关系中的特殊的两类。同义词和反义词的研究在古汉语的阅读和研究中有着重要的作用。在这一章里先讨论同义词。

第一节　同义词、近义词、等义词

张永言《词汇学简论》给“同义词”下的定义是:“同义词就是语音不同、具有一个或几个类似意义的词。这些意义表现同一个概念,但在补充意义、风格特征、感情色彩以及用法(包括跟其他词的搭配关系)上则可能有所不同。”这个定义说得比较全面。它说明:(1)同义词是几个词的某一个或某几个义位相同,而不是全部义位都相同。(2)同义词只是所表达的概念(即理性意义)的相同,而在补充意义(即隐含意义)、风格特征、感情色彩、搭配关系等方面却不一定相同。所以,“同义词”不是两个词的意义完全等同。如果两个词的意义完全等同,就叫做“等义词”;两个词的意义相近而并不相同,就叫“近义词”。对于这些问题,下面分别加以讨论。

(一) 同义词

首先要明确一点:一个词包括若干义位,所谓“同义”,是指一个或几个义位相同,而不可能是各个义位都相同。正因为如此,所以同一个词可以出现在几个同义词系列中。如《尔雅》中的"绩"，出现在五个同义系列中：

绍、胤、嗣、续、纂、緌、绩、武、系，继也。

绩、绪、采、业、服、宜、贯、公，事也。

烈、绩，业也。

绩、勋，功也。

功、绩、质、登、平、明、考、就，成也。（均见《尔雅·释诂》）

当然，这并不是说"绩"有五个义位。对《尔雅》的解释还需要加以分析。《尔雅》中所说的"绩，事也"、"绩，业也"、"绩，功也"，实际上是一回事。郝懿行《义疏》："绩者，上文云'继也'，下文云'业也'、'功也'、'成也'，其义皆与'事'近。""绩既训'业'又训'功'者，'功''业'义相成。故《诗》：'维禹之绩。'传训'绩'为'业'，笺训'绩'为'功'，'功'之与'业'，其名异其实同耳。"而《尔雅》所谓"绩，成也"是比较牵强的，郝懿行《义疏》："功绩者，事业之成也。"只能说"绩"与"成"意义相关，而不能说"绩"和"成"意义相同。此外，《说文》："绩，缉也。""绩"的本义是"缉"（续麻），这个意义《尔雅》没有反映。因此，经过分析，"绩"应有三个义位：

$绩_1$：续麻。　$绩_2$：继续。　$绩_3$：功业。

它们的同义关系图示如下：

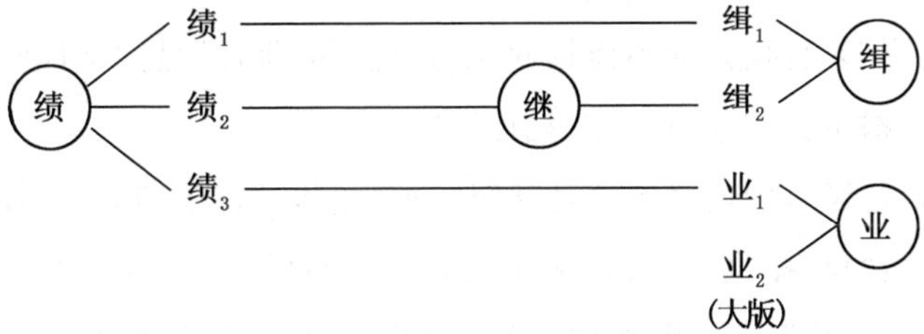

（加圈的是词，不加圈的是义位）

也就是说，在“续麻”这个意义上，“绩”和“缉”同义。在“继续”这个意义上，“绩”和“继”同义（“继”是个单义词），又和“缉”同义；因为“缉”也有两个义位，其本义为“续麻”，引申义为“继续”。在“功业”的意义上，“绩”和“业”的一个义位同义；“业”是个多义词，其本义为“大版”，这个义位与“绩”不同义，引申义为“功业”，这个义位与“绩”同义。（“业”还有其他意义，此处不讨论。）

了解了这种关系，就会知道：我们不能因为古书的注解或字书上有“绩，业也”这样的解释，就认为“绩”有“大版”之义；也不能因为“绩，缉也”“绩，业也”，就认为“缉”和“业”同义。如果发生了这种认识的错误，就是在第二章中说过的“偷换概念”。对一些很常用的词，大概不容易发生“偷换概念”的错误，但对一些比较少见的词，训诂学家却容易把一个词的不同义位加以混淆，从而不自觉地犯了“偷换概念”的错误，这是应当引起注意的。

下面，讨论一下怎样判定两个义位同义。

判定两个义位同义，最简单的办法是替换。莱昂斯在《理论语言学导论》中说：“同义现象可以这样来下定义：如果一个句子中某个词拿另一个词替换而句子意思不变，这两个词就是同义词。”不过这种办法还存在一些问题。为了便于理解，先以现代汉语为例。比方说“我说了他一顿”或“我挨了他一顿说”，这里面的“说”都能拿“批评”来替换。能不能据此认为“说”和“批评”是同义词呢？恐怕一般都不会同意“说”和“批评”同义。

在古汉语中同样有这种状况。如《左传·宣公四年》：“投袂而起。”注：“投，振也。”《仪礼·聘礼》：“振袂进援。”《左传》例的注说明句中的“投”可以用“振”来代替，《仪礼》例则说明先秦语言中确实有“振袂”的说法。那么是否据此可以认为“投”和“振”是同义词呢？又如《庄子·逍遥游》:“时则不至，则控于地而已矣。”司马云：“控，投也。”《汉书·外戚传》:“自投地啼泣。”《庄子》例以“投”释“控”，《汉书》例说明语言中确实有“投地”的说法。那么是否又可以据此认为“控”和“投”同义呢？

当然不能这样说。凭我们的感觉来说，“投”和“振”，“投”和“控”，差别都比较大。

相反，一般认定是同义词的，却并不是在任何情况下都能替换。如“投”和“掷”(《说文》作“擿”)，一般认为是同义词，但“投袂”不能换成“掷袂”，“投地”不能换成“掷地”(“掷地作金石声”的“掷地”是另一个意思，和“投地啼泣”的“投地”意思不同)。此外，像在第二章中举过的“自投阁”、“单醪投川”等处的“投”，也都不能用“掷”代替。

不是同义词却可以互相替换，是同义词却不能互相替换，这是为什么呢？

这需要用义位的中心变体和非中心变体来解释。在第二章中说过，一个义位的中心变体是经常使用的，在各变体中处于中心地位；非中心变体是不常使用的，只出现在某种特定的上下文中。“投袂”的“投”是“投”这个词“投掷”义位的非中心变体，一般只在“投袂”这一词组中出现，所以“投袂”能说成“振袂”，并不意味着“投”和“振”同义。“投地”的“投”也是非中心变体，一般只出现在“投地”、“投床”、“投于车下”等上下文中，“控于地”可以说成“投于地”，也不意味着“控”和“投”同义。(而且，“控于地”的“控”也不是中心变体，而只是非中心变体。)而说“投”和“掷”(擿)是同义词，那只表明这两个词的一个义位的中心变体相同，因此可以互换，如“桀石以投人”可以换成“桀石以掷人”，“以果投之”可以换成“以果掷之”，“投梭”可以换成“掷梭”，等等；但并不能说它们的非中心变体全都相同,所以它们不能互换,比如“投袂”、“投地”、“投阁”、“投川”等的“投”就不能换成“掷”。

“投”和“振”的关系,“投”和“控”的关系可以图示如下:

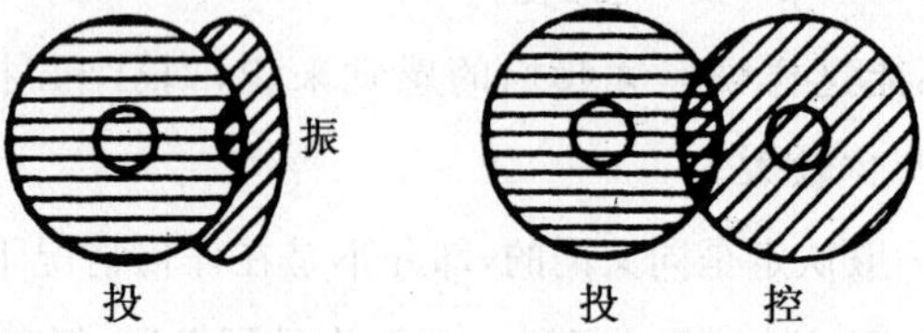

即:“投袂”的“投”与“振袂”的“振”同义,但“投袂”的“投”是“投”这个义位的非中心变体,“振袂”的“振”是“振”这个义位的中心变体。“投于地”的“投”和“控于地”的“控”同义,但这个“投”和这个“控”都是该义位的非中心变体。因此,“投”和“振”、“投”和“控”不是同义词。

“投”和“掷”的关系可以图示如下:

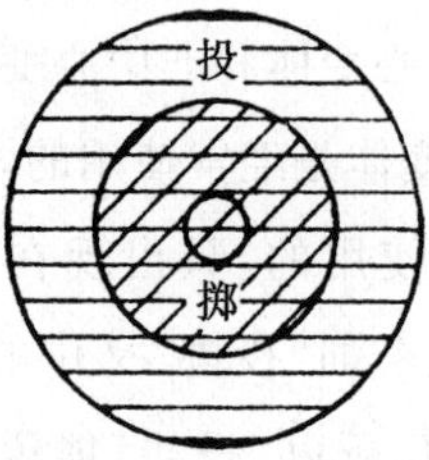

即:“投”的中心变体和“掷”的中心变体同义,所以它们是同义词。但“投”的一些非中心变体和“掷”不同义。或者说“投”的义域比“掷”的义域宽,所以在有些场合,“投”不能用“掷”代替。

从上面的论述中,可以得出两点结论:

(1) 不能因为两个词在某一句子中可以互相代替而意义不变,就说这两个词是同义词。必须是两个词在多数常见的场合都能互相代替才是同义词。也就是说,如果两个词的某一义位的非中心变体同义,或者其中一个词的某一义位的中心变体和另一个词的某一义位的非中心变体同义,这两个词还不是同义词。必须是两个词的某一义位的中心变体相同,这两个词才是同义词。(判断两个以上的词是否同义也是一样。)

因此,在古代的字书中或古书的注解中用“A,B也”来表示的两个词,也未必是同义词。古书的注解往往是随文释义,就像上面举的“投(A),振(B)也”和“控(A),投(B)也”一样,其中的A很可能是所谓的“上下文意义”(非中心变体)。而B,可能是常见意义(中心变体),如“振”;也可能是上下文意义(非中心变体),如“投”。古代字书中的释义,细分析起来情况也不一样。如《说文》:“考,老也。”“耆,老也。”“叟,老也。”三个词都用“老”释义,但只有“考”和“老”是同义词。“耆”只是“老”中的一种,《礼记·曲礼》:“六十为耆,……七十曰老,……八十九十曰耄。”这种以上位义来解释下位义的情况,在古代字书中是常见的。上位义和下位义之间不是同义词。至于“叟,老也”的“老”,则是《孟子·梁惠王上》“老吾老,以及人之老”中的“老”,即“老人”,这是“老”的一种临时用法,也是非中心变体,所以“叟”和“老”也不是同义词。

那么,究竟什么样的才是同义词呢?一般来说,在古代字书中两个词如果能互训的,就是同义词。比如,“耆,老也”不能反过来说“老,耆也”。因为字典中一般不能用下位义来解释上位义。“叟,老也”也不能说“老,叟也”。因为字典中不能把一个词的临时意义列为条目。如果既能说“A,B也”,也能说“B,A也”,那就证明“A”和“B”都不是“上下文意义”(非中心变体),也不是上下位关系,A和B的某一义位的中心变体是相同的,所以它们是同义词。如“投”和“掷”就是如此。《说文》:“投,擿也。”《说文》:“擿,搔也。”

段注："此义音剔。""一曰投也。"段注："与上文'投者擿也'为转注。此义音直隻切，今字作掷。凡古书用投掷字皆作擿。许书无掷。"

段玉裁在这里所说的"转注"，大致上就相当于"互训"。《说文》中"互训"的字很多，如"吾，我也""我，吾也""邦，国也""国，邦也""辽，远也""远，辽也""遇，逢也""逢，遇也""排，挤也""挤，排也"，这些都是同义词。

不过，《说文》中互训的不一定全是同义词，如"饥，饿也""饿，饥也"，其实"饥"和"饿"是有区别的。《韩非子·饰邪》："家有常业，虽饥不饿。"到后来两个词的意思才逐渐混同。又如"犁，耕也""耕，犁也"，其实两个词意义差别较大。段玉裁解释说："犁耕二字互训，皆谓田器，今人分别误也。"这是曲为之解，因为古书中找不到"耕"表示"田器"的。桂馥则认为"犁"可用为动词，如古诗"古墓犁为田"，这也不是"犁"的固定用法。像这种地方，应该说是许慎释义未当而造成的。《说文》中互训的字中还有"浑言则同，析言则异"的问题，这到后面再讲。

根据"互训"，只能确定一对同义词，而同义词往往不止两个，有的可以有两个以上的词同义。这又如何确定呢？上面我们引《说文》中的互训，只是举《说文》为例。判定同义词并不限于《说文》。如果A、B两词，在古代的各种字书中既有"A，B也"，又有"B，A也"，那么一般都可以认为是同义词。如《方言》："揠、擢、拂、戎，拔也。"《说文》："拔，擢也。"这就可以确定"拔"和"擢"是同义词。《方言》又说："自关而西或曰拔，东齐海岱之间曰揠。"据此，也可以判断"揠"和"拔"是同义词。当然，最根本的办法还是像上面所说的那样，根据语言事实来检验。如果两个或两个以上的词在多数上下文中都能互换，就说明它们某一义位的中心变体相同，就是同义词。

(2) 同义词也不是在任何情况下都能互换。其原因,除了它们的隐含意义、感情色彩等的不同以外,还在于它们的理性意义虽然基本上一样,但它们的义域却未必相同。

义域就是一个义位在语义场中所占的地位。如“赤”,在表示红色的语义场中,处于“红”(古代的红即今天的粉红)和“绛”之间。“趋”,在表示行走的语义场中处于“行”和“走”之间。“湖”,在表示水域的语义场中处于“海”和“池”之间。这些词的义域的界线,无法十分精确地表示出来,这与词义的模糊性有关;但大致的区分还是有的。在第二章中说过,词义是根据它在语义场中所占的地位来确定的,那么,既然是同义词,它们在语义场中所占的地位应该一样,为什么又说同义词的义域可能不同呢?让我们先看一个例子,然后再来回答这个问题。

例如,《广雅·释诂》中有这样一组词:

> 錞、徬、振、讯、摇、扤、盪、恿、奋、勬、撼、痎、抬、揌、掉、捎、扮、挥、揣、摷、抭、搈、衝、俅、赋、蠉、东、风,动也。

这一组词中,有些和“动”根本无关,如“东”,《汉书·律历志》:“东,动也。”这是声训,是不足为据的。有些和“动”只有间接的关系,如“风”,《诗序》:“风以动之,教以化之。”并不能说明“风”和“动”在词义上有什么关系。有些只是近义词,如“錞”是头之动,“蠉”是虫之动。这些都不讨论。现在只把其中几个常用的而又真正同义的词拿出来比较,这几个词是“摇”、“振”、“掉”、“挥”、“撼”。要比较这五个词的异同,就需要根据语言资料调查一下它们可以出现在什么样的上下文环境中。为了节省篇幅,我们略去具体例子,只把它们与哪些宾语相搭配的情况列成下表:

	鞭	策	帜	旌	旆	旗	笔	毫	袂	翼	翮	手	桨	桡	尾	拳	辔	头	舌	木	树	柯	条	铎	铃	佩
摇	+	+	+	+			+	+				+	+		+		+	+	+	+	+	+	+	+	+	+
振	+	+			+		+	+	+		+					+	+				+	+		+	+	+
挥	+	+				+	+	+	+	+		+		+	+	+										
掉	+		+										+		+	+	+	+	+							
撼																				+	+		+		+	+

表中每一竖格为一类。同一竖格中所列的词都属于同类事物，如“帜”、“旌”、“旆”、“旗”，都是旗帜一类。其中各个词和“摇、振、挥、掉、撼”的搭配不一样，但合起来看，说明除“撼”以外，其余四个词都可用于旗帜类的对象。这个表主要是根据《佩文韵府》所收的词句统计的，在《佩文韵府》中虽然只有“摇帜”、“摇旌”，但并不等于说在古代不能说“摇旗”、“摇旆”。所以，上表只能反映一个大致情况，但从这个大略的统计中，也能看出一些问题。

即：1.“摇”的义域最广，几乎上述 15 个竖格中都能用“摇”。2.“振”的义域也比较广，只是表示轻微摇动的，如“摇头”、“摇舌”，不能用“振”。3.“撼”的义域最窄，只表示猛烈摇动。4.“掉”除表示一般的摇动外，还表示轻微摇动，如“掉头”、“掉舌”。5.“挥”表示一般摇动，轻微摇动和猛烈摇动都不用“挥”。其关系可以图示如下：

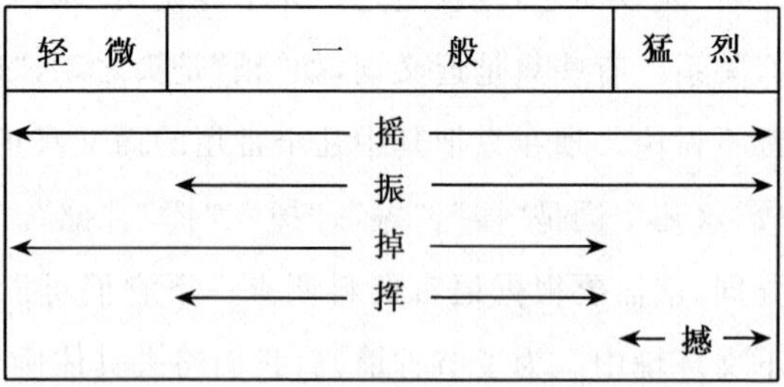

为什么这些同义词会有这些差异呢？在第二章中说过，词义

都是概括的，在概括、抽象的过程中，舍弃了事物（包括动作、性状）的非本质特点。如“摇”，实际上摇的方式、幅度、频率都不一样，但“摇”这个词，并不考虑这些区别。只要是使得事物来回地摆动就都叫“摇”，它在语义场中和“投”、“推”、“控”、“持”这些表示手的动作的词处于不同的地位。“振、挥、掉、撼”等都是使事物来回摆动，在语义场中它们的地位大致是相同的，但它们所表示的摇动的轻重程度有差异，这种差异，不反映为词义的差别，而只在搭配关系上表现出来。这是同义词义域有差别的原因之一。

同义词义域有差别的原因之二是因为同义词只是某义位的中心变体相同，而非中心变体不一定相同。如前面已经说过，“投”的非中心变体，如“投袂”、“投地”、“投阁”、“投川”等的“投”，是“掷”所不具备的，这就使得“投”的义域比“掷”宽。“投袂”又可以说成“振袂”，在这一点上，“投”的义域和“振”的义域发生了交叉。就“振”、“挥”、“掉”三个同义词来说，各自都有一些非中心变体，是互相不能替代的，如“振袂”的“振”（例见前），“挥琴”的“挥”（如《隋书·虞绰传》：“不藉挥琴，非因拊石。”），“掉眩”的“掉”（如《素问》：“筋骨掉眩。”注：“掉谓肉中动也。”），这样，它们的义域也就有了差别。这三个同义词和另一个词“投”因义位的非中心变体而造成的义域的差异和交叉情况，可图示如下：

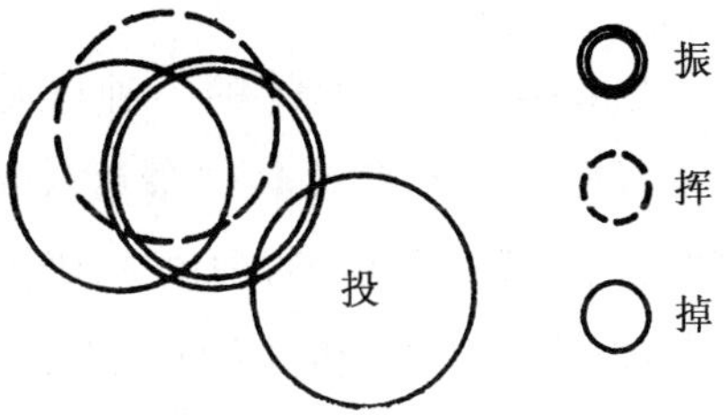

同义词的隐含意义可以不同。比如“投”，有的时候隐含“弃逐”之义，如《左传·文公十八年》：“投诸四裔，以御魑魅。”由此后来就有了“投荒”一词，指贬谪于荒蛮之地。如柳宗元《别舍弟宗一》诗：“一身去国六千里，万死投荒十二年。”“掷”就没有这种隐含意义，也就没有“掷荒”之类的说法。又如“供”和“给”是同义词，但“供”有表敬义，“给”则没有。这里就不多举例了。

上面讲的是同一历史平面的同义词。从历史发展来看，有些词本来不同义，后来才变成同义了。比如：在先秦时，“履”是动词，“践踏”之义；“屦”是名词，是“鞋”的意思。这一点段玉裁说得很清楚，在第一章中已经引过，这里不重复。但语言是发展变化的，到《韩非子》中，“履”的词义就起了变化。如《韩非子·外储说左下》说了两个故事，一是简子谓左右，其中有两句话：“夫冠虽贱，头必戴之；屦虽贵，足必履之。”一是费仲说纣，其中有类似的两句话：“冠虽穿弊，必戴于头；履虽五采，必践之于地。”第一处中的“屦”和“履”是不同义的，这是保存了较早的用法。第二处的“履”，显然和“屦”同义，这是“履”的词义的发展。

在贾谊的《陈政事疏》里，这句话说成“冠虽敝，不以苴履”，用了“履”的新义。但他的《吊屈原赋》：“章甫荐屦，渐不可久兮。”其中仍用了“屦”这个词。这说明，在秦汉之际，“屦”和“履”是一旧一新的两个同义词。

《说文》：“鞵，生革鞮也。”是“屦”的一种（《说文》：“鞮，革履也。”），这个字后来写作“鞋”。《急就章》：“屐屩絜麤羸窭贫。”颜注：“屩，今之鞋也。”“屩”是草鞋，照颜师古的说法，唐代的“鞋”指草鞋。但杜甫诗中，既有“麻鞋”，又有“青鞋”，可见“鞋”已经和“履”同义了。白居易《上阳白发人》：“小头鞋履窄衣裳，青黛点眉眉细长。”更可说明这一点。另一方面，“屦”在唐代的诗文中虽然还用，但已用得较少，在口语中则已经逐渐消失，成书于五代的《祖堂集》中无“屦”字，就可证明这一点。这样，在唐代，“履”和“鞋”成为同义词。

到元末明初的会话书《老乞大谚解》中，没有“履”，只有“鞋”。不过“鞋”也只出现一处，所以不很说明问题。但无论如何，在现代汉语中，“鞋”是绝不能说成“履”了。“履”作为语素还存在，与“鞋”不同义。

由此可见，“屦”、“履”、“鞋”三个词，在不同的历史时期，有时同义，有时不同义。

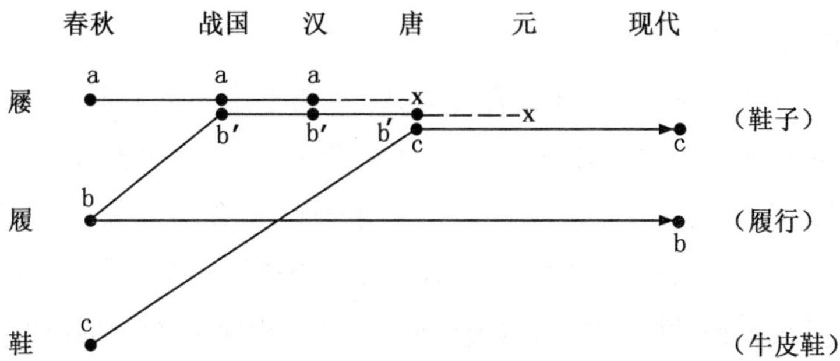

又如，先秦时“跃”和“踊”同义。如《荀子·劝学》：“骐骥一跃，不能十步。”《左传·僖公二十八年》：“距跃三百，曲踊三百。”

但先秦“跳”和“跃”不同义。《荀子·非相》：“禹跳汤偏。”“跳”指的是脚有病，“步不相过”。《庄子》中的“跳梁”，是个联绵字。到汉代，“跳”和“跃”、“踊”成了同义词。《说文》：“踊，跳也。”“跳，……一曰跃也。”又如刘向《说苑·辨物》：“其后齐有飞鸟一足，来下止于殿前，舒翅而跳。”

到唐代，“跃”还继续用，“踊”逐渐不用了，同时又产生一个新词“透”，与“跳”同义。《隋书·音乐志》：“并二人戴竿，其上有舞，忽然腾透而换易之。"

在现代汉语中,"跃"作为一个词素还在用,"透"的"跳"义消失,与"跳"不再同义。而又产生一个口语词"蹦",与"跳"同义。

这些词在不同历史时期的同义关系如下:

先秦	汉代	唐代	现代
跃、踊	跃、踊、跳	跃、跳、透	跳、蹦、跃

有的词原是方言词,进入通语以后和原有的词并存而成为同义词。如《方言》卷九:"舟,自关而西谓之船,自关而东或谓之舟,或谓之航。"《说文》:"舟,船也。"段注:"古人言舟,汉人言船。""船"本是方言词,汉代进入通语,和"舟"成为同义词。后来,在口语中"船"逐渐代替了"舟"。

关于这样一些由于语言的历史发展而形成的同义词,有两点需要注意:(1)它们必须在某一历史时期同时存在,才能称为同义词。像上面所说的"屦"和"鞋"、"透"和"蹦",不能叫做同义词。像上古的第一人称代词"台"和现代北方话中的第一人称代词"俺",也不能算同义词。(2)这些词在某一历史时期同义,但因为产生的先后不同,来源不同,使用起来会有某些差别。如汉以后"舟"、"船"同义,但"舟楫"不能叫"船楫",相反,"楼船"不能叫"楼舟"。又如古白话中"食"、"饮"和"吃"、"喝"并存,一般情况下两者能互相代替。但"食言"不能说成"吃言","饮恨"不能说成"喝恨"。到现代汉语中,"饮"、"食"基本被"吃"、"喝"取代了,但在"注意饮食"等场合,它们还是不能用"吃喝"代替。

同义关系的历史变化,是汉语词汇系统变化的一个重要方面,这个问题将在第十章内讲到。

(二) 等义词、近义词

等义词也叫“绝对同义词”，指除社会意义略有不同之外在任何场合都可以互换的词。如“星期日”和“礼拜天”，“水泥”和“洋灰”，“不及物动词”和“自动词”等等。也就是说，这些词不但某个义位的中心变体相同，而且非中心变体也相同，它们的义域也完全相同。根据这样的看法，一般所举的“父亲”和“爸爸”就不是等义词，因为“父亲般的关怀”中的“父亲”不能换成“爸爸”。“教室”和“讲堂”也不是等义词，因为“走上了大学的讲堂”中的“讲堂”不能换成“教室”。

等义词在语言中是很少的，因为过多的等义词违反语言经济的原则。古汉语中的等义词，或者是不同层次语言的积累，或者是不同方言中对同一事物的不同称呼。前者如《尔雅·释天》：“载，岁也。夏曰岁，商曰祀，周曰年，唐虞曰载。”蔡邕《独断》：“唐虞曰士官，……夏曰均台，周曰囹圄，汉曰狱。”后者如《方言》：“秦谓之蚊，楚谓之蜹。”《说文》：“榱，椽也。秦名屋椽也。周谓之椽，齐鲁谓之桷。”

等义词一般都是名词。

近义词指的是这样一些词：它们是同一语义场中的同位义，它们都有共同的中心义素，有时还有共同的限定性义素，但又有一个限定性义素不相同。所以，它们的意义相近，但不相同，因此在句子中不能互相代替。

比如，下面一些词是近义词：《说文》：“瞻，临视也。”“眄，衺视也。”“睇，小衺视也。”“观，谛视也。”“觇，窥视也。”“相，省视也。”“窥，小视也。”这些词的释义中，在“视”前面的修饰语，就是它们不同的义素。“视”是它们共同的中心义素。

又如《尔雅·释器》：“金谓之镂，木谓之刻，骨谓之切，象谓之磋，玉谓之琢，石谓之磨。”《尔雅·释器》：“食饐谓之餲，……肉谓之败，鱼谓之馁。”《诗经·卫风·氓》毛传：“龟曰卜，蓍曰筮。”《小尔雅》：“拔根曰擢，拔心曰揠。”《说文》：“牛羊曰肥，豕曰腯。”古代字书的这种释义方式，把几个词并列在一起，不说它们的共同点（相同的义素），而只说它们的区别（不同的义素）。这些词也是近义词。像上述例句中表明的是这些动作（性状）的主体、对象、方式、工具等的差别，前面已经说过，主体、对象、方式、工具等就是动词、形容词的义素。

不过，在讨论近义词时要注意一点：古代字书或注释中所说的近义词的区别，并不是全都可信的，有些是强生分别。这需要加以分析。如《离骚》：“众皆竞进以贪婪兮，凭不厌乎求索。羌内恕己以量人兮，各兴心而嫉妒。”王逸注：“爱财曰贪，爱食曰婪。”“害贤为嫉，害色曰妒。”这种辨析就不可信，因为在古书的实际用例中看不到“贪”和“婪”、“嫉”和“妒”有这种差别。《方言》卷一：“晋魏河内之北谓惏曰残，楚谓之贪。”《说文》：“河内之北谓贪曰惏。”（按：“惏”即“婪”。）只说“贪”和“婪”是方言的不同，我们宁可相信《方言》、《说文》，而不相信王逸。又如上面所引《小尔雅》：“拔根曰擢，拔心为揠。”在古代的实际语言中也看不到这种差别。《方言》卷三：“揠、擢、拂、戎，拔也。自关而西或曰拔，或曰擢。自关而东，江淮南楚之间或曰戎。东齐海岱之间曰揠。”《孟子》中有“揠苗助长”，孟子是齐人，他把“拔”说成“揠”是符合《方言》的说法的。所以我们认为在先秦两汉，“揠”和“拔”、“擢”只是方言的差别。当然，郭璞注《方言》说：“今呼拔草心曰揠。”这是他对晋代实际语言的记录，应当是可信的，但这种词义上的差别，已经是晋代的事了。

像这样一些词，如果古书上所说的差别是可信的话，就是近义词。如果古书上所说的差别不可信，那么就是同义词。像“揠”和“擢”这种情况，根据上面所说，应该认为在先秦两汉时是同义词，到晋代变成了近义词。

近义词也有“浑言则同，析言则异”的问题，这到下面一节再讨论。

“近义词”和“同义词”是有区别的，但如果对“同义词”作广义的理解，那么“近义词”也可以认为是同义词的一种。为了叙述的方便，本书对“近义词”不另立章节，就放到“同义词”一章中来讲。

第二节　泛指、特指、浑言、析言

在讨论古汉语的同义词时，会碰到“浑言”和“析言”的问题。古代训诂学家在注释词义时常常说，A、B 两个字“对文则别，散文则同”，“析言则别，浑言则同”。“析言”也可以叫“别言”，“浑言”也可以叫“统言”，都是一个意思。如《诗经·大雅·公刘》：“于时言言，于时语语。”毛传：“直言曰言，论难曰语。”孔疏：“对文则别耳，散则言语通也。”这是说，“言”和“语”在“对文”时是有区别的，是近义词；而在“散文”时没有区别，是同义词。

两个词，有时有区别，有时又没有区别，这是一种很特别的现象。这种现象人们早就注意到了。我们今天要做的事情是对这种现象加以说明：为什么语言中会产生这种现象？

有的书上说：“析言”就是特指，“浑言”就是泛指。这样说对不对呢？需要用语言事实来检验一下。

首先看一看什么是“泛指”，什么是“特指”。

“泛指”是一个词在某种语言环境中可以用来表示原来由它的

上位义表示的意思。例如：

禾，是农作物的一种，即今天北方所说的“谷子”。但又可以泛指农作物。《诗经·豳风·七月》：“十月纳禾稼：黍稷重穋，禾麻菽麦。”“禾麻菽麦”的“禾”指谷子，“禾稼”的“禾”就是泛指，指农作物。

币，指用于馈赠的帛。《孟子·梁惠王下》：“昔太王居邠，狄人侵之。事之以皮币，不得免焉。事之以犬马，不得免焉，事之以珠玉，不得免焉。”泛指馈赠的礼品。《周礼·小行人》：“合六币：圭以马，璋以皮，璧以帛，琮以锦，琥以绣，璜以黼。”这里的“币”就包括帛和玉、皮、马了。

卒，指步兵。《左传·隐公元年》：“缮甲兵，具卒乘，将袭郑。”“卒”是步兵，“乘”是兵车，每辆兵车上有甲士三人，是不包括在“卒”之内的。《史记·陈涉世家》：“比至陈，车六七百乘，骑千余，卒数万人。”泛指士兵。《荀子·议兵》：“魏氏之武卒不可以遇秦之锐士。”《史记·孙子吴起列传》：“今梁赵相攻，轻兵锐卒必竭于外。”

特指和泛指相反，是一个词在某种语言环境中可以用来表示原来由它的下位义表示的意义。例如：

女，指女子，但和“士”对举时，特指未婚的年轻女子。如《诗经·郑风·溱洧》：“溱与洧，方涣涣兮。士与女，方秉蕑兮。”《诗经·卫风·氓》：“士之耽兮，犹可说也；女之耽兮，不可说也。”

金，古代指金属。《史记·平准书》：“金有三等，黄金为上，白金为中，赤金为下。”（“白金”指银，“赤金”指铜。）又特指黄金。《诗经·卫风·淇奥》：“如金如锡，如圭如璧。”

奔，指奔跑，又特指战败逃跑。《论语·雍也》：“孟之反不伐。

奔而殿。将入门，策其马曰：非敢后也，马不进也。”《左传·宣公十二年》：“吾不如大国之数奔也。”又特指女子私奔。《国语·周语》：“有三女奔之。”注：“奔，不由媒氏也。”

“泛指”和“特指”的现象，现代汉语中也有。如“饭”，指煮熟的谷类食物。如“大米饭”、“小米饭”等，但又可泛指食物。如“买饭”，不一定只指买大米饭或小米饭，也可以指买馒头、买饺子等。“请吃饭”，更是包括饭和菜。又可以特指大米饭。如“一碗饭”、“蛋炒饭”，一般不会理解成小米饭或高粱米饭。又如“菜”，指可供食用的蔬菜。但也可以泛指蔬菜鱼肉等副食品，如“买菜”，不一定只指买蔬菜，也包括买鱼、肉，“做菜”也是包括蔬菜鱼肉。又可以特指油菜。如“菜子油”，“桃花红，菜花黄”，这里的“菜”就指油菜。

为什么会产生泛指和特指呢？大致说来，“泛指”是用一类事物中的主要的东西来代表这一类。如以“禾”指农作物，相应的，就以“粟”指粮食。（如晁错《论贵粟疏》：“欲民务农，在于贵粟。”）反过来，“特指”是用某一类事物的通名来称呼这一类事物中的主要东西。如以“金”指黄金。《说文》解释说：“金，五色金也。黄为之长。”段注：“故独得金名。”“泛指”和“特指”实际上有一种共同的心理基础，只不过一是以种为属，一是以属为种罢了。当然，细说起来，形成泛指和特指的原因还很复杂，情况也不完全一样。如“女”特指未婚的年轻女子，就不能说因为未婚的年轻女子是女子中主要的类别。其原因，大概是因为老年男子叫“翁”，老年女子叫“媪”，成年男子叫“夫”，成年女子叫“妇”，但未成年男子叫“士”，而未成年女子没有专门的词来与之相对，就只好用“女”这个类名来作为别名了。而“奔”特指战败，特指女子私奔，是因为“奔”在战争和婚嫁等方面经常使用，这种语言环境所赋予的意义，就逐渐依附在“奔”的词义上了。

“泛指”是一个词用于上位义，“特指”是一个词用于下位义。而前面说过，“上位义”和“下位义”是相对的，那么，当一个词同时具有上位和下位两个意义时，我们究竟怎样来判断它们是“泛指”还是“特指”呢？比如，从形式上看，“禾”和“金”都同时具有一个上位义，一个下位义：

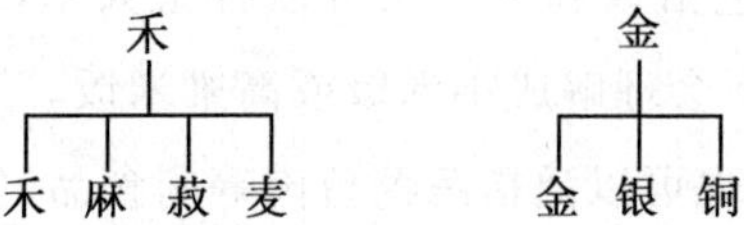

为什么说“禾”是泛指，“金”是特指，而不能反过来说“禾”是特指，“金”是泛指呢？这就要看这个词的基本意思是什么了。例如“禾”指谷子，《说文》：“禾，嘉谷也。”段注：“《生民》诗曰：‘天降嘉谷，维穈维芑。’穈、芑，《尔雅》谓之赤苗白苗，许草部皆谓之嘉谷，皆谓禾也。《公羊》何休注穈‘未秀为苗，已秀为禾。’《魏风》：‘无食我黍’，‘无食我麦’，‘无食我苗’，毛曰：‘苗，嘉谷也。’嘉谷谓禾也。……嘉谷之连稿者曰禾，实曰粟，粟之人曰米，米曰粱，今俗云小米是也。”说得很清楚。“金”在先秦时主要指金属。《国语·齐语》：“美金以铸剑戟，试诸狗马，恶金以铸鉏夷斤欘，试诸壤土。”“美金”指铜，“恶金”指铁。其他以“金”指金属的例子很多。所以，“禾”只能是泛指，“金”只能是特指，而不能倒过来说。

在第三章中说过词义的扩大和缩小。“扩大”、“缩小”和“泛指”、“特指”是什么关系呢？这两者有区别，但又有联系。

它们的区别在于：(1)“泛指”、“特指”是一种共时的语言现象，一个词和它的泛指或特指出现在一个时代平面上。如上述《诗经·豳风·七月》：“十月纳禾稼：黍稷重穋，禾麻菽麦。”在同一首诗的同一章中，“禾”就既用于“谷子”义，又用于“农作物”义。再如“粟”也是这样。晁错《论贵粟疏》在前面讲到：“粟米布帛，生于地，长于时，聚于力，非一日可成也。……是故明主贵五谷而贱金玉。”后面说：“欲民务农，在于贵粟。”前面的“粟”指小米，后面的“粟”指粮食。现在我们也可以说：“到食堂去买饭，买回来两碗饭、一碗菜。”前一个“饭”是泛指，后一个“饭”不是。而“扩大”、“缩小”是词义历史发展的结果，原来的意义是旧义，扩大或缩小的是新义。在多数情况下，新旧义不能并存，如“唱”，在先秦时只有“领唱”义，而没有“歌唱”义，到现代只有“歌唱”义，而没有“领唱”义，区分十分清楚。有时，新旧义也可以并存，如前面说过“涉”在战国时期既有“徒步蹚水”义，又有“过河”义，但如果上溯到甲骨文时代，那么“涉”就只有“徒步蹚水”的意思了。(2)“泛指”、“特指”的意义总是在特定的语言环境中出现的。如“十月纳禾稼”的“禾”，是因为和“稼”连用，而且下文有“黍稷重穋，禾麻菽麦”，才显示出它不是指谷子，而是指农作物。“女”特指年轻女子，更是必须在和“士”对举或连用的场合。“奔”一般只是“奔跑”的意思，只在讲到战争的场合才特指战败逃跑，在讲到男女婚嫁的场合才特指私奔。正因为有语境的限制，所以当这些词出现泛指或特指义时，才不会和它的基本意义混淆。否则，如果一个词既表示某个上位义，又表示某个下位义，而这两个意义的出现又没有语境的限制，就会出现意义的混淆，这是和语言的表达功能相抵触的。而“扩大”、“缩小”，则是语言的历史发展所产生的固定的词义，当一个词由于扩大或缩小而取得新义之后，这个新义的运用就比较灵活自由，并不需要依赖特定的语境而存在。如“宫”，现代汉语中已缩小为“宫殿”义，它出现在任何环境中都不再表示“宫室”(“少年宫”的“宫”是现代汉语中产生的另一义，此处不讨论）。

但“泛指”、“特指”和“扩大”、“缩小”又有一定的联系。因为语言的历史变化，总是在共时变异的基础上形成的。像“唱”的扩大，“宫”的缩小，都不可想象是在一夜之间突然形成的，在历史上，应该有这样一个阶段：“唱”为“领唱”义，但泛指“歌唱”，“宫”为“宫室”义，但特指“宫殿”。后来，它们的泛指义或特指义固定了下来，而基本意义却被遗忘，这样就发生了“扩大”、“缩小”的历史变化。就“金”这个词来说，在先秦时指黄金，应该是特指；而到现代汉语中，“金戒指”、“七成金”的“金”指黄金，就是词义的缩小。究竟从什么时候开始“金”指黄金就不再是一个词的特指而变为一个新的固定的词义，这还需要进行研究。但无论如何，这种变化绝不会是一朝一夕之间形成的。

还要说明一点：并不是所有词的泛指或特指都能发展成一个新的词义。如上面所举的“女”特指未婚的年轻女子，“奔”特指战败逃跑或私奔，就始终没有发展成独立的词义。所以，就“女”和“奔”来说，就只是词的特指，而不是词义的缩小了。

在弄清楚“泛指”和“特指”以后，就可以讨论“浑言”和“析言”。

首先要说明一点：“浑言”和“析言”是古代训诂学家对古代字书或注释中所反映出来的词汇现象的一种说明。而古代字书或注释中所反映出来的词汇现象，有的是有根据的，有的却不一定。正如上一节所说的诸如“拔根曰擢，拔心曰揠”，“爱财曰贪，爱食曰婪”，“害贤为嫉，害色为妒”之类，这些词义的区别就未必可信。既然这些词的“异”实际上并不存在，它们的词义本来就是“同”的，那么，再说“析言则异，浑言则同”，就既无根据，也无必要了。有时候，一些训诂学家也觉察到了这一点，如：

《说文》："鷕鷕，雌雉鸣也。"段注："《邶风》：'有鷕雉鸣。'又云：'雉鸣求其牡。'毛曰：'鷕，雌雉声也。'此望文为义。"

《说文》："雊，雄雉鸣也。"段注："言'雄雉鸣'者，别于'鷕'之为雌雉鸣也。《小雅》：'雉之朝雊，尚求其雌。'《邶风》：'有鷕雉鸣'，下云'雉鸣求其牡。'按，郑注《月令》云：'雊，雉鸣也。'是'雊'不必系雄，'鷕'则毛公系诸雌，亦望文立训耳。若潘安仁赋：'雉鷕鷕而朝雊。'此则所谓浑言不别也。颜延年、颜之推皆云潘误用，未孰于训诂之理。"

段玉裁说毛传把"鷕"解释为"雌雉鸣"是望文生义，说"雊"不一定只用于雄雉鸣(即也可用于雌雉鸣)，这些意见都是对的。但是他又说潘岳赋中"雉鷕鷕而朝雊"是"浑言不别"，这就没有必要了。既然"鷕"、"雊"本来就是雉鸣之义，而并无雌雄之别，那么还有什么"浑言"、"析言"的问题呢？

所以，我们在讨论这个问题时，可以把那些没有确凿证据的训释排除在外。下面，以段玉裁注《说文解字》时提到的"浑言"(包括"统言")、"析言"(包括"别言")为例，作一分析。

段玉裁所说的"浑言"和"析言"有时并不用于两个词异同的辨析。如《说文》："颖，禾末也。"段注："颖之言茎也，颈也。近于穗及贯于穗者皆是也。……浑言之则颖为禾末，析言之则禾芒乃为秒。"这是说：笼统地说，"颖"(近于禾穗的茎和禾穗)就是禾的末端，精确地说，"颖"还不是禾的末端，禾的末端应是"秒"。这是说"禾末"这个概念有两个含义，而不是说"颖"和"秒"词义有什么异同。

《说文》："稻，稌也。"段注："稻其浑言之称，秔与稻对为析言之称。"这里说稻有黏的和不黏的两种，分开来讲，黏的叫"稻"，不黏的叫"秔"，如果不考虑其区别，笼统地称说，则黏的、不黏的都叫"稻"。这里主要讲的是词如何指称事物的问题，特别是"浑言"，并不涉及两个词的辨析。

《说文》："祥，福也。"段注："凡统言则灾亦谓之祥，析言则善者谓之祥。"这个例子更为明显，这里的"浑言"、"析言"根本不牵涉两个词，而是指同一个词在指称事物时，有时可把某种事物不加分析合起来表达，有时又可以把某种事物加以分析，而指称其中的一类。

就"稻"、"祥"两个例子来说，段玉裁所说的"析言"，也可以称为"特指"，但段玉裁所说的"浑言"，却不等于"泛指"。因为，如果说"稻"泛指"稻米"，特指"黏稻"，那么，"稻"的基本意义是什么呢？

在多数情况下，段玉裁使用"浑言"、"析言"，是对两个词词义的辨析。所谓"浑言则同，析言则异"，指的是A、B两个近义词，如果笼统地说，它们的区别可以忽略，因而可以当同义词使用；如果细加分析，则这两个词的意义有所区别。

这种情况又可根据A、B两词的关系分为三大类。

(一) A、B是同位义。例如：

①《说文》："翱，翔也。""翔，回飞也。"段注："高注《淮南》曰：'翼上下曰翱，直刺不动曰翔。'……按翱翔统言不别，析言则殊。"

②《说文》："唯，诺也。"段注："此浑言之。《玉藻》曰：'父命呼，唯而不诺。'析言之也。"《说文》："诺，应也。"段注："唯诺有缓急之别，统言之则皆应也。"

③《说文》："牙，壮齿也。"段注："壮齿者，齿之大者也。统言之皆称齿、称牙，析言之则前当唇者称齿，后在辅车者称牙。"

④《说文》："菅，茅也。""茅，菅也。"段注："按统言则茅菅是一，析言则茅与菅殊。"

⑤《说文》："哯，不欧而吐也。"段注："欠部曰：'欧，吐也。'浑言之。此云'不欧而吐也'者，析言之。'欧'以匈喉言，'吐'以出口言也。有匈喉不作恶而已吐出者，谓之哯。"

⑥《说文》:“寝,卧也。”“卧,伏也。”段注:“卧与寝异。寝于床,《论语》‘寝不尸’是也。卧于几,《孟子》‘隐几而卧’是也。……此析言之耳。统言则不别,故宀部曰‘寝者卧也’。”

以上六例中,第①、②例中A、B两词的上位词可以找出来,即:

第③例“牙”和“齿”古代没有上位词,但并不妨碍它们是同位义。“牙”和“齿”相当于现代汉语中的“臼齿”和“门牙”,在现代汉语中,“臼齿”和“门牙”的上位词就是“牙齿”。例④的“茅”和“菅”是两种相似的草,它们也没有上位词,但它们的关系也是并列的,如果用义素来表示,也应该是有几个相同的义素,而只有一个不同的义素。换句话说,是同大于异。例⑤的“欧”(即“呕”)和“吐”,例⑥的“卧”和“寝”,也是如此,A、B两个词有同有异,同是主要的,差异比较细微:“欧”和“吐”的区别是“于胸”还是“于口”,“卧”和“寝”的区别是“于几”还是“于床”。

有时A、B两词的区别是美恶不同。如:

⑦《说文》:“逑,敛聚也。……又曰怨匹曰逑。”段注:“桓二年《左传》曰:‘嘉偶曰妃,怨偶曰仇。’……逑仇古多通用。……逑为怨匹而《诗》多以为美词者,取匹不取怨也。浑言则不别。”(这是说“妃”、“仇(逑)”析言则异,浑言则同。)

有时A、B两词的差别是内外不同。如:

⑧《说文》:“股,髀也。”“髀,股外也。”段注:“各本无‘外’,今依《尔雅音义》、《文选·七命》注、玄应书、《太平御览》补。股外曰髀,髀上曰髋。肉部曰:‘股,髀也。’浑言之。此曰‘髀,股外也’,析言之。”

⑨《说文》:“颂,貌也。”“貌,颂仪也。”段注:“‘颂’者今之‘容’字也。必言仪者,谓颂之仪度可貌象也。凡容言其内,貌言其外。……析言则容貌各有当,如叔向言‘貌不道容’是也。浑言则曰容貌,如‘动容貌,斯

远暴慢’是也。”

有时A、B两词所指实际上为一物，只是因为异用而名亦不同。

⑩《说文》：“膍，牛百叶也。”段注：“胃薄如叶，碎切之，故云百叶。未切为膍胵，既切则谓之脾析，谓之百叶也。……《广雅》云：‘百叶谓之膍胵。’浑言之也。”

这些作为同位义的近义词之所以产生“析言则异，浑言则同”的情况，是因为语言表达有时需要精确，有时又可以比较模糊。举一个实际生活中的例子：如果有两个人，是同年同月同日生的，只是一个在上午出生，一个在下午出生，那么，说“甲比乙大”固然是对的，说“甲乙一样大”也不算错。因为在一般场合，上午出生和下午出生的差别微小得可以忽略不计。两个意义十分相近的词，既可以说异，又可以说同，也是这个道理。而且，有些近义词的细微差别，由于语言在时间和地域上的传播，本来已经逐渐变得不清楚了，所以连训诂学家对它们差别的解释也莫衷一是。如“囊”和“橐”，有的说是“小曰橐，大曰囊”，有的说是“无底曰囊，有底曰橐”。“仓”和“庾”，有的说“在邑曰仓，在野曰庾”，有的说“有屋曰仓，无屋曰庾”。这种词，在实际语言运用中，当然是“浑言则同”了。此外，汉语发展过程中由近义词并列连用而逐渐发展为复合词的趋势日益加强，也使得两个近义词在并用的时候逐渐取消了它们的差异。如上面例⑨中所说的“容貌”，以及《说文》“薮”字下段注引《周礼·职方氏》：“其泽薮曰某”，在这种情况下两个词多半是“浑言不别”。

（二）A和B是部分和全体的关系。例如：

①《说文》：“臂，手上也。”段注：“又部曰：‘厷，臂上也。’此皆析言也。‘亦’下云：‘人之臂亦。’浑言之也。浑言则厷臂互称。”

②《说文》:“袪,衣袂也。”段注:“《郑风·遵大路》、《唐风·羔裘》传皆曰:‘袪,袂也。’按‘袪’有与‘袂’析言之者。《深衣》注曰:‘袪,袂口也。’《丧服记》注曰:‘袪,袖口也。’《檀弓》注曰:‘袪,袖缘口也。’《深衣》《丧服》且‘袂’与‘袪’并言。……若《诗》之两言‘袪’,则无庸分别。”

③《说文》:“夕,莫(暮)也。”“夜,舍也,天下休舍。”段注:“夜与夕浑言不别,析言则殊。《小雅》:‘莫肯夙夜’,‘莫肯朝夕’,‘朝夕’犹‘夙夜’也。《春秋经》:‘四月辛卯夜。’即辛卯夕也。”

④《说文》:“宵,夜也。”段注:“《释言》、《毛传》皆曰:‘宵,夜也。’《周礼·司寤》:‘禁宵行夜游者。’郑云:‘宵,定昏也。’按此因经文以宵别于夜为言,若浑言则宵即夜也。”

这一类例子不太多,而且,还需要进一步分析。例①,段玉裁的意思是说,析言之,肘以下是臂,肘以上是厷(肱)。所以,“亦”(腋)应该说是“人之肱亦(腋)”,现在说“人之臂亦(腋)”,那就是“浑言”了。其实段玉裁这个说法不对。“臂,手上也”,并不意味着臂限于肘之下,“臂”应该是现代汉语所说的“胳膊”,从肩到手的一段。而“肱”是上胳膊,从肩到肘的一段。“臂”是全体,“肱”是部分。说“腋”是“人之臂腋”,并没有改变“臂”的词义。古代倒是有把“肱”作“臂”用的,如《论语·述而》:“曲肱而枕之。”显然,从肩到肘的部分是不能曲的,只有从肩到手的部分(臂)才能曲。在这种情况下,只能说“肱”的所指不很明确,一般是指从肩到肘,有时也指从肩到手。

例②,“袂”是袖子,“袪”是袖口,也是全体和部分的关系。《诗经·郑风·遵大路》:“遵大路兮,掺执子之袪兮。……遵大路兮,掺执子之手兮。”毛传:“袪,袂也。”《诗经·唐风·羔裘》:“羔裘豹袪,自我人居居。……羔裘豹褎(袖),自我人究究。”毛传:“袪,袂也。”段玉裁认为是“浑言”。但《遵大路》疏:“袪为袂之末。”从文义看,这样解释也无不可。《羔裘》释文:“袪,袂末也。”从文义看,这个解释并不切合，“羔裘豹祛”，应与下一章“羔裘豹袖”同义。但这是在诗歌中的“变文以叶韵”，不能严格地作为“祛”有“袖”义的证据。那么，毛传为什么说“祛，袂也”呢？这是因为古人的注释有时是不很准确的。《左传·僖公五年》讲晋公子重耳出亡时，寺人披“斩其祛”，杜预注：“祛，袂也。”《国语·晋语》叙述同一件事，作“勃提斩其祛”，韦昭注也说“祛，袂也”，但这里“祛”显然只能是袖口，否则就是把重耳的胳膊砍断了。而孔颖达疏就说得比较准确：“其袂近口又别名祛。”所以，说“祛”和“袂”浑言则同，是不合适的。

例③的“夜”和“夕”也是全体和部分的关系。《左传·庄公七年》：“辛卯夜恒星不见。”疏：“夜者，自昏至旦之总名也。”《洪范五行传》注：“初昏为夕，将晨为夕。”“夕”是“夜”的一部分。在语言表达中，以全体来概括部分是可以的，如说某人左颊上有个黑痣，也可以说某人面部有个黑痣，这并不表示现代汉语中“面部”的词义和“左颊”相同。所以段玉裁举的“夕”也可以说成“夜”的例子，不足以作为“夕”和“夜”浑言不别的证据。但反过来，部分一般不能代替全体。而“夕”有时候可以指“夜”。如《庄子·天运》：“蚊虻噆肤，则通昔不寐矣。”《释文》：“昔，夜也。”郭庆藩注：“昔犹夕，通昔犹通宵也。”这倒可以说“夕”、“夜”浑言不别。不过这种例子不多见。

例④所说的“宵”和“夜”是同义词，古书中的“宵”都与“夜”同义。郑玄把《周礼》“禁宵行夜游”中的“宵”注为“定昏”是不足为据的。所以“宵”和“夜”两个词实际上不存在浑言和析言的问题。

总起来看，表示部分和全体的A、B两词“浑言则同”的情况很少。有个别例子，那是因为在语言运用中有些词的所指范围不很确定，因此以表部分的词来代替表全体的词。

（三）A、B是上下位词。例如：

①《说文》："萧，艾蒿也。"段注："《曹风》传曰：'萧，蒿也。'此统言之。"

②《说文》："攴，小击也。""击，攴也。"段注："'攴'训小击，'击'则兼大小言之。而但云'攴也'者，于'攴'下见析言之理，于'击'下见浑言之理。"

③《说文》："眷，顾也。"段注："《大东》：'睠言顾之。'毛曰：'睠，反顾也。''睠'同'眷'。……顾者还视也，眷者顾之深也。顾止于侧而已，眷则至于反，故毛云'反顾'。许浑言之，故云'顾'也。"

④《说文》："觋，能齐肃事神明者。在男曰觋，在女曰巫。"段注："此析言之耳。统言则《周礼》男亦曰巫，女非不可曰觋也。"

⑤《说文》："芓，麻母也。"段注："《释草》云：'䕅，枲实。'枲实犹言麻实耳。《仪礼》传云：'牡麻者，枲麻也。'然则枲无实，芓乃有实。统言则皆称枲，析言则有实者称芓，无实者称枲。"

⑥《说文》："革，兽皮治去其毛曰革。"段注："皮与革二字对文则分别，如'秋敛皮，冬敛革'是也。散文则通用，如《司裘》之'皮车'，即'革路'，《诗·羔羊》传：'革犹皮也'是也。"

例①中"萧"是"蒿"的一种，例②中的"攴"是"击"的一种，例③中的"眷"是"顾"的一种。A、B两词都是上下位关系。但这三例有一点不同："蒿"的下位义有"艾蒿"（萧），"萝蒿"（莪）等，而"击"的下位义，"小击"为"攴"，"大击"却没有另一个词来表示，在语言中仍用"击"。"顾"的下位义，"顾之深"为"眷"，而一般的顾还是"顾"。图示如下：

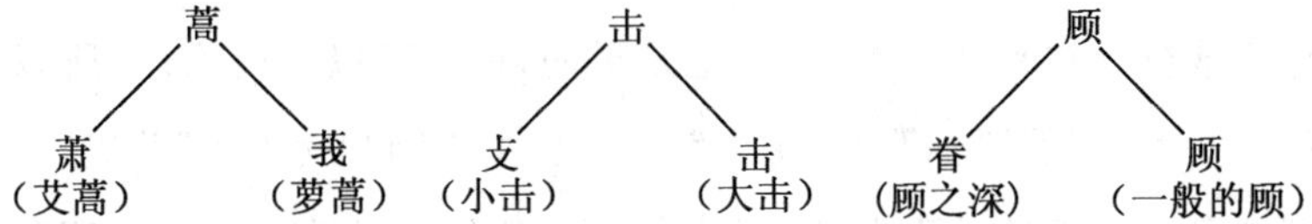

这样，"击"和"顾"都有了两个意思。一是处于上位义的"击"（包括

大击、小击）和“顾”（包括“顾之深”和一般的顾），一是处于下位义的“击”（相对于“支”而言，指大击）和“顾”（相对于“眷”而言，指一般的顾）。处于下位义的“击”和“顾”，也可以说是特指意义。那么，《说文》中所说的“支，击也”，“眷，顾也”，这里的“击”和“顾”是上位义还是下位义呢？应当是上位义。这和毛传的“萧，蒿也”一样，是用类名（上位义）来解释别名（下位义）。这种训释方法在古代是很常见的，只不过说得比较精确的话，应当在类名后面加上一个“属”字。如《说文》：“莪，蒿属。”不过，在古代训诂学家看来，似乎加不加“属”字并不重要。如《说文》：“向，北出牖也。”段注：“《明堂位》‘达乡’注云：‘乡，牖属。’是浑言不别。”（“乡”同“向”。）就是说，即使在类名后面加了“属”字，段玉裁还认为是“浑言”。

例④、⑤、⑥，“巫”和“觋”，“枲”和“芓”，“皮”和“革”，看起来似乎是同位义，其实还是上下位义。段玉裁说“男亦曰巫”是对的，因为《说文》“巫”字下说“古者巫咸始作巫”，而巫咸就是一个男巫。看来“巫”应是男巫女巫的通称。段玉裁说“女非不可曰觋也”，却没有什么根据，“觋”应是专指男巫。而“巫”的性别非男即女，既然“觋”专指男巫，那么当“巫”和“觋”对举时，“巫”当然就是指女巫了。这种情况，在现代语言学中称为“有标记成分”（marked member）和“无标记成分”（unmarked member）。如“主人”是无标记成分，“女主人”是有标记成分；“护士”是无标记成分，“男护士”是有标记成分。本来，“主人”不一定是男的，但一般以男的为多，所以如果是女的，就要标明“女主人”。而当“主人”和“女主人”并提时，既然已把女性的排除在外，那么“主人”就只指男性的了。“巫”和“觋”、“枲”和“芓”、“皮”和“革”都是这种关系，可以图示如下：

巫	
觋(男)	巫(女)

枲	
芓(有实)	枲(无实)

皮	
革(去毛)	皮(不去毛)

所谓“浑言则同”,并不是说两个同位义意义可以等同,而仍是说上位义可以用来训释或代替下位义。用上位义训释下位义的例子前面已讲了。用上位义代替下位义,就是段玉裁所说的以“皮车”代替“革路(辂)”,以“枲实”代替“芓实”。这也不难理解,因为在语言表达时如果不要求那么精确,是可以用类名来代替别名的。比如“羔皮大衣”,也可以叫做“羊皮大衣”;一个写了很多剧本的人,可以称为“剧作家”,也可以称为“作家”。现代汉语中,“皮大衣”是有毛的,“皮夹克”却是没有毛的,这就是因为“皮”可以兼指有毛、无毛的缘故。

⑦《说文》:“器,皿也。”段注:“皿部曰:‘皿,饭食之用器也。’然则‘皿’专谓食器,‘器’乃凡器统称。‘器’下云‘皿也’者,散文则不别也。”

⑧《说文》:“息,喘也。”“喘,疾息也。”段注:“此分别言之也。‘息’下曰‘喘也’,浑言之也。”

⑨《说文》:“视,瞻也。”段注:“目部曰:‘瞻,临视也。’视不必皆临,则瞻与视小别矣。浑言不别也。”

⑩《说文》:“诵,讽也。”“讽,诵也。”段注:“《大司乐》:‘以乐语教国子,兴道讽诵言语。’注:‘倍文曰讽,以声节之曰诵。’‘倍’同‘背’,谓不开读也。诵则非直背文,又为吟咏以声节之。《周礼》经注析言之,讽诵是二;许统言之,讽诵是一也。”

这四个例子中的A、B两词也是上下位关系,所不同的是《说文》的释义是以下位义来解释上位义。另外,例②中的“击,攴也”也是如此。

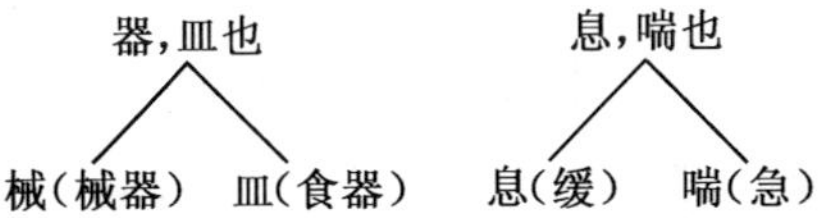

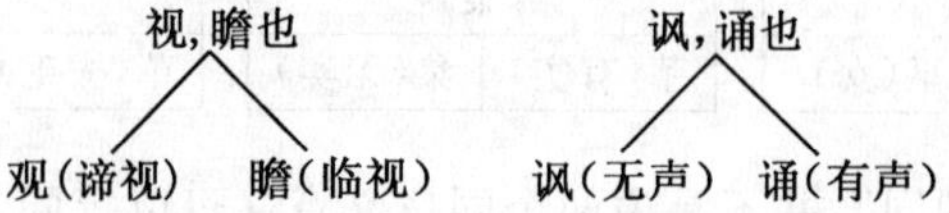

一般来说，用下位义来解释上位义是不行的，因为这样会使上位义的意义缩小。（比如，可以说："鲁迅是中国的作家。"而不能倒过来说："中国的作家是鲁迅。"）而且，在古代作品中，也没有"器""皿"同义，"息""喘"同义，"视""瞻"同义的。所以例⑦、⑧、⑨只能说是许慎释义不当，当然也就不必用"浑言则同"加以解释了。但例⑩的情况有些不同。"诵"这个词，"以声节之"的意义有时不很明显，因此就用于泛指，和"讽"没有什么区别了。而"讽，诵也"的"诵"，应该理解为泛指的"诵"。这确实是"浑言则同"。后来，"诵"的词义扩大，如《宋史·杨徽传》："召令默诵，一无所遗。""诵"就不是"以声节之"，而与"讽"完全同义了。

这第（三）类的"析言则异，浑言则同"，是和"特指"、"泛指"有关系的（但也不能笼统地说"析言"就是"特指"，"浑言"就是"泛指"），而第（一）、（二）类则和"特指"、"泛指"无关。

总起来说，"析言则异，浑言则同"是和语言的表达有时候要求精确、有时候又可以模糊有关的。但具体情况又有所不同。

第五章　反义词

反义词和同义词一样，是词的一种特殊的聚合关系。关于反义词，有些问题历来弄得比较混乱，本章中试图对这些问题作一些分析，把它们弄清楚。

第一节　反义词

关于反义词，有两点是和同义词一样的：

(1)"反义词"也是就一个词的某一义位和另一词(或另一些词)的某一义位相反而言的。所以，一个词有几个义位，就可以有几对反义词。如：

生：
- 1. 活着的 ⟷ 死
- 2. 未煮过的 ⟷ 熟

甚至是同一个义位，也可能有几个反义词。如：

开：
- (门) ⟷ 关
- (眼) ⟷ 合
- (幕) ⟷ 闭

这样的图解还是简单化了的，因为"熟"、"关"、"合"等词也是多义词。如"合"，还有"合并"的义位，这个义位的反义词又不是"开"，

而是“分”。如果把这种情况也考虑在内,那么,“开”和“合”这两个多义词就各有若干反义词。图示如下:

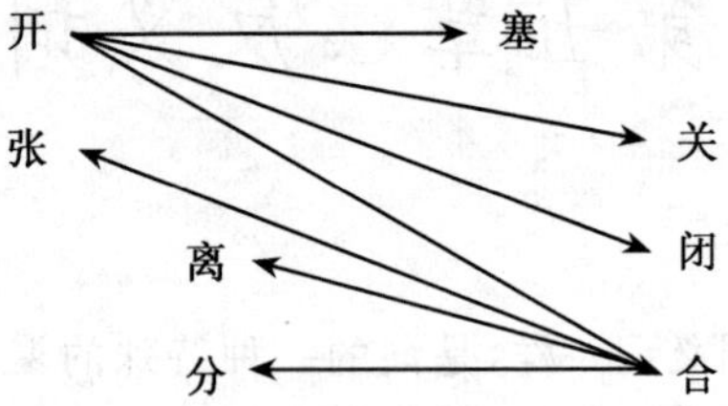

而且,“开”的各个反义词,不一定是同义的,如“关”、“闭”、“合”同义,但“塞”和它们不同义。“合”的反义词也是如此,如“开”、“张”同义,“分”、“离”同义,但“开”、“张”和“离”、“分”不同义。另外,有些词或义位没有反义词,要表示反义关系只能用“不×”的形式。如表示“沸”义的“开”,它的反义只能说“不开”;表示“应该”义的“合”,它的反义只能说“不合”。所以,情况是错综复杂的。当然也有这样的情况:两个反义词各个义位都恰恰相反,形成整齐的局面,如:

深 { 水深 ↔ 水浅
洞深 ↔ 洞浅
道理深奥 ↔ 道理浅显
学问渊深 ↔ 学问肤浅
交情深 ↔ 交情浅 } 浅

又如“熟”,有①煮熟,②成熟,③熟悉,④熟练诸义,这几个意义都和“生”相对。但如果把“生”的其他意义考虑在内,那么“生”的反义词就不止“熟”一个了。如“产生”的“生”,反义词是“灭”;“活着”的“生”,反义词是“死”。

（2）考察反义词，也要有历史观念。随着词义的发展变化，反义词的构成关系也是古今不同的。如古代“穷”的反义词是“达”，现代“穷”的反义词是“富”。古代“慢”的反义词是“敬”，现代“慢”的反义词是“快”。古代“细”的反义词是“大”，现代“细”的反义词是“粗”。古代“粗”的反义词是“精”，现代“粗”的反义词是“细”（现代“精”、“粗”也构成反义词，但不如“粗”、“细”这对反义词更常见）。古代表示形体用“大”、“小”这对反义词，表示年龄用“少”、“长”这对反义词，现代不论表示形体还是年龄，都用“大”、“小”这对反义词。这样的例子很多，就不一一列举了。当然，这里说“古代”和“现代”是很粗的说法，从先秦到现代，是一个很长的历史发展过程，反义词的历史演变，也是逐步发生的。但这种具体的历史演变过程究竟怎样发生，现在研究得还很不够，这是今后应当加强的。

也有一些反义词的关系非常稳固，从古到今没有变化。如“多—少”、“清—浊”、“进—退”、“抑—扬”、“上—下”、“前—后”等。这些反义词在历史发展中往往同步变化：或者两个词共同派生出两个新的义位，仍然构成反义关系；或者两个词原有的若干组反义关系中，有一组一起消失。比如“清—浊”原指水的清和浊，后来共同引申为品格上的清正和恶浊，又引申为语音上的清和浊。“前—后”，原来既指“前进”和“后退”（这是它们的本义），又指“前面”和“后面”，到现代汉语中“前进—后退”一组意义消失，只保留“前面—后面”这一组。再如“多—少”，原指数量，是形容词，后来共同引申出“赞扬—贬损”这一组反义关系，如《韩非子·五蠹》：“以其犯禁也罪之，而多其有勇也。”《史记·苏秦传》：“显王左右习知苏秦，皆少之。”这组反义关系在现代汉语中又一起消失了。

也有一对反义词不同步变化的。如“雌—雄”，原是指鸟的牝牡，同步引申为指兽的牝牡，甚至树木的牝牡（结实、不结实），但“雄”又引申为“雄壮”、“雄杰”，而“雌”却没有引申出相应的意义。“柔弱”的意义，曾一度出现，但没有能固定下来。如《晋书·桓温传》：“公甚似刘司空，……声甚似，恨雌。”这个意义在现代汉语中已经没有了。而和“雄杰”相对的意义，“雌”始终没有出现过。

这两点弄清楚了，下面就可以进而讨论有关反义词的两个问题。

（一）怎样判定反义词。

通常给“反义词”下的定义是：“一对意义相反的词”。这似乎是无须讨论的，其实不然。比如下面这几组词，哪些是反义词，哪些不是？是反义词的，意义怎样相反，怎么才叫意义相反？这些问题都有待于深入讨论。

大—小　雌—雄　凉—温　红—绿　买—卖　忧—乐
出—入　哭—泣　南—北　古—今　君子—小人　夫—妻
羖—羭　门—阁　花—草　羊—狼

在讨论一些具体问题以前，先谈两点基本认识。首先介绍一下现代语义学中的一种观点，即认为传统语义学所说的反义（Antonym）应该再加以区分。如莱昂斯认为，应该再分为三类。

1. Complementarity（互补）。如：

single : married　　male : female
（单身的—已婚的）　（男—女；雄—雌）

这类的特点是两者非此即彼。不是单身的就是已婚的，不是男的就是女的。

2. Antonym（反义）。如：

big：small　　　　　good：bad

（大—小）　　　　　（好—坏）

这类的特点是两个反义词之间有中间状态，如可以有“不大不小”、“不好不坏”，“大”和“小”，“好”和“坏”只是“两极”，因此有人称之为“极性对立”。

3. Converseness（反向）。如：

buy：sell　　　　　husband：wife

（买—卖）　　　　　（丈夫—妻子）

这类的特点是：甲买某物于乙，就是乙卖某物给甲。甲是乙的丈夫，乙就是甲的妻子。

我认为这种分类是可取的。这三类传统都称为“反义词”，但它们的关系确实是不同的。可以把这三类图示如下：

1. 互补

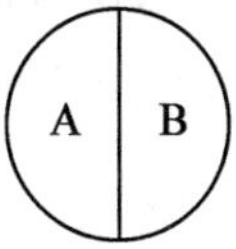

2. 极性对立

3. 反向

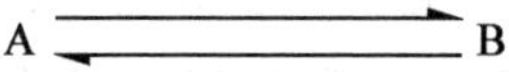

同时，用否定词“不”或“非”来检验，这三类也确有不同：(1)互补：非 A=B，非 B=A。(2)极性对立：不 A>B，不 B>A（即：“不大”可以是“中”和“小”，“不小”可以是“中”和“大”）。(3)反向：不 A≠B，不 B≠A（即：不买≠卖，不卖≠买）。

这种分类，把对于反义词的认识推进了一步。下面在讨论“反训”时将会看到，这种分类对说明“反训”是有用处的。当然这种分类也还有可讨论之处，这在下面进一步谈到。

其次，应当说明，“反义词”不是说两个词的意义毫不相干，毫无共同之处。“反义词”总是同中有异的，“同”是构成反义词的基础。比如“高”和“重”，“白”和“速”，虽然都是形容词，但属于形容词中不同的义类，有的表方位，有的表重量，有的表色彩，有的表速度，它们没有共同的基础，或者说没有共同的义素，当然也就构不成反义词了。再如，“童”和“叟”是反义词，而“童”和“妪”却不是反义词，为什么呢？因为“童”和“叟”都是指人，而且一般指男人，其区别在于年龄，一老一少，也就是说这两个词除了“老”、“少”两个义素之外，中心义素和限定义素全都相同，而不同的义素“老”和“少”又是极性对立的，所以是反义词。但“妪”是老年女子，它和“童”相比，既有年龄的不同，又有性别的不同，所以不是反义词。由此可知，从义素分析的角度来看，A、B 两个词如果中心义素和一部分限定义素都相同，只有一个义素不同，而 A、B 两词不同的义素，或是互补，或是极性对立，或是反向，那么，A、B 两词是反义词，否则就不是。

有了这两点基本认识，就可以进而讨论一些具体问题。

形容词中的反义词最容易判断。它们大多数是“极性对立”的，如“大”—“小”、“轻”—“重”、“长”—“短”、“高”—“下”、“甘”—“苦”、“黑”—“白”、“新”—“旧”、“美”—“恶”、“荣”—“辱”等(有的反义词可以是几个词，这里只举一对一的为例。下同)。有一些是互补的，如“生”—“死”、“雌”—“雄”、“是”—“非”、“真”—“伪”等(“不生不死”、“不雌不雄”、“亦是亦非”、“半真半伪”等情况较特殊，不能以此把上述几组看做是“极性对立”)。但是，形容词中有些是不是反义词还值得讨论，如“红”—“绿”。这一组词的性质和

“黑”—“白”不同。“黑”—“白”从词义上说就是相反的，一是亮度最小的颜色，一是亮度最大的颜色，从人们的使用来说，也是把这两个词和其他反义词一起使用的。如《荀子·荣辱》：“目辨白黑美恶，耳辨音声清浊，口辨酸咸甘苦，鼻辨芬芳腥臊。”《韩非子·解老》：“短长、大小、方圆、坚脆、轻重、白黑之谓理。”而“红”和“绿”，词义既说不上相反，在使用上也不和其他反义词一起用。至于说在诗词中以“桃红”对“柳绿”，以“红花”对“绿草”，据此是不足以把它们看做反义词的。

名词和动词中有一些反义词也是明显的。如名词中的方位词和时间词，“上”—“下”、“前”—“后”、“今”—“昔”是极性对立，“内”—“外”、“昼”—“夜”是互补，“父”—“子”、“主”—“客”是反向。动词中如“爱”—“憎”、“哭”—“笑”是极性对立，“有”—“无”、“寤”—“寐”是互补，“取”—“予”、“买”—“卖”是反向。

有些词，可以通过义素分析来确定其是否为反义词。如“抑”—“扬”，一为举之向下，一为举之向上，〔上〕和〔下〕反义，所以这两个词是反义词。“毁”—“誉”，一是言其恶，一是言其善，〔善〕和〔恶〕反义，所以这两个词是反义词。“君子”—“小人”，一为道德高尚，一为道德卑下。“冬”—“夏”，一是冷的季节，一是热的季节。所以它们也都是反义词。而且，这些词人们也常常是作为相反的两项对比着使用的。

但有些词则不大好判断。如“哭”—“泣”，有声为哭，无声为泣；“偃”—“仆”，后覆为偃，前覆为仆；“羖”—“羭”，黑羊公为羖，母为羭；“门”—“阁”，大为门，小为阁。那么这些词是否也是反义词呢？说它们是，不太符合人们的语感；说它们不是，似乎它们和上述“抑”—“扬”、“毁”—“誉”、“君子”—“小人”、“冬”—“夏”一样，都是其他义素相同，一个义素相反，为什么不是反义词呢？

这问题要从两方面来分析。第一，作为义素来说，表示相反的义素，有时也可以表示类别。如〔男〕、〔女〕，通常是表示相反的，但是如果在下面这样的语言环境中，还不如说它们表示类别："街上的人很多。有男的，有女的，有工人，有学生，有骑车的，有步行的，有上班的，有上学的。"我们不能说"工人"—"学生"、"骑车"—"步行"、"上班"—"上学"构成反义词，它们只是表示类别，用做列举而不是用做对比。同样，"男的"、"女的"也是表示类别，也是用做列举而不是用做对比。又如"黑"和"白"，如果把"赤青黄白黑"放在一起，那么"黑"和"白"也是表示类别而不是表示反义了。像"门"、"阁"，"羖"、"羭"，"哭"、"泣"等，也是表示类别而不是表示反义。第二，这和人们对词的使用情况有关。如"仆"和"偃"本来是反义词。《左传·定公八年》："与一人俱毙。"杜注："毙，仆也。"正义引《吴越春秋》："要离谓吴王夫差曰：'臣迎风则偃，背风则仆。'"这里"偃"是向后倒，"仆"是向前倒。但《论语·颜渊》："草上之风必偃。"孔注："偃，仆也。"这就是"浑言则同"。柳宗元《三戒》："抵触偃仆益狎。"这里"偃仆"和"抵触"并用，显然也是作为略有区别的同义词而不是作为反义词来使用的。可是，另一对词，"仰"和"伏"，实际上跟"偃"和"仆"并无区别。"偃"、"仰"双声。《广雅·释言》："偃，仰也。""仆"和"伏"实为同源词（见王力《同源字典》）。而"仰"和"伏"，人们都是把它们作为反义词来用的。为什么从词义上说"仰"、"偃"相同，"伏"、"仆"相同，而在使用上"仰"、"伏"常用做反义，而"偃"、"仆"却常常用做同义呢？这就只能说是语言习惯。就是说，尽管"仰"—"伏"、"偃"—"仆"之间都具有一个相反的义素，但对于"仰"—"伏"，人们还很注意其对立，而对于"偃"—

“仆”，人们已逐渐忘记其异，而注意其同了。所以，尽管“偃”和“仆”在《吴越春秋》中是作为反义词来用的，但通常不应该把“偃”和“仆”看做反义词。

判断两个词是不是反义词，要把词的义素构成情况和词的实际使用情况结合起来考察。如果两个词其他义素完全相同，只有一个义素不同，而这个义素又是反义的，这两个词未必就是反义词，也可能是近义词(或称为广义的同义词)。如粗曰薪，细曰蒸，大曰鼒，小曰鼐，厚曰牍，薄曰牒，无底曰囊，有底曰橐，有墙曰苑，无墙曰囿。这些词依其实际使用情况看，都不是用做反义，所以其不同的义素〔粗〕、〔细〕，〔大〕、〔小〕，〔厚〕、〔薄〕等等，都应看做分类而不是反义。又如，“冷”、“凉”、“温”、“热”四个词，表示不同的温度。有人问，为什么“冷”和“凉”近义，“温”和“热”近义，而“凉”和“温”却要看做反义？特别是“冷”和“凉”、“温”和“热”之间可能相差20℃，而“凉”和“温”之间只相差10℃，似乎更不应该把“凉”和“温”作为反义词看待。我认为，这种看法未免机械，只注意了温度的物理属性，而忽视了词的使用情况。其实，这些词都是模糊概念，其义域不能拿准确的度数来确定。比如说“天很热”，指的是35℃以上，“水很热”，就应该指50℃以上。产生这种差别，主要是用的标准不同：对于大气，是用人感到最舒适的气温作为标准(比如20℃左右)，对于水，是用人的皮肤接触后感到最舒适的水温为标准(比如30℃左右)。但无论用什么作标准，“冷”、“凉”都在标准之下，“温”、“热”都在标准之上。特别从词的使用情况来看，“凉”和“温”更是反义的。表示温度的有这样一些词，可分为两组：(A)炎、热、暑、温；(B)寒、冷、凉、清。它们构成反义关系来使用的情况如下：

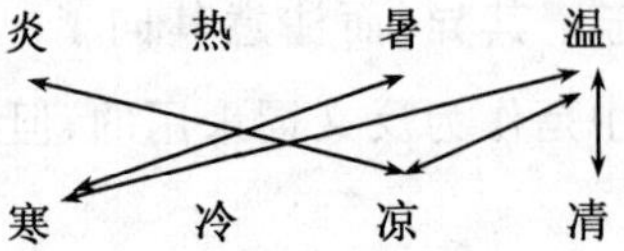

这里举些有关的例子：

《墨子·节用》："其为衣裘何？以为冬以圉寒，夏以圉暑，……冬加温夏加清……"

《列子·汤问》："寒暑易节，始一反焉。"

陆厥《奉答内兄希叔》诗："归来翳桑柘，朝夕异凉温。"

杜甫《览柏中丞》："奉公举骨肉，诛叛经寒温。"

杜甫《双燕》："应同避燥湿，且复过炎凉。"

而"热"和"温"，"冷"和"凉"却没有用做反义词的。所以，尽管"温"和"凉"之间的温度也许差得不大，但仍是反义词而不是同义词。

另一方面，有些词在特定的上下文环境中作为反义来使用，并不能因此就认为它们是反义词。如古诗《上山采蘼芜》："新人从门入，故人从阁去。"在这两句诗中，"门"和"阁"确实是表示反义。这是不奇怪的，因为"门"和"阁"所不同的义素正是〔大〕和〔小〕，因此有作为反义使用的可能。但是，在绝大多数情况下，"阁"只是作为"门"的一种来使用的，所以不能仅仅根据这两句诗而认为"门"和"阁"是反义词。还有些词，在用于比喻的情况下，也可以因为它们的隐含义素而构成反义。如《楚辞·卜居》："黄钟毁弃，瓦釜雷鸣。"贾谊《吊屈原赋》："横江湖之鳣鲸兮，固将制于蝼蚁。"杜牧《阿房宫赋》："鼎铛玉石，金块珠砾。"甚至人名也可以用做反义。如《荀子·正论》："有势辱无害为尧，有势荣无害为桀。"但不能因此而认为"黄钟"和"瓦釜"、"鳣鲸"和"蝼蚁"、"鼎"和"铛"、"玉"和"石"、"金"和"块"、"珠"和"砾"，以及"尧"和"桀"是反义词。因为这些词就其理性意义来说，并没有相反的义素，在通常情况下，它们也不是作为反义来用的。

(二)研究反义词的意义。

研究反义词，对于研究词汇来说有重要的意义。

(1)有助于义位的判定。

一个词在不同的上下文中有时有多种意义。这些意义哪些是属于同一义位，哪些是属于不同义位的呢？分析它的反义词有助于判别。一般来说，如果几个反义词是同义的或相距不远，那这几个意义就是同一义位；如果几个反义词相距甚远，那么这几个意义就是不同义位。如前面举过的“开”。

①《墨子·号令》：“开门已，辄复上籥。”

②《庄子·盗跖》：“其中开口而笑者，一月之中，不过四五日而已矣。”

③《荀子·修身》：“厌其源，开其渎。”

④ 杜甫《白丝行》：“香汗清尘污颜色，开新合故置何许？”

其中例①的“开”，反义词是“关”或“闭”；例②的“开”，反义词是“合”或“闭”；例④的“开”(指开衣箱)，反义词是“合”。“关”、“闭”、“合”义近，所以这几个“开”是同一义位。例③的“开”，反义词是“厌”(塞)，与“关”、“闭”、“合”都相距甚远，所以这个“开”应是另一义位。

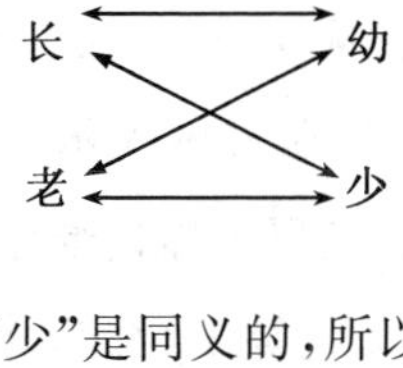

又如“长”—“幼”和“老”—“少”是两对反义词，这四个词的反义关系如左。表面上看来，每个词都有两个反义词，似乎都有两个义位。但是，“长”和“老”的两个反义词“幼”和“少”是同义的，所以，“长幼”的“长”和“少长”的“长”是同一义位(都指辈分长)，“老幼”的“老”和“老少”的“老”是同一义位(都指年老)；而“长”和“老”相距甚远，所以，“幼”和“少”都有两个义位：①辈分低；②年龄小。如果分成义位，它们的反义关系应是：(幼$_1$＝少$_1$＝辈分低　　幼$_2$＝少$_2$＝年龄小)

(2)有助于词义辨析。

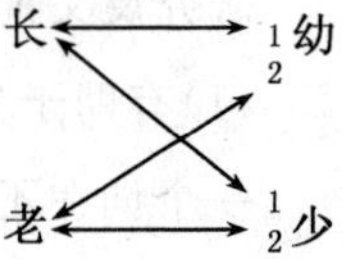

有一些同义词或近义词的细微差别不容易觉察，有时可以通过反义词找出它们的区别。例如，“枉”和“曲”都有“弯曲”义，它们有什么不同？通过它们的反义词可以看出来：“枉”和“曲”的反义词都是“直”，这一点它们相同；但“枉”的反义词还可以是“正”，如“矫枉过正”，而“曲”和“正”不构成反义词。由此可知：“枉”还有“不正”的意思，而“曲”没有。又如第四章中所说的“夜”、“宵”和“夕”的异同，也可以从反义词的角度来考察。下面是与这些词有关的反义关系示意图：

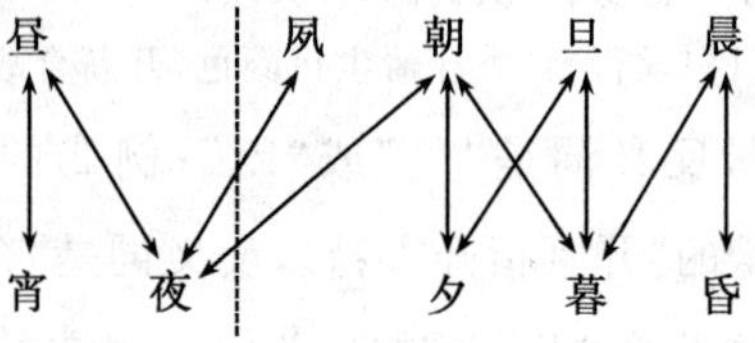

从中可以看出，“昼”和“夜”、“宵”为一组，“夙”、“朝”、“旦”、“晨”和“夕”、“暮”、“昏”为一组，两组间除了“朝(夙)”—“夜”外，没有构成反义关系的。而“朝”—“夜”作为反义使用的，又有两种情况：(a)“朝”为“白天”之义，“朝夜”等于“昼夜”，如谢朓《从戎曲》：“红尘朝夜合，黄河万里昏。”(b)“朝”为“早晨”之义，“夜”在文中表示“刚到夜里”。如《庄子·田子方》：“朝令而夜遁。”这是以整体代部分。这里的“夜”可以换成“夕”，但不说明“夜”的词义就等于“夕”。因此，总的看来，“夜”和“宵”同义，而和“夕”、“暮”有区别。

(3)有助于了解词义的发展演变。

在语言的历史发展中,由于词义的发展演变,就造成旧的反义关系的解体和新的反义关系的形成。因此,我们也可以通过反义关系的变化来观察词义的发展演变。例如:

古代"善"、"美"、"好"和"恶"、"丑"的反义关系如图一。而现代变成如图二。

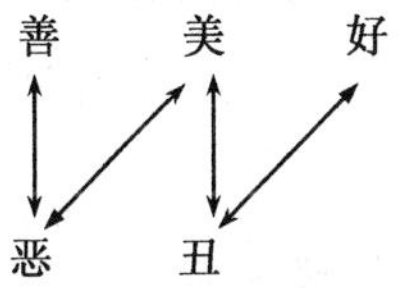

(图一)

(图二)

这说明古代的"美"、"恶"、"丑"都是兼指形貌和性状的,而"好"则多指形貌。到现代,"善"—"恶"就专指品质,"美"—"丑"指形貌或审美方面,"好"和一个新发展而成的词"坏"构成新的反义关系,多指性状。

又如:古代"进"—"退"、"出"—"入"是两对反义词,现代"进"—"退"保留不变,而"出"—"入"变成了"出"—"进"。这说明"进"的词义古今有了变化:"进"在古代只表示"向前",而不表示"入内"。所以,像《庄子·盗跖》:"孔子趋而进",只能理解为"快步前进",而不能理解为"快步入内"。

第二节 反训

"反训"是一个相当复杂的问题,从古到今,在这个问题上有过不少争论。

所谓“反训”，简单地说，就是一个词具有两种相反的意义。最早提出这个问题的是郭璞，他在给《尔雅》作注时有几次提到这种现象，《尔雅·释诂》：“徂，在，存也。”注：“以‘徂’为‘存’，犹以‘乱’为‘治’，以‘曩’为‘曏’，以‘故’为‘今’，此皆训诂义有反复旁通，美恶不嫌同名。”又：“治、肆、古，故也。”“肆，故，今也。”注：“‘肆’既为‘古’，又为‘今’，‘今’亦为‘故’，‘故’亦为‘今’，此义相反而兼通者。”在给《方言》作注时也说到同样的意思，《方言》卷二：“逞，苦、了，快也。”注：“‘苦’而为‘快’者，犹以‘臭’为‘香’，‘治’为‘乱’，‘徂’为‘存’，此训义之反复用之是也。”

唐代的孔颖达也提到这种现象，清代的钱大昕、段玉裁、王念孙、郝懿行等对此都发表过意见。

“反训”这种现象引起人们注意，是十分自然的。因为，语言是人类交际的工具，如果一个词具有两个相反的意义，那么，听话的人将如何去理解它？例如：“这本书很好。”这句话的意思是很明确的。但假如“好”这个词可以“相反为训”，又有“坏”的意思，那么这句话中“好”这个词究竟是表示好还是表示坏？从这方面说，“反训”是和语言的交际功能相抵触的。但是，历来讲“反训”的却又举出不少例子，还有的从理论上论证说：反训是词义发展的一种途径，即一个词具有甲义，就常常可以根据事物向对立面转化的规律，或者根据思维活动中的相反联想，而产生出与甲义相反的乙义。这样，就给古汉语词汇的研究提出了一个问题：究竟怎样看待反训？

要解决这个问题，就要运用现代语言学的观点，对历来提出的关于“反训”的例证进行深入的分析。首先，古人所说的“反训”，是一个比较含混的概念，有些例子，其实并不是一个词具有两种相反的意义。也就是说，严格地讲，有些例子算不上“反训”（如果我们把“反训”的意义严格限定为“一个词具有两种相反意义”的话）。我们先要把那些似是而非的例子排除掉，然后才能做第二步工作：对那些确实是“反训”的进行分析，说明它们产生的原因，解释它们为什么不会妨碍语言的交际功能。

下面，我们把历来所举的“反训”的例子分为七类，逐一进行讨论。

（一）有的实际上并非一个词具有两种意义，把它们看做“反训”，是没有区分字和词而产生的一种错觉。

郭璞所举的两例就是这样。

(1)《尔雅·释诂》：“治、肆、古，故也。”“肆、故，今也。”郭璞认为“肆”有“故”（过去）、“今”（如今）二义，“故”亦有“故”（过去）、“今”（如今）二义，是“义相反而兼通”。

郭璞的话好像很有道理，但王引之不赞成他的话。王引之说：“‘治、肆、古，故也。’‘治’读若‘始’。‘始’、‘古’为久故之‘故’，‘肆’为语词之‘故’。‘肆、故，今也’，则皆为词语。郭谓‘今’与‘故’义相反而兼通，非也。”（《经义述闻》卷二十六）王引之的话是对的。从古代的语言事实看，“肆”“今”都可以是连词，相当于现代汉语的“所以”，或古代汉语的连词“故”。如《诗经·大雅·绵》：“迺立冢土，戎丑攸行，肆不殄厥愠，亦不陨厥问。”《诗经·大雅·思齐》：“不显亦临，无射亦保，肆戎疾不殄，烈假不瑕。”《尚书·甘誓》：“天用剿绝其命，今予惟恭行天之罚。”《尚书·汤誓》：“夏德若兹，今朕必往。”所以，《尔雅·释诂》：“肆、故，今也。”这三个词都是连词。《尔雅·释诂》：“治、肆、古，故也。”是王引之所说的“二义不嫌同条”，即“治（始）”和“古”是“久故”之“故”，而“肆”是连词之

"故",二义都用一个"故也"来解释。这样,《尔雅》根本没有说"肆"和"故"有"如今"的"今"之义,也没有说"肆"有"久故"的"故"义,因此也就谈不上它们兼有"古"(过去)和"今"(如今)这样相反的二义了。

郭璞理解错误的原因是把连词"故"、"今"和表时间的词"故"、"今"混为一谈。如果我们把时间词用"故$_1$"、"今$_1$"来表示,把连词用"故$_2$"、"今$_2$"来表示,那么,《尔雅·释诂》中的两条应写作:

肆、故$_2$,今$_2$也。
治(始)、古,故$_1$也。
肆、今$_2$,故$_2$也。

它们的关系是:

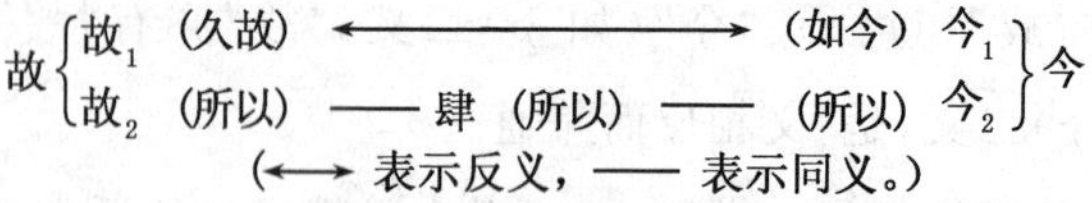

"故$_1$"和"今$_1$"是反义,而"故$_2$"、"肆"、"今$_2$"是同义。把"肆"和"故"看做"反训",是混淆字词而产生的一种错觉。

(2)《方言》:"逞、苦、了,快也。"郭注:"苦而为快者,犹以臭为香,治为乱,徂为存,此训义之反复用之是也。"这里先说"苦"和"快"。郭璞的意思是说,"痛苦"的"苦"以"快意"的"快"为训,所以是"反训"。

这也是把字和词弄混了。对于《方言》的这一条,钱绎解释说:

《方言笺疏》:"案此条有三义:'逞'为快意之快,'苦'为快急之快,'了'为明快之快。而其义又相通。……下文云:'逞,疾也,楚曰逞。'《说文》:'楚谓疾行曰逞。''疾'与'急'同义,是'逞'又为快急之快。《广雅》:'苦,快也。'李善注《广绝交论》引《说文》:'苦,急也。'《庄子·天运篇》:'斲轮徐则甘而不固,疾则苦而不入。'《淮南·道应训》同,高注:

‘苦，急意也。甘，缓意也。’是‘苦’为快急之快也。”

这段话说得很明白。我们同样可以把字和词分开，表示如下：

苦{苦$_1$（痛苦）←————————→（快意）快$_1$
苦$_2$（快急）——逞（快急）——（快急）快$_2$}快

郭璞误解了《方言》的意思，以为苦$_1$可训快$_1$，所以说是“反训”。其实《方言》说的是苦$_2$可训快$_2$，是同义相训。

（二）有的是一字兼相反两义，而不是一词兼相反两义。

古人是不分字和词的。所以有一些所谓“反训”，实际上是同一个汉字记录了两个意义相反的词。这就没有什么可奇怪的了。但它性质上是和同一个词兼具相反的两义有本质的区别的，我们讨论“反训”，也应该把它们排除在外。如：

(1)《说文》：“废，屋顿也。”段玉裁注：“废之为置如徂之为存，苦之为快，乱之为治，去之为藏。”这里讨论“去之为藏”。古书中有这样一些例句：《左传·昭公十九年》：“纺焉以度而去之。”注：“因纺纑，连所纺以度城而藏之。”《汉书·陈遵传》：“遵性善书，与人尺牍皆藏去之以为荣。”注：“去，藏也。”但是，陆德明《经典释文》：“去，起吕反。裴松之注《魏志》云：‘古人谓藏为去。’案今关中犹有此音。”孔颖达为上引《左传》文作疏说：“字书‘去’作‘弆’。”可见，“藏去”的“去”读上声，也写作“弆”。可以说形、音、义和“来去”的“去”都不同，应是两个词。

在金文中有个字，上面是个人，下面是个脚印，这是“离去”的“去”。金文中又有、，下面是器皿，上面是盖子，这是“藏去”的“去”，也就是说文的“笑”字。可见，在古文字中，“藏去”的“去”和“离去”的“去”是完全不同的两个字。在楷书中，“藏去”的“去”也有两种写法：“弆”和“去”。只有在后一种场合，它才和“离去”、

"弃去"的"去"相混。在这种情况下,应该说是一个汉字记录了两个意义相反的词去$_1$(去声)和去$_2$(上声)。即:

去	去$_1$(弃去)
	↕
	去$_2$(藏去)

(2)王念孙《广雅疏证》:"凡一字两训而反复旁通者,若乱之为治,故之为今,扰之为安,臭之为香,不可悉数。"这里讨论"乱之为治"。这个例子郭璞早已提到,上引段玉裁的话也提到。在古书中,这确有其例,如《尚书·盘庚》:"兹予有乱政同位。"孔传:"乱,治也。此我有治政之臣同位。"《尚书·泰誓》:"予有乱臣十人,同心同德。"孔传:"我治理之臣虽少而心德同。"

但对这个问题,历来都有争论。有的认为训"治"的是《说文》中的"亂"字,训"乱"的是《说文》中的"𢿢"字,并批评那种以为"乱"义兼"治"、"乱"的说法是"不知有亂、𢿢之别"。其实,在《说文》中写作不同的字倒不是最要紧的,因为《说文》中往往有同一个词而写作两个不同的字的。最关重要的是训"治"的"乱"和"混乱"的"乱"究竟是不是同一个词。

这里介绍一下孙德宣先生的说法。[①] 孙德宣先生认为这是两个词。他引贾昌朝《群经音辨》卷七:"乿,古文《尚书》'治'字也。𤔔、𤕌、𤔲,古文'亂'字也。孔安国训'亂'曰'治'。……夫理亂之义善恶相反,而以理训亂,可惑焉。若以古文《尚书》考之,以'乿'、'亂'字别而体近,岂隶古之初传写讹谬,合为一字,而作'治'、'亂'二训,后之诸儒遂不复辨之与?"而《集韵》:"治、乿,理也。古作乿,直利切。"这就不但字形不同,读音也不同了。

① 孙德宣《美恶同词例释》,《中国语文》1983年第2期。

又：林义光《文源》认为，金文番生𣪘的乿当即“治”的本字，秦以后形讹为乿，与“乱”形合，音亦讹为吕员切，所以，“乱”就兼“治”和“乱”二义了。

根据这种说法，则楷书中的“乱”字实际上也代表着两个不同的词，所以也不是反训。

不过这只是一种说法。也有认为“乱”是同一词而兼具正反二义的。这到后面再谈。

（三）有的是一个词在不同时期中褒贬意义的变化。

例如“爪牙”，在先秦是勇力之士的意思。《诗经·小雅·祈父》：“祈父，予王之爪牙。”在现代汉语中为“帮凶”之义。

“喽啰”，原为聪明伶俐之意。寒山诗：“自逞说喽啰，聪明无益当。”现代汉语中指“走卒”。

这两个词也可以说是“义兼美恶”。但是，我们要注意一点：这两个相反的意义，不是在同一历史平面上的。在《诗经》时代，“爪牙”只有一个意义（褒义），在现代汉语中，“爪牙”也只有一个意义（贬义）。正因为如此，才不会在语言交际中引起混乱。例如，现在说“某甲是某人的爪牙”，听话的人绝不会认为是对某甲的恭维。“喽啰”也是这样。所以，这种现象是词的感情意义的历史变化，是一种历时的语言现象。如果把“反训”限定为一个词同时兼具相反的二义，那么，它们就不算“反训”。

当然，词义的发展不可能是突变，不可能昨天是褒义，今天就是贬义，中间必然有一个过渡时期。那么在过渡时期中，是否会一个词同时兼具相反二义呢？我们想象，在过渡时期，应该是褒义逐渐模糊，变为中性，然后由中性逐渐变为贬义。罗大经《鹤林玉露》：“《五代史》：汉刘铢恶史弘肇、杨邠，于是李业谮二人于帝而杀之。铢喜,谓业曰:'君可谓偻㑩儿矣。'偻㑩,俗言狡猾也。"从刘铢的话看来,"偻㑩"并非贬义,但在罗大经看来,"偻㑩"已相当于"狡猾",可见五代时"偻㑩"的褒贬色彩已相当淡薄,大约相当于今天所说的"有心眼",是个中性的词。

再如,"乖"在古代是"乖戾"之义,在现代是"听话"之义,两义相反。但这也不是一个历史平面上的东西。而且,"乖戾"的"乖"和"听话"的"乖"只能说是读音相同,书写形式相同,尚无确切材料证明它们是同一个词。所以,也可以认为它和"去之为藏"一样,是一个字兼具相反二义,而不是一词兼具相反二义,这样处理或许慎重一些。

(四)有的是一个词具有两个相对立的下位义,在不同的语境中分别显示出来。

上面引郭璞、王念孙的话都提到"以臭为香",这也是历来讲"反训"时常举的一个例子。如《左传·僖公四年》:"一薰一莸,十年尚犹有臭。"《周易·系辞》:"同心之言,其臭如兰。"

似乎《左传》例的"臭"指臭气,《周易》例的"臭"指香气。但实际上,这样解释是不确切的。王筠《说文释例》:"臭为腥臊羶香之总名,引申为恶臭。"他的话说得很对。应该说,先秦时"臭"统指气味,它包括两个下位义:(a)臭气;(b)香气。在不同的语境中,"臭"或是统指气味。如《孟子·尽心下》:"耳之于声也,鼻之于臭也。"或是以它的下位义出现。如果以下位义出现,就只能是其中的一个,而不能同时既指这又指那。如上举《左传》例指臭气,《周易》例指香气。

也许有人会问:"臭"有时指臭气,有时指香气,这不是"美恶同辞"、"相反为训"吗?为了回答这个问题,可以举一个类似的例子。

古代汉语中"子"包括儿子和女儿。如《诗经·邶风·凯风》:"有子七人,母氏劳苦。"但有时指儿子,如《礼记·内则》:"子妇孝者敬者,父母舅姑之命,勿逆勿怠。"有时指的是女儿,如《论语·公冶长》:"以其子妻之。"一个词在不同语境中显示它的下位义(有时是相反的下位义)是很常见的事情。例如现代汉语中,如果说"养鸡",这个"鸡"包括公鸡和母鸡。"半夜鸡叫",这个"鸡"只能是公鸡。"鸡下蛋了",这个"鸡"只能是母鸡。但我们绝不能说现代汉语中的"鸡"有两个意义(公鸡和母鸡),更不会说"鸡"是"相反为训"。对于"臭",也应当这样看。

不过,"臭"的情况和上面所举的"鸡"有一点不一样。"臭"从上古统指气味,发展到后来只指臭气,也就是说,原来是"臭"在特定语境中显示出来的下位义"臭气",到后来成了"臭"的固定的词义。当人们习惯于这一点以后,再回过头去看上古"其臭如兰"这样的例子,就觉得这里所表示的"香气"的意义和当时人们习惯的"臭气"的意义恰恰相反,于是就说是"相反为训"了。

这类例子很多。如"瑞"既可表示吉兆,又可表示凶兆;"德"既可表示美德,又可表示恶德。这就和现代汉语中的"兆头"、"品质"可以兼指好坏一样,并不是"反训"。

(五)有的是修辞上的反用。

例如:冤家,原指仇人,但也可以指自己的情人。如黄庭坚《昼夜乐》:"其奈冤家无定据,约云朝又还雨暮。"

又如:可憎,原指可恨,但也可以表示可爱。如王实甫《西厢记》:"早是那脸儿上扑堆着可憎,那堪那心儿里埋没着聪明。"

这种反用在语言中无疑是存在的。作为一种修辞手段,可以反用的词还很多。如:"你真是一个好人!""你真聪明啊!"如果是讽刺意味的话，那么，“好人”就是“坏人”，“聪明”就是“奸诈”。所不同的是：这都是临时的反用，而“冤家”指“情人”，“可憎”指“可爱”，已经成为一种固定的词义了。

如果把这些词具有相反的两个意义叫做“反训”，倒也无不可。但是应当注意：这些新产生的“反义”，毕竟带有很浓的修辞色彩。这表现在：(1)这种反义只限制在某种语境中使用。如“冤家”指情人，只限于第一人称的叙述，而不能由第三者说“甲是乙的冤家”(如果那样说，“冤家”就是“仇人”了)。“可憎”表可爱，也总有某种语境衬托(如《西厢记》中已有下文“聪明”衬托)，如果单说“他模样儿真是可憎”，“可憎”又是“可恨”之义了。(2)正因为这样，这种由特定语境逐渐形成的反义，义域都比较窄。如“冤家”的反义词是“亲人”，而“冤家”尽管可反用为表“情人”义，但它的义域显然比“亲人”窄。“可憎”的反义词是“可爱”，它既可指人，也可指物，而反用的“可憎”却只能指人，不能指物。

(六) 有的是一个词有两种“反向”的意义。

《广雅·释诂》：“祈、乞、匄，求也。”“假、贷，借也。”“敛、匄、贷、禀、乞，与也。”王念孙疏证：“敛为欲而又为与，乞、匄为求而又为与，贷为借而又为与，禀为受而又为与。义有相反实相因者，皆此类也。”

王念孙所说的“欲”—“与”、“求”—“与”、“借”—“与”、“受”—“与”，就是我们在本章第一节中所说的“反向”。

王念孙所举的“义相反而实相因”的几个词中，“敛”的“与”义只见于《广雅》和《广韵》，在古书中并无例证。“乞”、“匄(丐)”、“贷”、“禀”确实都有“反向”的二义，如：

乞：① 求也。《左传·隐公四年》：“宋公使来乞师。”

② 与也。《汉书·朱买臣传》："妻自经死，买臣乞其夫钱，令葬。"

丐：① 求也。《左传·昭公六年》："不强丐。"

② 与也。《汉书·西域传》："我丐若马。"注："丐，乞与也。"

贷：① 借出。《左传·文公十六年》："宋饥，竭其粟而贷之。"

② 借入。《周礼·泉府》："凡民之贷者，与其有司辨而授之。"

禀：① 与也。《汉书·文帝纪》："吏禀当受鬻者。"颜注："禀，给也。"

② 受也。《左传·昭公二十六年》："先王所禀于天地，以其为民也。"注："禀，受也。"

此外还有如"受"、"沽"、"售"、"假"、"借"等，也是如此。

受：① 接受。《诗经·大雅·下武》："于斯万年，受天之佑。"

② 授予。《韩非子·外储说左上》："因能而受官。"

沽：① 买。《墨子·公孟》："当为子沽酒。"

② 卖。《论语·子罕》："有美玉于斯，韫匵而藏诸？求善贾而沽诸？"

售：① 卖。《诗经·邶风·谷风》："贾用不售。"

② 买。《新唐书·陆贽传》："有余粟者，县官倍价以售。"

假：① 借入。《孟子·尽心上》："久假而不归。"

② 借出。《左传·成公二年》："唯器与名不可以假人。"

"借"在现代汉语中也有"借出"、"借入"二义，不用举例。

为什么这些词会具有"反向"的两个意义呢？段玉裁有一段话解释"贷"、"贳"二字，说得很好：

《说文》："贷，施也。从贝，代声。""贳，从人求物也。从贝，弋声。"段注："按：代弋同声，古无去入之别。求人施人，古无贳贷之分。由贳字或作贷，因分其义，又分其声。如求人曰乞，给人之求亦曰乞，今分去讫、去既二音。又如假借二字，皆为求者予者之通名。唐人亦有求读上入，予读两去之说，古皆未必有是。贳别为贷，又以改窜许书，尤为异耳。经史内贳贷错出，恐皆俗增人旁。'蟘'字《经典释文》、《五经文字》

> 皆作蟘，俗作螣，亦其证也。《周礼·泉府》：'凡民之贷者。'注云：'贷者谓从官借本贾也。'《广韵》廿五'德'云：'贷为从官借本贾也。'其所据《周礼》正作'贷'。而《周礼》注中借者予者同用一字，《释文》别其音，亦可知本无二字矣。"

段玉裁说"求人施人，古无贷贷之分"，"假"、"借"也"皆为求者予者之通名"，它们都是后来才"分其义，又分其声"的。这个意见很值得重视。确实，这些词表达的都是"甲把某物暂时给乙"这个意思，只是从甲来看，是借出，从乙来看，是借入。"受"也是这样，在甲骨文中"受"作，象两手交接一物，它表达的是"甲把某物给乙"这一动作，但在不同的语言环境中，如果这个动作是甲发出的，就是"授予"，是乙发出的，就是"接受"。"禀"也是如此。"禀性"一词，和"禀赋"大致同义，如《北史·王伽传》："凡在有生，含灵禀性，咸知好恶，并识是非。"陆游《示子遹》："我家稽山下，禀赋良偏奇。"上例"禀"与"含"对举，显示为"承受"之义；下例"禀"与"赋"连用，显示是"赋予"之意。其实，说人的资质是"天赋于人"，或"人受于天"，完全是一回事，只是角度不同罢了。所以"禀性"的"禀"，理解为"承受"和"赋予"都可以。这些词，最初都兼指"施""受"两方面的意义，但这样终究容易造成意义的混淆，所以后来或者是区分为不同的读音（如"假"、"借"），或是进一步写成不同的汉字（如"贷"—"贷"、"受—授"），或是常用于"反向"中的一个意义（如"禀"后来常用于"承受"）。"借"也属于这一类，但它从古到今，都没有产生分化，至今仍是兼指"借出"、"借入"二义。

"乞"、"丐"等词从现有材料来看，是先有"求"义，后有"予"义。但从"求"义产生反向的"予"义的道理，同样是因为"求"和"予"是同一动作的两个方面。

这些词在用读音（有时还用字形）来区别施受两义之后，应该看做是两个词了。而在未加区分时，可以说是一词同时兼具相反的二义，是"反训"。

还有一些词是由使动用法而形成一个新的"反向"的词义，如"内(纳)"，本为收入，又为交纳。"朝"，本为臣朝拜君，又为君朝见臣。"闻"，本为听见，又为报告。这些在前面已经讲过。它们也是"反训"。

(七)有的是词义的引申而形成反义。

词义引申的结果，一般是产生一个和原有义位相近、相类或相关的新义位。但在一些特殊情况下，可以产生出一个和原有义位相反的义位。

(1)《说文》："废，屋顿也。"段玉裁注："古谓存之为置，弃之为废，亦谓存之为废，弃之为置。……废之为置如徂之为存，苦之为快，乱之为治，去之为藏。"

《尔雅·释诂》："废、税、赦，舍也。"郝懿行注："'舍'有二义，……以止息为义，……以舍释为义。……废，屋顿也。盖屋倾顿则人不居，故其义为舍。……《公羊》宣八年传：'去其有声者，废其无声者。'何休注：'废，置也。置者不去也。'以不去为废者，训废为舍，置而不用，亦与去同。是去为舍，不去亦为舍也。"

这是说"置"、"废"、"舍"都有"放置"(或"设置")以及"弃去"二义。这在古书中都能找到例子。

置：① 弃去。《国语·周语》："今以小忿弃之，是以小怒置大德也。"注："置，废也。"

② 设置。《吕氏春秋·孝行》："父母置之，子弗敢废。"注："置，立也。"

废：① 弃去。《左传·襄公二十三年》："天之所废。"

② 放置。《庄子·徐无鬼》："于是乎为之调琴，废一于堂，废

一于室。”释文：“废，置也。”

舍：① 放置。《礼记·檀弓》：“有司以几筵舍奠于墓左。”疏：“舍，释也。”

② 弃去。《论语·雍也》：“犁牛之子骍且角，虽欲勿用，山川其舍诸？”释文：“舍，弃也。”

其实，还不止这些词，另外一些词如“释”，也兼有“设置”和“弃去”二义。

释：① 弃去。《礼记·礼器》：“释回增美质。”注：“释犹去也。回，邪僻也。”

② 设置。《礼记·文王世子》：“春，官释奠于先师。”注：“释奠，设荐馔酌奠而已。”

这种现象确实是很有趣的，由于“反训”，《吕氏春秋·孝行》：“父母置之，子弗敢废。”也可以说成“父母废之，子弗敢置”。为什么会产生这种现象呢？段玉裁在为《说文》中“舍”字作注时说：“凡止于是曰舍，止而不为亦曰舍，其义异而同也。犹置之而不用曰废，置而用之亦曰废也。”所谓“其义异而同也”，是说这些词意义是相反的，但其中又有同的地方。“同”在哪里呢？A置某物于B处，就A来说，是弃之于其手，就B来说，是置之于其处。比如《史记·项羽本纪》：“项王则受璧，置之座上；亚父受玉斗，置之地，拔剑撞而破之。”这里的“（项王）置之座上”，就是段玉裁所说的“置而用之”，是“放置”义，这个“置”不能用“弃”代替；“（亚父）置之地”，就词义来说，“置”仍是“放置”义，但这里是“置而不用”，所以可以用“弃”来代替它，全句意思不变。如果把“置之地”的“地”去掉，成为“亚父受玉斗，置之”，这时“置”就变为“弃去”之义了。为什么？因为这时句中失去了B（地），只剩下A（亚父），对于“亚父”来说，“置”就是“弃去”了。

类似的词义变化，在现代汉语的“放”这个词上也能看到。

“放”可以构成双音词“放弃”，也可以构成双音词“放置”，这两个“放”的“异而同”，是每个说现代汉语的人都可以体会到的。古汉语中“置”、“废”、“舍”、“释”兼具“弃去”和“放置(设置)”二义，道理也是同样的。

(2)《说文》：“扰，烦也。”段注：“引申为烦乱之称。训驯之字依许作‘犪’，而古书多作‘扰’。盖‘扰’得训驯，犹乱得训治，徂得训存，苦得训快，皆穷则变，变则通之理也。”

“扰”字训“乱”又训“驯”，在古书中都有例子：《左传·襄公四年》：“德用不扰。”注：“德不乱。”《周礼·太宰》：“以扰万民。”注：“扰，驯也。”

有人认为训“驯”的“扰”是“犪”的假借字，《说文》：“犪，驯也。”所以不是同一词兼具相反二义。其实这倒不必拘于字形。尽管训“驯”的“扰”在《说文》中作“犪”，但“犪”和“扰”实同一词，应该承认是一词兼具二义的“反训”。问题是这种反训是怎样形成的？段玉裁在《说文》“敽”字下注：“烦曰敽，治其烦亦曰乱也。”这个说法可用来解释“扰”的反训：“扰”本训烦，治其烦亦曰“扰”。这也是一种词义的引申，只不过是比较特殊罢了。在第一章中，我们曾介绍过“衅”的词义的引申：《孟子·梁惠王上》：“将以衅钟。”注：“新铸钟杀牲以涂其衅隙，因以祭之曰衅。”疏：“衅钟之衅谓之衅，亦治乱之乱谓之乱之类也。”《说文》：“衅，血祭也。”段注：“凡坼罅曰衅，……以血涂其衅亦曰衅。”“隙”为“衅”，治其隙亦曰“衅”，这和“扰乱”的“扰”引申为“驯扰”的“扰”是同样的引申过程。“乱”的兼训“治”和“乱”，如果不认为是乿讹变为亂的话，那么，也是同样一种引申过程，正如孙奭疏所说的：“衅钟之衅谓之衅，亦治乱之乱谓之乱之类也。”

(3)“淼”为“大水”义。屈原《哀郢》：“淼南渡之焉如？”注：“淼，大水。”

“渺”为“微小”义。苏轼《赤壁赋》：“渺沧海之一粟。”

“淼”、“渺”虽然写法不同，但实同一词。所以也有人认为这是“反训”。严格地说，“水大”和“微小”不能算反义词，但毕竟一言其大，一言其小，同一个词为什么能兼具这两义呢？

这也是由于词义的引申。引申的中间环节是“辽远”，如柳永《八声甘州》：“望故乡渺邈，归思难收。”由于水大，和对面相隔辽远，因此对面的东西看起来显得微小。

历来所说的“反训”大致可分为以上七类。这七类中，第(一)、(二)、(三)类不是“反训”。第(四)类，更确切地说，应该是褒贬意义的历史变化。第(五)、(六)、(七)三类，确是“反训”。作了这样的区分以后，就可以对“反训”问题作一些总的分析。

(1)“反训”这种现象存在不存在？我们的回答是肯定的。但“反训”的界域必须严格划定，即：一个词同时兼具相反二义。如果不是同一个词，或者不是共时的语言现象，或者并非真正是相反二义，就不能叫“反训”。

(2)为什么会产生“反训”？有一种很常见的解释：这是“事物向对立面转化”的规律在词义方面的反映。也就是说，当人们说到“取”时，自然就想到“予”，说到“放置”时，就自然想到“弃去”，说到“大”时，自然就想到“小”。段玉裁所说的“穷则变，变则通”，大体上也是这个意思。这种说法符合事实吗？

如果词义向反义转化是一条规律的话，那么，它应该有相当大的普遍性。特别是“大”—“小”、“长”—“短”、“轻”—“重”、“好”—“恶”这样一些最典型的反义词，应该最有条件实现这种转化。但是，我们没有看到这种语言事实。

如果说在修辞的“反用”中，词义向对立面转化是一条普遍性的规律的话，那倒是对的。任何一个词，只要进入反话之中，它立即会变成反义。比如说“这间房子真大”，意思就是“这间房子真小”，说“你真是个清官”，意思就是“你真是个贪官”，等等。但是，这只是在具体语境中临时出现的词义，还不能叫“反训”，真正由修辞的反用而形成比较固定的词义的，如前面所说的“冤家”、“可憎”，为数并不多。而且，如前所述，这些“反训”修辞的色彩仍很浓。

把第(六)类中的“反训”看做“词义向对立面转化”也是可以的。但这一类“反训”词的范围有个限制：只限于表示施受关系的词。而它们之所以能反训，是因为古人把施受看做同一动作的两个方面。也就是说，主要是着眼于其“同”(统一)，而不是着眼于其“异”(对立)。就是在现代汉语中，“借”既表示“借出”，又表示“借入”，就其心理基础来说，大概不是由于说话者认识到“出”和“入”是对立的，因此按辩证法可以互相转化，而是认为“你向我借一本书”和“我把一本书借你”是同一个动作，因此不论借出借入都可以用“借”。

至于第(七)类，那就更和“事物向对立面转化”无关。它们只是词义向不同方向引申而产生的一种特殊的结果。要证明这一点，最好的办法是拿类似的词来进行比较。比如，前面曾说过，“置”可以训“弃”，是因为A置某物于B处(特别是当“置而不用”时)，对于A来说，是弃之于其手，对于B来说，是置之于其处，所以，“置”可训“放置”，又可训“弃去”。和这类似的，是“委”这个词。“委”的一个常见的意义是“积也”，如《庄子·养生主》：“如土委地。”但将某物积于某处，积而不用，也就是弃之，所以“委”也有“弃”义，如白居易《长恨歌》：“花钿委地无人收。”这个词义引申的过程是和“置”引申为“弃”一样的。如果说“置”兼具“放置”和“弃去”二义是由于“词义向对立面转化”，那么，按照同一规律，“委”（积也）应该转化成它的反义“散”，但是，这种“转化”并没有发生。应该说，“置”和“委”训“弃”，都是按“放置（或堆积）而不用，是为弃去”这一引申途径而来的，但“委”变化的结果没有成它的反义，而“置”变化的结果恰好成了它的反义。再如，“乱为扰，治乱亦曰扰”和“隙为衅，治（涂）隙亦曰衅”也是同样的引申途径，但引申的结果，“扰”恰好成了它的反义，而“衅”却没有成为它的反义（有人把“衅”的“缝隙”和“涂缝隙”两义也称为“反义”，这是没有道理的）。这都说明这些词义变化的过程并不是照“事物向对立面转化”的规律而进行的。“淼”（渺）兼“水大”和“微小”二义，前面已说过，是经过“辽远”这一中间环节的。正因为如此，所以只有表示“水大”的“淼”（渺）同时又可表示“微小”，而表示“屋大”的“厦”，表示“头大”的“硕”等等，都不具有“微小”的意义，就因为它们缺少“辽远”这个中间环节。如果“淼”是根据对立统一规律由“大”向对立面“小”转化，那么，为什么“厦”、“硕”等就没有条件转化为“小”义呢？

顺便说一句，把“反训”和“对立统一规律”等同起来，认为只要承认辩证法适用于词义，就要承认“反训”是对立统一规律的表现，这种看法是不妥的。毫无疑问，辩证法（包括对立统一法则）是宇宙的普遍法则，当然也适用于词义。比如，前面说过，反义词是既有共同的义素，又有相反的义素，这就是一种“对立统一”。如果认为对立统一法则在词义方面的表现就是词义向它的相反方面转化，这种理解恐怕过于机械。正如对事物的“一分为二”应该有多种“分”法，不能狭窄地理解“一分为二”就是任何事物都要分为“好”和“坏”。

(3)一个词同时兼具相反二义，在交际中会不会引起混乱？这是很可能的。两个相反的意义，有时可以由上下文来区分，有时不容易区分开来。比如《左传·文公二年》说臧文仲有“三不仁”，其中之一是“废六关”。究竟是废弃六关，还是设置六关？单从本句看不出来。杜预注：“凡六关所以禁绝末游而废之。”他是把“废”理解为“废弃”的。但是《孔子家语》作“置六关”，王肃注：“鲁本无此关，文仲置此以税行者，故为不仁。”可见这里已由“反训”而引起理解的混乱。正因为如此，所以，“反训”一般是不能长久存在的，在语言中总要用种种手段把它们区分开来。例如，“假”、“乞”从读音上区分，“受”—“授”、“贠”—“贷”从字形上区分，“置”多用于“放置”，“废”多用于“废弃”，以及现代汉语中“借”和“借给”的区分等等，都是为了不致引起交际中的混淆。所以，从总体来看，“反训”对于语言交际功能是有消极作用的。

第六章　词汇和语音的关系

词是音义相结合而产生的，研究音义关系，是词汇研究中的一个重要问题。

总的说来，音义的结合是任意的。因此，同一个概念，在不同民族的语言中有不同的说法；在同一民族语言的不同历史阶段，也可以有不同的名称。这个道理，早在两千多年以前荀子就已经讲过。《荀子·正名》："名无固宜，约之以命。约定俗成谓之宜。"那种认为音义之间有必然联系的观点是错误的。

但是，这不等于说音义之间毫无关系。在一种语言的基本词汇初步形成以后，在词义引申和新词滋生的过程中，一些(不是全部)意义有关的词往往会在语音上也有联系。沈兼士《声训论》："凡义之寓于音，其始也约定俗成，率由自然。继而声义相依，展转孳乳，先天后天，交错参互，殊未可一概而论。"这话是说得对的。

在音义关系的研究方面，前人做了不少工作。我们今天的任务，是要科学地总结前人的研究成果，在此基础上，把研究推向前进。

第一节　前人对音义关系的探求

(一) 声训

在某些意义相关的词之间，语音也有联系，这一点，古人早就注意到了。反映古人这种认识的，就是所谓“声训”。

“声训”在先秦典籍中就能见到，如《易·说卦》：“乾，健也。坤，顺也。”（“乾”、“健”上古都是群母，元部。“坤”、“顺”上古都是文部。）《论语·颜渊》：“季康子问政于孔子。孔子对曰：政者，正也。子帅以正，孰敢不正？”（“政”、“正”同音）《孟子·滕文公》：“设为庠序学校以教之。庠者，养也。校者，教也。序者，射也。”（“庠”、“养”，上古都是阳部。“校”，匣母宵部，“教”，见母宵部。“序”，邪母鱼部，“射”，船母铎部。鱼铎对转。）《礼记·中庸》：“仁者人也，亲亲为大。义者宜也，尊贤为大。”（“仁”、“人”同音、“义”、“宜”同为疑母歌部。）

从上面的例子可以看出，“声训”是采用“A，B 也”这样的形式，其中，A、B 在语音上相同或相近，B 是用来解释 A 的，但解释的往往不是字面上的意义，而是 A 的性质或作用，也就是 A 的“得名之所由”。比如“乾，健也；坤，顺也”，意思是说，“乾”是刚健的，正因为如此，才称为“乾”；“坤”是柔顺的，正因为如此，才称为“坤”。“政者，正也”，意思是说，“政”是用以“正（人）”的，正因为如此，才称为“政”，等等。这说明古人已认识到这些词之间音义的联系，并已隐约地感觉到它们的派生关系了。

“声训”在《尔雅》中也有。到汉代，“声训”更加盛行。例如《尔雅·释言》：“履，礼也。”（按：《礼记·祭义》：“礼者，履此者也。”《尔雅》义与此相近，意谓履行法则就是礼。）《尔雅·释训》：“鬼之为言归也。”（按：《礼记·祭义》：“众生必死，死必归土，此之谓鬼。”）《尔雅·释器》：“绚谓之救。”（按：《周礼·天官·屦人》：“为赤舄、黑舄、赤繶、黄繶、青句、素屦、葛屦。”注：“绚谓之拘，著舄屦之头以为行戒。”“绚”是鞋头上的装饰，有孔可以穿带。说“绚谓之拘”，意思是“绚”有拘束作用。救，止也，与“拘”义近。)《说文》：“天，颠也。”“日，实也。”“月，阙也。”“君，尊也。”“户，护也。”“马，怒也，武也。”“门，闻也。”“驯，马顺也。”《白虎通·三纲六纪》：“夫者，扶也，以道扶接也。妇者，服也，以礼屈服也。”

汉人注释也多采用声训。如《论语·季氏》：“吾恐季孙之忧，不在颛臾，而在萧墙之内也。”郑玄注：“萧之言肃也。墙谓屏也。君臣相见之礼，至屏而加肃敬焉，是以谓之萧墙。”

这些训释，有的是对的，如“驯，马顺也”，“驯”和“顺”确实在语源上相同。有的是不对的，如“马，怒也，武也”，“马”和“怒”、“武”实际上并没有什么联系，这种联系只是许慎(或汉人)的一种主观猜测。像《白虎通》那样解释“夫”、“妇”，显然更是荒谬。

东汉末刘熙作《释名》，是集声训之大成。刘熙在《释名》序中对他著书的目的说得很明确：“夫名之与实，各有义类，百姓日称而不知其所以之意，故撰天地阴阳四时邦国都鄙车服丧纪下及民庶应用之器，论叙指归，谓之《释名》。”就是说，这部书是为了解释万物所以称名之意的。换句话说，就是他认为“名”与“实”之间有必然关系，而不是“约定俗成”的，所以他要对事物命名之由一一加以解释。这个大前提，他首先就错了，因此，尽管在具体的训释上也有一些说对的地方，但多数是说错了的。正如《四库全书总目提要》批评的那样：“其书以同声相谐推论称名辨物之意，中间颇伤穿凿。”下面举一些例子：

《释名·释天》：“宿(按：此为‘二十八宿’之‘宿’)，宿也。星各止宿其处也。”

《释名·释天》：“雾，冒也。气蒙乱覆冒物也。”

《释名·释形体》：“胫，茎也。直而长似物茎也。”

《释名·释姿容》：“负，背也。置项背也。”

《释名·释言语》:"发,拨也。拨使开也。"

《释名·释首饰》:"梳,言其齿疏也。数言比(按:此义后来写作'篦')。比(篦)于梳其齿差数也。比(篦)言细相比也。"

这些都说得有些道理,只是"发,拨也"条应倒过来,说"拨,发也"(即不应认为"发"是由"拨"孳生的,而应认为"拨"是由"发"孳生的)。有一些解说就很荒谬了。如《释名·释天》:"雨,羽也,如鸟羽动则散也,雨水从云下也。"《释名·释长幼》:"女,如也,妇人外成如人也。故三从之义,少如父教,嫁如夫命,老如子言。"(按:"如"为"随从"义。)这样的例子极多,就不一一列举了。

但《释名》尽管谬误处不少,它毕竟是古人探求音义关系的一种尝试。在学术发展史上,有时一种失败的尝试也是有意义的。第一,它至少是想朝这个方向迈出一步。第二,它的失败可以给后人提供教训,使后人不再重犯。所以,对《释名》在语言学史上的地位,是不能完全予以否定的。

"声训"最容易犯的一个毛病,是主观任意性。本来,上古汉语以单音词为主,同音词已经不少,加上音近、音转,数量就更多。在众多的音同、音近、音转的词中,要找出与某字意义相同、相近或相关的词来,可以说是轻而易举的。就是意义差得很远的词,如果勉强加以牵合,也可以构成声训,如《释名》的"雨,羽也"就是如此。有时候,同一个词还可以有多种声训,如《礼记·射义》:"射之为言者绎也。或曰舍也。绎者,各绎己之志也。"疏:"绎,陈也。舍,中也。"《释名·释天》:"天,豫司兖冀以舌腹言之,天,显也,在上高显也。青徐以舌头言之,天,坦也,坦然高而远也。"《说文》:"木,冒也,冒地而出。东方之行。"《释名·释天》:"木,冒也,华叶自覆冒也。"《风俗通》:"江者贡也,珍物可贡献也。"《释名·释水》:"江,公也，诸水流入其中所公共也。”同一个词，既可声训为此，又可声训为彼；某甲可声训为此，某乙可声训为彼。这种情况，明显地反映出“声训”的主观随意性。如果深入一步看，那么，造成这种主观随意性的原因又有两点：(1)观念的错误。以为“名”与“实”之间是有必然关系的，因此对任何一个词都要找出“命名之由”，这样就必然产生牵强附会。(2)方法的不当。只是寻求某两个词之间音义的联系，而不是探求一组词之间音义的联系，这样分散的、孤立的考察，就更容易陷入主观任意性。

（二）右文说

“右文说”比声训进了一步，它考察的是一组词之间音义的联系。

最早注意到这种联系的是晋代的杨泉。杨泉《物理论》：“在金曰鋻，在草木曰紧，在人曰贤。”（《艺文类聚·人部》引）意思是“鋻”、“紧”、“贤”三字都有“坚”、“刚”之义。（《说文》：“紧，缠丝急也。”“鋻，刚也。”段玉裁注：“坚者，土之臤。紧者，丝之臤。鋻者，金之臤。”“贤”与“能”同义，谓人之坚强有力者。）而且都从“臤”声。“臤”本身的意思就是“坚”，（《说文》：“臤，坚也。”）它不但表音，而且表义。

其实，杨泉所注意到的这种现象，在《说文》中也有反映。《说文·句部》：“句，曲也。”“拘，止也，从手句，句亦声。”“笱，曲竹捕鱼笱也。从竹句，句亦声。”“钩，曲钩也，从金句，句亦声。”《说文·丩部》：“丩，相纠缭也。”“茻，草之相丩者。从茻丩，丩亦声。”“纠，绳三合也。从糸丩，丩亦声。”“句”部的字都从“句”得声，又都有“曲”义，“丩”部的字都从“丩”得声，又都有“纠缭”义，这情形和“鋻”、“紧”、“贤”是一样的。《说文》之所以没有把它们分属手部、竹部、金部、茻部、糸部，而把它们单独归部，也正是看重它们音义之间的联系，只是没有明确地说出这一点罢了。

“右文说”的名称是由宋代王圣美提出来的。王圣美有《字解》二十卷，今已佚。他的见解见于《梦溪笔谈》的记载：

> 《梦溪笔谈》卷十四：“王圣美治字学，演其义为右文。古之字书皆从左文，凡字，其类在左，其义在右，如木类，其左皆从木。所谓右文者，如戋，小也。水之小者曰浅，金之小者曰钱，歹而小者曰残，贝之小者曰贱。如此之类，皆以‘戋’为义也。”

张世南、王观国的意见与此相近：

> 张世南《游宦纪闻》卷九：“自《说文》以字画左旁为类，而《玉篇》从之。不知右旁亦多以类相从。如‘戋’有戋小之义，故水之可涉者为浅，疾而有所不足者为残，货而不足贵重者为贱，木而轻薄者为栈。‘青’字有精明之义，故日之无障蔽者为晴，水之无溷浊者为清，目之能明见者为睛，米之去粗皮者为精。凡此都可类求，聊述两端，以见其凡。”
>
> 王观国《学林》卷五：“卢者，字母也。加金则为鈩，加目则为眬，加黑则为黸。凡省文者，省其所加之偏旁，但字母则众义该矣。亦如田者字母也，或为畋猎之畋，或为佃田之佃，若用省文，惟以田字该之。他皆类此。”

汉字中的形声字，一般都是左边为义符，右边为声符。《说文》、《玉篇》等都以为义符表义，因而以义符为类来给字分部。“右文说”恰恰相反，认为右旁（声符）表义（如“戋”均表示“小”义），左旁（义符）表类（如“小”有许多“类”，水类之小为“浅”，金类之小为“钱”等等）。

从表面上看，“右文说”只是把“左旁表义”改为“右旁表义”，是一种标新立异之说，而且，也不大符合汉字的事实（因为并非所有的声符都能表义），但是，实质上，“右文说”包含了一个重要的观点：某些声符相同的字，其意义也相同。这种认识比“声训”进了一步，因为它不是拿单个的词的音义相比较，而是注意到一组音同或音近的字在意义上的联系。沈兼士在《右文说在训诂学上的沿革及其推阐》一文中，把"声训"和"右文说"的不同概括为：

声训，如果是同"声母"（即王观国所说的"字母"，指形声字中的声旁）相训，那么有以下三种情况：

(1) ax:x　如"政者，正也"。

(2) x:ax　如"发，拨也"。

(3) ax:bx　如"驯，顺也"。（例子为本书作者所加。下同。）（x 代表"声母"，a、b 代表义符。）

右文说的公式则为：

(ax:bx:cx:dx……):x　如：从"浅、钱、残、贱……"诸字中找出"声母"戔。

这个概括是有道理的。

比王圣美、张世南、王观国等人稍后，宋末元初的戴侗也有类似的意见：

戴侗《六书故·六书通释》："六书类推而用之，其义最精。'昏'本为日之昏，心、目之昏犹日之昏也，或加'心'与'目'焉。嫁娶者必以昏时，故因谓之昏，或加'女'焉。'熏'本为烟火之熏，日之将入，其色亦然，故谓之曛黄，《楚辞》犹作纁黄，或加日焉。帛之赤黑者亦然，故谓之熏，或加'糸'与'衣'焉。饮酒者酒气酣而上行，亦谓之熏，或加'酉'焉。夫岂不欲人之易知也哉？然而反使学者昧于本义。故言'婚'者不知其为用昏时，言日曛者不知其为熏黄，言纁帛者不知其为赤黑。它如厉疾之厉别作'疠'，则无以知其为危厉之疾，厉鬼之厉别作'禲'，则无以知其为凶厉之鬼。梦厌之厌别作'魇'，则无以知其由于气之厌塞，曽且之曽别作'痈'，则无以知其由于气之曽底。永歌之永别作'咏'，则无以知其声犹水之衍永。璀粲之粲别作'璨'，则无以知其色犹米之精粲。"

戴侗是从"字"的角度谈的，但他说"昏"用于心为"惛"，用于目为"睧"，用于嫁娶为"婚"等等，实际上就是词的孳乳过程，在这过程中，几个意义有关的词，往往是用同一"声母"，即是同一读音。王圣美等人是从一个平面来读“浅”、“钱”、“残”、“贱”的关系的，而戴侗则是从词的孳乳过程来谈的（虽然他自己并没有明确地意识到这一点），相比起来，又是进了一步。

宋人的“右文说”，在音义关系的研究方面是一个发展，但也存在很大的缺陷。(1)对音义关系的研究，实际上就是对同源词的研究。汉语的同源词写成汉字，有的是同一“右文”，有的不是同一“右文”，甚至在文字形体上毫不相干。而“右文说”只着眼于“右文”，这就把同源词研究的范围缩小了。这仍然是受到文字形体的束缚。(2)另一方面，“右文”有的表义，有的并不表义。后一种情况，就是音义的任意结合。如“江”、“河”二字，其“右文”“工”和“可”究竟有什么意义？虽然有人强为之解（如说“工”表示直，所以“杠”从“工”；“可”表示曲，所以“柯”从“可”），但终属臆说。如果“右文”都能表义，那就是音义有必然联系了。“右文说”看到了“戋”、“卢”等“右文”的表义作用这是对的，但由此得出结论，说“凡字，其类在左，其义在右”，一说“凡字”，就把局部夸大为全体，又从真理走向谬误了。(3)对于“右文”的分析，也不够深入。即以王观国所说的“字母”“卢”为例。以“卢”为声旁的，实际上不止表示“黑”义，而是可分为下面几组：

① 卢（黑也）、黸、胪、狞、鸬、泸。

② 卢（饭器也）、炉、垆、鲈、铲、庐。

③ 芦（苇也）
④ 栌（柱上柎也）
} 与上二类均不相关。

第一组。上古称黑为“卢”（从文字上说这是一个“本无其字”的假借字，后来为此造一专用字“黸”），因此黑眼珠叫“胪”，黑狗叫“狞”，黑色的鱼鹰叫“鸬”，泸水黑，故亦曰“泸”。这是一组同源词。

第二组。《说文》：“卢，饭器也。”这是“卢”的本义。饭器与火炉形似，故火炉亦称“炉”；锻铲亦称“铲”。酒罏与锻铲形似，故亦称“罏”（也写作“垆”）。“炉”是“火所居”（见《文选·广绝交论》引《声类》），庐舍是人所居，故庐舍称“庐”，这是另一组同源字。

以上两组，每组中的词都是音义有关的。但“卢”这个音在语言中也可以用来称呼与上述两组无关的事物，只要“约定俗成”即可，因此又有“芦”和“栌”这两个词，它们与上述两组均无联系，彼此意义也不相干。这两个词是音义的任意结合，它们的“右文”并无表义作用。

到清代，黄承吉主张“字义起于右旁之声”，又把“右文说”的范围加以扩大。

> 《梦陔堂文集·字义起于右旁之声说》：“六书之中，谐声之字为多。谐声之字，其右旁之声必兼有义，而义皆起于声，凡字之以某为声者，皆原起于右旁之声义以制字，是为诸字所起之纲。其在左之偏旁部分（或偏旁在右在上之类皆同），则即由纲之声义而分为某事某物之目。……纲为母而目为子，凡制字所以然之原义，未有不起于纲者。古者事物未若后世之繁，且于各事各物未尝一一制字，要以凡字皆起于声，任举一字，闻其声即已通知其义。是以古书凡同声之字，但举其右旁之纲之声，不必拘于左旁之目之迹，而皆可通用。并有不举其右旁为声之本字，而任举其同声之字，即可用为同义者。盖凡字之同声者，皆为同义。声在是，则义在是，是以义起于声。”

在古书中，“闢”、“僻”、“避”、“嬖”、“譬”等义都可以写作“辟”，这是对的；但不能说“辟”就是这些字的“纲”。在古人谈话的时候，“闢”、“避”等词音同或音近，它的字形上的区别，在语音上体现不出来，听话者“闻其声即已通知其义”，这也是对的；但这不是由于“同声即同义”，而是因为有上下文来决定这个声代表的是什么义。所以，他的结论“凡字之同声者，皆为同义”是错误的。比起宋人来，他不但没有把音义关系的研究推向前进，反而比宋人说得更加绝对，因而把“右文说”中的消极因素更加扩大了。

（三）清代和近代学者对音义关系的研究。

清代是文字、音韵、训诂全面发达的时代，清代的一些学者在音义关系的研究方面作出了很大贡献。

首先，我们在第一章中已经讲过，清代学者冲破了控制小学研究一千七百多年的重形不重音的藩篱，提出了“训诂音声，相为表里”（戴震《六书音韵表序》），“学者之考字，因形以得其音，因音以得其义；治经莫重于得义，得义莫切于得音”（段玉裁《广雅疏证序》），“就古音以求古义，触类引申，不限形体”（王念孙《广雅疏证自序》）这样一些原则。根据这些正确的原则，他们在音义关系的具体研究中，也比前人跨进了一大步。下面以段玉裁、王念孙为代表来作一些介绍。

段玉裁在《说文解字注》中多次讲到音义关系。据沈兼士统计，仅根据“右文”来说明词义的就有68处。值得注意的有如下几点：

（1）同一声旁可以表示不同的意义。如《说文》：“犥，牛黄白色。”段注：“黄马发白色为驃。票麃同声。然则犥者，黄牛发白色也。《内则》：‘鸟皫色’，亦谓发白色。”《说文》：“票，火飞也。”段注：“此与熛音义皆同。……引申为凡轻锐之称。”《说文》：“蔈，……一曰末也。”段注：“金部之镖，木部之標，皆训末，蔈当训草末。”可见，“票”这个声旁可以表示三个意义：① 白色；② 轻锐；③ 末端。

（2）同一声旁的字可以有相同的意义，但这个意义未必和声旁字的意义一致。《说文》：“裣，交衽也。”段注：“凡金声、今声之字皆有禁制之义。”所谓“金声、今声之字皆有禁制之义”，指的是：“唫”为闭口，“衔”为马勒口，“顉”为低头，“趛”为低头疾行，“捦”为急持衣襟等。“裣”为“交衽”，衽前后幅相交，也有禁持之义。但

“金”本身却没有“禁制”义。又如上例，从“票”的字可以有“白色”义，有“末”义，而“票”本身并无这些意义。

以上两点对“声旁”的分析，比宋人的“右文说”深入了一步。

(3) 音同义近不一定声旁相同。

如前面所举的从“票”的“骠”和从“麃”的“皫”音同，故均有“白色”义，“票”、“麃”字形不必相同。

又如《说文》：“钦，欠貌。从欠，金声。”段玉裁注：“钦歁欿歉皆双声叠韵字，皆谓虚而能受也。”

又，《说文》：“虇，弓曲也。”段注：“陆德明云：‘说文音权。’然则与拳曲音义略同。《尔雅》曰：‘莬蒵其萌虇。’陆云：‘本或作“虇”，非。虇，《说文》云“弓曲也”。’按，偏旁多后人所加，作虇者，正是古本。草初生句曲也。”这是说“虇”“拳”音同义近。

像这样一些分析，已经不限于“右文”的范围，而是打破了字形的束缚，涉及对字形不同的同源词的探求了。

段玉裁对音义关系的分析论断也有以偏概全之处。如《说文》：“诐，辨论也。”段注：“此诐字正义。皮，剥取兽革也。柀，析也。凡从皮之字皆有分析之义，故诐谓辨论也。”这个说法就不免武断。“诐”、“柀”固然可以说有分析之义，但“波”、“颇”、“被”等均无分析义，所以说“凡从皮之字皆有分析之义”就说过了头。在《说文》段注中，类似的地方还不少。

王念孙《广雅疏证》中有很多对音义关系的精辟分析，这里仅谈两个方面：

(1)《广雅疏证》中对若干词之间的关系多所论述，有的牵涉到词义之间的引申关系。如：

《广雅·释诂》：“奄，大也。”疏证：“大则无所不覆，无所不有。故大谓之幠，亦谓之奄；覆谓之奄，亦谓之幠；有谓之幠，亦谓之抚，亦谓之奄；矜怜谓之抚掩。义并相因也。”

《广雅·释诂》：“虞、抚，有也。”疏证：“有与大义相近，故有谓之厖，亦谓之方，亦谓之荒，亦谓之幠，亦谓之虞。大谓之厖，亦谓之方，亦谓之荒，亦谓之幠，亦谓之吴。吴虞古同声。”

这是说“厖”、“荒”、“方”是“大”的意思，“幠”、“虞”是“有”的意思，“奄”是“覆”的意思。但因为“大”、“有”、“覆”义相通，所以“厖”、“荒”、“方”、“幠”、“虞”既有“大”义，又有“有”义（只是在表示“大”的时候写作“吴”，不写作“虞”）；而“幠”、“奄”既有“大”义，又有“有”义，又有“覆”义。

还有不少是涉及音义关系的。举例说明如下：

《广雅·释诂》：“佳，大也。”疏证：“佳者，善之大也。……《大雅·桑柔》笺云：‘善，犹大也。’故善谓之佳，亦谓之介；大谓之介，亦谓之佳。佳、介，语之转耳。”

《广雅·释诂》：“封，大也。”疏证：“封、坟语之转。故大谓之封，亦谓之坟；冢谓之坟，亦谓之封。冢亦大也。”

《广雅·释诂》：“戾，善也。”疏证：“郑注大学云：‘戾之言利也。’利与善义亦近。故利谓之戾，亦谓之赖；善谓之赖，亦谓之戾。戾赖语之转。”

所谓“语之转”指的是两字双声。“佳”、“介”双声，都可以训“善”，训“大”；“封”、“坟”双声，都可以训“大”，训“冢”；“戾”、“赖”双声，都可以训“利”，训“善”。“佳”和“介”，“封”和“坟”，“戾”和“赖”，尽管字形不同，但声近义同，用今天的话说，是同源词。

《广雅·释诂》：“遾、荒、裔，远也。”疏证：“凡远与大同义。远谓之荒，犹大谓之荒也。远谓之遐，犹大谓之假也。远谓之迂，犹大谓之讶也。……裔与遾声相近，远谓之裔，亦谓之遾；水边谓之澨，亦谓之裔，义相近也。”

《广雅·释诂》：“讶、幠、磔、彉，张也。”疏证：“凡张与大同义。张谓之幠，亦谓之扜，犹大谓之幠，亦谓之讶也。张谓之磔，犹大谓之袥也。张谓之彉，犹大谓之廓也。”

《广雅·释诂》:“捊,取也。”疏证:“取之义近于聚。……取谓之捊,犹聚谓之裒也。取谓之掇,犹聚谓之缀也。取谓之捃,犹聚谓之群也。”

《广雅·释诂》:“皇、贲、肤、将,美也。”疏证:“美从大,与大同义。故大谓之将,亦谓之皇;美谓之皇,亦谓之将;美谓之贲,犹大谓之坟也;美谓之肤,犹大谓之甫也。”

在上述诸例中,王念孙虽然没有说某字与某字为“语之转”,但意思还是很清楚的:“遐”和“假”、“迂”和“訏”、“邈”和“裔”、“扜”和“訏”、“磔”和“袥”、“廣”和“廓”、“捊”和“裒”、“掇”和“缀”、“捃”和“群”、“贲”和“坟”、“肤”和“甫”,甚至“皇”和“将”(均为见组阳部)都是音义相近的同源词。

《广雅·释诂》:“俺,爱也。”疏证:“《方言》:‘亟、怃、俺,爱也。东齐海岱之间曰亟,自关而西秦晋之间凡相敬爱谓之亟,宋卫邠陶之间曰怃或曰俺。’……‘俺’、‘爱’一声之转,爱之转为俺,犹薆之转为掩矣。”

《广雅·释诂》:“㥯,哀也。”疏证:“《孟子·梁惠王》篇云:‘若隐其无罪而就死地。’隐与㥯通,㥯、哀一声之转。哀之转为㥯,犹薆之转为隐矣。”

这两条很值得注意。“薆”是“隐蔽”之义,与“隐”、“掩”同义。而“俺”有“爱”义,“隐”有“哀”义,则比较少见。王念孙解释为什么“爱”可叫做“俺”、“哀”可叫做“㥯”(古书中写作“隐”)时说:既然“薆”可音转为“掩”,那么“爱”就可音转为“俺”;既然“薆”可音转为“隐”,那么“哀”就可音转为“㥯”。也就是说,音为A的甲词可音转为A′,那么,同样音为A的乙词也可音转为A′。这种现象有没有普遍性?这是有待于进一步研究的。

(2) 古汉语中有一些词不但字形不同,读音略异,而且有的是正言,有的是倒言,有的是单音,有的是复音,表面上看来很不相同。而王念孙根据音义关系把它们联系在一起,实际上,这就是对同源词或词族的研究。例如:

《广雅·释器》:“枸篓、隆屈、筱、篷、簦笼,軬也。”疏证:“此谓盖弓也。《方言》:‘车枸篓,宋魏陈楚之间谓之筱,或谓之簦笼。自关而西秦晋之间谓之枸篓,西陇谓之楢,南楚之外谓之篷,或谓之隆屈。’郭注云:‘即车弓也。’‘楢’与‘軬’同。《释名》云:‘軬,藩也。藩蔽雨水也。’《说文》作‘辀’,云:‘淮阳名车穹隆辀。’《四民月令》有‘上犊车篷軬法’,见《齐民要术》。枸,各本讹作‘拘’,今订正。枸篓者,盖中高而四下之貌。山颠谓之岣嵝,曲脊谓之痀偻,高田谓之瓯窭,义与‘枸篓’并相近。倒言之则曰偻句。昭二十五年《左传》:‘臧会窃其宝龟偻句。’龟背中高,故有斯称矣。‘枸篓’或但谓之‘篓’。《玉篇》:‘篓,车弓也。’《汉书·季布传》:‘置广柳车中。’李奇注云:‘广柳,大隆穹也。’‘柳’与‘篓’通。隆屈,犹偻句也。张衡《西京赋》云:‘终南太一,隆崛崔崒。’是其义也。《释名》谓车弓为隆强,云:‘隆强言体隆而强也。’‘强’亦‘屈’也。犹《汉书》言‘屈强’矣。簦笼,《说文》作‘穹隆’,倒言之则曰隆穹。故李奇《汉书》注云:‘广柳,大隆穹也。’司马相如《大人赋》云:‘诎折隆穷,蠼以连卷。’是其义也。或但谓之簦。《玉篇》:‘簦,姑篓也。’‘姑篓’即‘枸篓’之转。《考工记》谓之弓。弓,亦穹也。故《释名》云:‘弓,穹也。张之穹隆然也。’《方言》注云:‘今呼车之弓为筱。’音‘巾帼’。《后汉书·乌桓传》注云:‘帼,妇人首饰也。’《释名》作‘簂’,云:‘簂,恢也。恢廓覆发上也。’与车弓谓之筱同义。《方言》注云:‘今通呼车弓为篷。’《广韵》:‘篷,织竹夹箬覆舟也。’与车弓之篷亦同义。”

“軬”是车盖的弓,即车盖上弯曲的架子。在不同的方言中,或称为“枸篓”、或称为“隆屈”,或称为“筱”,或称为“篷”,或称为“簦笼”。《广雅》记录了这一语言现象,而王念孙则解释了“命名之由”,并说明了它们和其他相关词语的联系。在语言中,表示“中高而四下”的有一组词:

枸篓(用于车)、岣嵝(用于山)、痀偻(用于人)、瓯窭(用于田)、姑篓(“枸篓”之音变)——声母为 K-L-[1]

---

① 对声母的分析,为本书作者所加。

倒言之则为：

偻句（按：今称人驼背为"罗锅"，其实就是"偻句"。）——声母为 L-K-

单言则为：

篓、柳（"篓"之音变）——声母为 L-

亦可称为：

篝笼、穹隆——声母为 K-L-

倒言之则为：

隆屈、隆强、隆穹（名词）、隆穷（形容词）——声母为 L-K-

或单言为：

弓、篌、簋——声母为 K-

所以，这些词实际上都是有关联的。这样的分析，真可以说是"触类引申，不限形体"了。

近代一些学者继续对音义关系进行研究。其中比较重要的一点是谐声偏旁的假借。

章炳麟《文始·略例》："夫同音之字，非止一二，取义于彼，见形于此者，往往而有。若农声之字多训厚大，而农无厚大义；支声之字多训倾斜，而支无倾斜义。盖同韵同纽者别有所受，非可望形为谕。"他认为从"农"诸字如"浓"、"醲"、"秾"等多有"厚"义，是受义于"乳"。"乳"、"农"古声韵通，所以以"农"为声旁。从"支"诸字如"歧"、"跂"、"敧"等多有"倾斜"义，是受义于"丂"，丂孳乳为"歧"。

段玉裁认为"朸"、"阞"、"泐"诸字皆从"力"得义。《说文》："力，筋也。"段注："人之理曰力，故木之理曰朸，地之理曰阞，水之理曰泐。"而刘师培认为"理力双声，理音转力。从力得声，仍取理

义也。”（刘师培《字义起于字音说》）

尽管一些具体例子尚可商榷，但“谐声偏旁假借”这种说法是可以成立的。如“棅”本受义于“秉”，器物可秉执处为“棅”，但后来“棅”写作“柄”，其谐声偏旁“丙”显然与“柄”的意义无关，可认为是“秉”的假借。又如“氧气”本写作“养气”，“氧”的声旁“羊”与字义无关，可看做是“养”的假借。上面说过，“黸”、“矑”、“獹”、“泸”等字均有“黑”义，而“卢”的本义是“饭器”，显然与“黑”义无关。但在语言中“卢”可表“黑”义，这是“卢”的假借义，只不过是“本无其字”的假借。“矑”、“獹”等以“卢”为声旁，这也可以看做是一种“声旁假借”，只不过“卢”独立成字时也有“黑”义，而“丙”、“羊”、“力”在独立成字时并无“秉”、“养”、“理”义罢了。

清代和近代的学者还从理论上探讨了音义关系。上面说过，戴震、段玉裁、王念孙等人对音义关系有很精辟的见解，在语言学史上有很重要的地位。但是，也有一些学者把一定范围内才具有的“声近义同”看成了音义之间的必然联系，从而导致了谬误。

如陈澧主张“声象乎义”说。《东塾读书记·小学》：“盖天下事物之象，人目见之则心有意，意欲达之则口有声。意者，象乎事物而构之者也；声者，象乎意而宣之者也。……如‘大’字之声大，‘小’字之声小，‘长’字之声长，‘短’字之声短。又如说‘酸’字如口食酸之形，说‘苦’字如口食苦之形，说‘辛’字如口食辛之形，说‘甘’字如口食甘之形，说‘咸’字如口食咸之形。”

刘师培推阐黄承吉的“凡字之同声者皆为同义”之说，进一步认为：“之耕二部之字，其义恒取于挺生，支脂二部之字，其义恒取于平陈，歌鱼二部之字，其义多近于侈张，侯幽宵三部之字，其义多符于敛曲。推之蒸部之字，象取凌逾，谈部之字，义邻隐狭，真元之字，象含联引，其有属于阳侵东三部者，又以美大高明为义。则同部之字，义恒相符。”（见《左盦集·古音同部之义多相近说》）对于陈澧的“声象乎义”说，他也加以发挥。

近人刘赜有《古声同纽之字义多相近》一文，认为明母字（包括中古的微母字）均有“末”义。而且论证说：“发音部位始于喉而终于唇，明纽又居唇音之末，其声即含末义，其发声以吻，吻即口之末也。”

这样一些观点，在理论上是错误的，与事实也不相符。例如，“明”是明母、阳部，那么，它究竟应该是表示“微末”之义呢？还是表示“高明美大”之义？“盲”在上古也是明母、阳部，那么它表示的意义是否和“明”应该相同呢？这些错误观点，我们今天不应再重复。段王诸人也有滥用“因声求义”的，对此我们也不应盲从。

第二节　关于同源词的研究

（一）什么叫同源词。

同源词是同一语源的词，这些词的读音相同或相近，词义相同或相关。

比如，长（长短）、长（生长）、张、胀、帐、粻、涨、掌、丈，是一组同源词。

“长”（长短）和“长”（生长）虽然写作一个汉字，但读音和意义都不同，是两个词。可是这两个词是同源词。它们语音上有联系：上古都是阳部，声母一为定母，一为端母。意义也相关：生长的结果就变长。

“张”的本义是“施弓弦”（见《说文》），施弓弦要把弓弦拉长，所以意义和“长”有关。引申为“张挂”。如《荀子·劝学》:“是故质的张而弓矢至焉。”又为“张大”,如《左传·昭公十四年》:“臣欲张公室也。”

张挂起来的帷幕叫“帐”,最初就写作“张”。如《史记·高祖本纪》:“高祖复留止,张饮三日。”“张”就是后来的“帐”。张挂于弓外的套子叫“韔”。

水满叫“涨”,肚子涨满叫“胀”。“胀”本来也作“张”。如《左传·成公十年》:“将食,张,如厕。”注:“张,腹满也。”“涨”也可以写作“张”。如《资治通鉴》卷六十五:“顷之,烟炎张天。”

“掌”是手掌。《说文》:“掌,手中也。”朱骏声曰:“张之为掌,卷之为拳。”

“丈”是年长者。《大戴礼记·本命》:“丈者,长也。”

从语音上看,这些词上古都是阳部,“长”(长短)、“丈”是定母,“韔”是透母,“掌”是章母,其余都是端母,语音也是相近的。

所以,这一组词尽管从字形上看有的是一个字,有的同一声旁,有的不同字形,但它们都是同源词。

这是对“同源词”的简单的介绍,有关同源词的一些问题,下面还要再谈。

(二)昔人对同源词的研究。

上一节说过,清代学者段玉裁、王念孙对音义关系的研究,有些实际上已经涉及同源词了。不过,他们的研究都还不是系统的。王念孙《释大》一书,取《尔雅·释诂》:“弘、廓、宏、溥……,大也。”以及《小尔雅》、《广雅》、毛传等处训“大”之字加以解释。此书没有写完,现存只有八卷,按见溪群疑影喻晓匣八母排列,共176字。如:

冈，山脊也；亢，人颈也。二者皆有"大"义。故山脊谓之冈，亦谓之领，人颈谓之领，亦谓之亢。强谓之刚，大绳谓之纲，特牛谓之犅，大贝谓之魧，大瓮谓之瓬，其义一也。冈、颈、劲，声之转。故强谓之刚，亦谓之劲，领谓之颈，亦谓之亢。大索谓之緪、冈、緪、亙声之转，故大绳谓之纲，亦谓之緪，道谓之堩，亦谓之䀪。(《释大·第一上》)

这已是较系统的同源词研究了，但是只限于"大"义。

对同源词全面进行研究的，是章炳麟的《文始》。他以《说文》中的独体字为"初文"(如"人"、"木"等)，以《说文》中虽为独体，而为其他独体发展而来的为"准初文"(如"果"为"木"上加田，"匕"为"人"之倒置等)，共得510字，认为其他文字都从这些初文和准初文演变而来。又用语音的旁转、对转来说明其变化，凡音义相近的叫"孳乳"，音近义通的叫"变易"。如：

《说文》："干，跨步也。"……变易为"过"，度也。……旁转鱼则为"跨"，所以跨谓之"胯"，股也。旁转支则为"趌"，半步也。所以趌谓之"奎"，两髀之间也。近转泰则为"越"，度也；为"远"，逾也，与于属之粤相系。干在本部又孳乳为"骑"，跨马也，古音如柯，以跨步，故转为跨马。又孳乳为"徛"，举胫有渡也，以跨故转为渡。……

《文始》有两个大缺点：(1)他研究的是同源词，却以"初文"、"准初文"为词义孳乳、变易的起点，这就把"字"、"词"混为一谈，这是一个根本性的错误。其实，真正是语源词的不一定是"初文"，"初文"也不一定是语源词，这个道理至为明显，不用多说。(2)他的音转，有时过宽，对词义孳乳的解释，有时也显得牵强。而且章氏拘守《说文》，不愿意以甲骨文、金文纠正《说文》之误，所以《说文》错了，他也跟着错。这些在王力《同源字论》中都有中肯的批评，这里不详说。不过，无论如何，《文始》总是系统研究同源词的一部著作，其创始之功是应该肯定的。

瑞典汉学家高本汉著有 *Word Families in Chinese*，张世禄

汉译本译为《汉语词类》，是一部研究汉语词族的著作。他依据自己构拟的上古音，按起首辅音和收尾辅音的配合列成十个表，把两千多词语分别列入表内，在同一表内又按意义分为若干类集。高本汉自己说：

> 列出的各表，其用意所在，千万不要误会。要肯定各类里的语词都"是"亲属的，我现在还差得很远，我的意思只是说它们是"可以测定"为亲属的。……所以各个小小的"亲族词类"只须认为是一种框子，包含着的材料将来是要从中使行选择的。确定的结果只能依据比较印度支那语的研究才可以得到的，因为语音上的符合有时候很容易是似是而非的。……所以这种的类集，充其量，也只有一部分可以说是真正的语词族类，其他许多的符合依理只是由于偶然的。

可见，高本汉自己也不认为每一类集中的词就都一定是同源词。不过，即使作为"供选择用"而列出的类集，也做得过于粗疏。王力先生说："章炳麟所有的两大毛病——声音不相近而勉强认为同源，意义相差远而勉强牵合，——高本汉都有，而且高本汉的汉文水平比章炳麟差得多（许多汉字都被他讲错了）。"此外，高本汉讲词义的联系，没有古代书面训诂资料和其他例句作为证明，这也使他的解释流于主观。

日本汉学家藤堂明保著有《汉字语源字典》。共收三千多汉字，分为223个"单词家族"，按上古音韵部系统排列，阴阳入相配。它主要的依据是朱骏声《说文通训定声》，在字形上参照了甲骨文、金文，对汉语同源词的研究有参考价值。

王力先生《同源字典》是在总结前人对同源词的研究成果和吸取前人研究中的教训的基础上进行的。为了纠正章炳麟、高本汉讲同源字时"声音不相近而勉强认为同源，意义相差远而勉强牵合"的毛病，王力先生从三个方面对同源词作了严格的规定：

(1)“同源字必然是同义词,或意义相关的词。”具体地说是:(a)完全同义,(b)微别,(c)各种关系(如动作和工具的关系,动作和对象的关系,事物和性质、作用的关系,共性关系,特指关系,等等,共有十五种关系)。

(2)“同源字还有一个最重要的条件,就是读音相同或相近。而且必须以先秦古音为依据。”“这就是说,必须韵部、声母都相同或相近。如果只有韵部相同,而声母相差很远,如‘共 giong’、‘同 dong’;或者只有声母相同,而韵部相差很远,如‘当 tang’、‘对 tuət’,我们就只能认为是同义词,不能认为是同源词。”具体地说,声母或是双声,或是准双声,或是旁纽,或是准旁纽,或是邻纽。韵部或是叠韵(同韵部),或是对转,或是旁转,或是旁对转,或是通转。

(3)“有同一来源。”“字典中引用许多古代训诂,无非要证明各组确实同源。”(以上引文均见《同源字论》。关于同源词的“各种关系”和“双声”、“准双声”、“同韵部”、“对转”等的具体说明,亦见于《同源字论》。)

在方法上,王力先生说:“为了避免重蹈章、高的覆辙,我将要谨慎从事,把同源字的范围缩小些,宁缺毋滥,主要是以古代训诂为根据,避免臆测。”

这样,在理论上既比前人完整和严密,在方法上也比前人审慎,在同源词的研究方面,王力先生比前人大大推进了一步。

(三)关于同源词研究的一些问题。

在同源词的研究方面,还有一些问题需要进一步讨论。

(1)前面,在谈到章炳麟、高本汉、王力等对同源词的研究时,有时说的是“同源词”,有时说的是“词族”,而王力先生的著作叫

《同源字典》，另有一篇文章叫《汉语滋生词的语法分析》。“同源词”、“词族”、“同源字”、“滋生词”究竟是不是一个概念？

我认为，它们是相关的，但并不是同一概念。

首先说“同源字”。王力先生《同源字论》把“同源字”分为三种情况，第一种是“实同一词”，如“鴈：雁”、“往：迬”、“玩：翫”等。他说：“《说文》分为两个或几个字头而实际上应认为异体的字，我们仍然把它们当作同源字看待，不过说明它们实同一词。”这些字，实际上不能叫同源词。如果把这部分去掉，那么，“同源字”就是同源词。严格说来，字是记录词或音节的符号，同源的应是“词”而不是“字”。但在古汉语中习惯上以“字”为单位，所说的“字”实际上往往就是“词”。在这个意义上，“同源词”也可以叫“同源字”。王力先生自己就曾说明：“我们所谓同源字，实际上就是同源词。”

“滋生词”是对“原始词”而说的。如“背”是原始词，“负”是滋生词，“负”是由“背”派生出来的。滋生词和原始词是同源词中的一种（而且是很重要的一种），但并不是同源词的全部。比如，“狗”（小犬）、“豿”（小熊、小虎）、“驹”（小马）、“羔”（小羊）是一组同源词，但不能说哪一个是原始词，哪一个是滋生词。还有些同源词是由方言的差异产生的，如《方言》：“床，齐鲁之间谓之箦，陈楚之间谓之笫。”“箦”、“笫”是同源词，但不能说它们哪一个滋生哪一个。

“词族”和“同源词”细说也有区别。王力先生《同源字典·序》：“从前我曾企图研究汉语的词族，后来放弃了这个计划。‘词族’这个东西可能是有的，但研究起来是困难的，过去有人研究过，每一个词族可以收容一二百字，但是仔细审察其实际，在语音方面，则通转的范围过宽，或双声而韵部相差太远，或叠韵而声纽隔绝，字义方面，则展转串连，勉强牵合。……如果研究得不好，反而引导读者误入歧途。”这里说的是过去研究词族的弊病，但从中也可以看出：“词族”和“同源词”不完全是一回事，一个“词族”包含的词，要比一组同源词多，同一词族中的词，音义之间的联系要远一些。比如，上一节所举的王念孙《广雅疏证》中提到的“枸篓”、“岣嵝”、“佝偻”、“瓯窭”可说是一组同源词，“隆屈”、“隆强”、“隆穹”可以说是另一组同源词。而这两组同源词可以说同属一个词族。关于汉语词族，还有待于进一步研究。

（2）研究同源词，要以词为单位，而不能以字为单位。但我们研究古汉语时，接触的都是一个个的汉字，所以，作为研究的第一步，要把字转换成词。

在下一章中将会看到，有时两个汉字记录的是同一个词。如异体字（“雁”同“鴈”），通假字（“矢”通“誓”）。既然是同一个词，就无所谓“同源”不“同源”了。所以，异体字和通假字不反映同源词。

但是，在语言文字的发展过程中，有的原来是异体字，如“喻”和“谕”，但后来有了固定的分工，“喻”表示比喻，“谕”表示告谕，也就是说，它们分别记录了两个不同的词，而从音义关系看，这两个词是同源的。在这种情况下，两个原来的异体字，就记录了一对同源词。

有时候，同一个汉字记录的又是两个或几个不同的词。这有两种情况。(a)这些词是意义相关的，如“雕刻”的“刻”和“一刻钟”的“刻”，动词的“把”和名词的“把”（去声，现代汉语中多说成“把儿”）以及介词的“把”。(b)这些词是意义无关的，如“花草”的“花”和“花钱”的“花”，“盔甲”的“甲”和“甲乙”的“甲”。在后一种情况下，应当注意：“花草”的“花”和“花钱”的“花”不同源，“盔甲”的“甲”和“甲乙”的“甲”不同源。当我们说“甲”和“介”是同源词的时候，是指“盔甲”的“甲”和“介壳”的“介”同源，而不是说“甲乙”的“甲”和“介壳”的“介”同源。在前一种情况下，应当认为：尽管它们写成同一汉字，而且有的读音也完全一样，但是，既然已是两个词，而这两个词又确是同一来源，那么应该说它们是同源词。

关于既同音又同形的同源词，在同源词的研究中似乎还注意得不够。人们通常承认同形而不同音的同源词，如“长”(cháng)和“长”(zhǎng)，也承认同音而不同形的同源词，如“秉”和“柄”，但对于既同音又同形的同源词，如“把”(动词)，“把”(介词)，一般却不放在同源词研究之列。不但如此，就连“把”(动词)和“把”(去声，名词)一般也不说是同源词。我认为这是不妥当的。“秉”和“柄”，在人们的印象中显然是两个词，这大概是文字形体帮了忙。其实，表示“权柄”这个意义的，不但可写作“柄”，而且可以写作“棅”，甚至就可以写作“秉”。如《庄子·天道》：“天下奋棅而不与之偕。”《管子·小匡》：“治国不失秉。”注：“柄也。”秉持之处为“秉”(名词)，和把执之处为“把”(名词)，道理是一样的。古代也确有“把”用作名词的例子，如潘岳《射雉赋》：“戾翳旋把。”徐注：“把，翳内所执处也。”既然承认“秉”(动词)和“秉”、“棅”、“柄”(名词)是同源词，为什么就不承认“把”(动词)和“把”(名词)是同源词呢？不错，名词“秉”可以写作“棅”、“柄”，名词“把”没有不同的写法。但这种书写形式上的不同，不足以成为区别是否同源词的依据。如果说“把”(动词)和“把”(名词)是同源词，那么介词“把”也应是和它们同属一组的同源词。总之，我认为，对于那些同音同形，历史上是同出一源，后来由于词义的展转引申或虚化而形成的几个不同的词，也应该包括在同源词的范围之内。

本原字和区别字所记录的有时是同一个词，有时是不同的词。

这些不同的词，有的同源，有的不同源。这种关系比较复杂，留到下一章中讲完本原字和区别字之后再来讨论。

(3) 判定同源词必须严格按照三个条件：(a)读音相同或相近；(b)意义相同或相关；(c)可以证实有同一来源。这三条是缺一不可的。读音相同，而意义相差甚远，就只是同音词；意义相同，而读音相差甚远，就只是同义词。读音相同或相近，意义相同或相关，但不是同出一源，那也只是音义的偶然相同，而不是同源词。

这第三个条件，还有进一步强调的必要。程瑶田《果赢转语记》："音语相转，是考字要义，然必旁举数字，证之使确，乃可定其说。不然，何字无音？何音无转？"这话是说得对的。古汉语中，同音的字已经不少，如果再加上旁纽、邻纽、对转、旁转，所谓"读音相近"的词就更多。在这些音近的词中，难免有一些词是偶然意义相近，或者本不同源，因词义发展而变得意义相近、相关的，如果不考察其语源，而仅凭第一、二两个条件就断定它们是同源词，那就欠妥了。下面，举几个例子来说明这一点。

(a) 境、界

从读音看，"境"和"界"都是见母，"境"阳部，"界"月部，阳月通转。

从意义看，"境"和"界"相同。《吕氏春秋·赞能》："至齐境。"注："境，界也。"《说文》："界，境也。"在古代训诂资料中两词可以互训。

那么，是否据此就可以断定"境"和"界"是同源词呢？我认为不能，因为从这两个词的引申系列来看，它们不是同一来源。

"境"字本作"竟"，《说文》："乐曲尽为竟。"引申为终。《史记·高祖本纪》："岁竟，此两家常折券弃责。"又虚化为副词"最终"。

《史记·陈涉世家》:“陈胜虽已死,其所置王侯将相竟亡秦。”时间上的终结为“竟”,方位上的终结也叫“竟”。《庄子·胠箧》:“阖四竟之内,所以立宗庙社稷治邑屋州闾乡曲者,曷尝不法圣人哉?”这个意义后来写作“境”。

“界”字本写作“介”。甲骨文作,象人披着的甲片。引申为两边夹着。《左传·襄公九年》:“天祸郑国,使介居二大国之间。”指夹在晋楚中间。从两边来说是夹着,从中间来说是间隔。所以又引申为“间隔”义。《汉书·邹阳传》:“介于羊胜公孙诡之间。”《前汉纪·宣帝纪论》:“道里辽远,人物介绝。”又引申为“界线”。《诗经·周颂·思文》:“无此疆尔介。”这个意义后来写作“界”。“介”还有“宾介”、“绍介”等用法,一是名词,一是动词,都有居间而传递之义。

由此可见,“境”、“界”都有国境之义,但是是从不同语源引申而来的。“境”是就一国的疆域的尽头而言,“界”是从两国的分界而言。就是同样表示“国境”之义,“境”和“界”也有细微的差别:“四境”不能换成“四界”,“分界”不能换成“分境”,这个差别也反映出它们的语源的不同。所以,这两个词应该说是“同流而不同源”,即从不同的语源出发,各自经过引申而产生了相同的意义。既然不同源,就不应该看做同源词。

(b) 徒、但、特

从语音上看,这三个词都是定母,“徒”鱼部,“但”元部,“特”职部。鱼元通转,鱼职旁对转。

从意义上看,三个词都有“仅仅”之意,而且有古代训诂为根据:《吕氏春秋·离俗》:“惕然而寤,徒梦也。”注:“徒,但也。”《汉书·王尊传》:“不可但已。”注:“但,徒也,空也。”《吕氏春秋·君守》:“夫国岂特为车哉?”注:“特,但也。”

但是,考察一下它们的语源,会感到并不相同。这三个副词,都是从实词虚化而来的。“徒”的本义是“徒步行走”。《周易·贲卦》:“舍车而徒。”《论语·先进》:“以吾从大夫之后,不可徒行也。”不用车而走叫“徒行”,不用械器而搏击叫“徒搏”。班固《两都赋》:“徒搏独杀。”注:“徒,空也,谓空手搏杀之也。”不用乐器而唱歌叫“徒歌”。颜延年《直东宫答郑尚书》诗:“跂予旅东馆,徒歌属南墉。”由此虚化为副词“徒”。《孟子·离娄上》:“徒善不足以为政,徒法不能以自行。”

“但”的本义是“袒露”。《说文》:“但,裼也。”段注:“古但裼字如此。今之经典,凡但裼字皆改为袒裼矣。……袒裼,肉袒也。肉袒者,肉外见无衣也。引申为徒也。凡曰但、曰徒、曰唐,皆一声之转,空也。”段玉裁的意见是对的;“但”和“徒”虽然本义不同,但再往上推,还应该认为是同出一源。

而“特”的情况就有所不同了。“特”的本义是“公牛”。《说文》:“特,牛父也。”引申为“特出的”。《诗经·秦风·黄鸟》:“维此奄息,百夫之特。”这个引申过程和“雄”(鸟父也)引申为“雄杰”的过程是一样的。然后又引申为“独特”。《礼记·儒行》:“其特立独行有如此者。”再引申为“单独”。《仪礼·大射》:“特升,饮。”注:“特,犹独也。”然后虚化为副词,表“仅仅”之义。

所以,“徒”、“但”、“特”虽然可以同训或互训,但是,从语源上看,“徒”、“但”出于一源,“特”又另出一源。从语音看,“特”和“徒”虽然可以说是同声纽而且“旁对转”,但毕竟不很接近,也可以认为是偶然的相关,而并无语源上的联系的。

(c) 漂、浮

从语音上看,“漂”和“浮”是滂并旁纽,宵幽旁转。

从意义看,“漂”、“浮”同义。《说文》:“漂,浮也。”段注:“谓浮于水也。”

但是,“漂”和“浮”还各有其同声旁字。把这些同声旁字联系起来,可以看出它们有不同的语源。

“漂”的声旁是“票”,《说文》:“票,火飞也。”段注:“此与熛音义皆同。……引申为凡轻锐之称。……凡从票为声者,多取会意。”从“票”得声的有“僄”(轻也),“嘌”(疾也),“𨘋”(轻行也),“慓”(疾也),“旚”(旌旗旚繇也),“飘”(回风也),均有“轻疾”之义。

“浮”的声旁是“孚”,《礼记·聘义》:“孚尹旁达。”疏:“孚,浮也。浮者,在外之名。”《诗经·小雅·大田》笺:“孚甲始生。”疏:“孚者,米之粟皮。”从“孚”得声之字有“稃”(稽也,米之外皮),“桴”(木之粗皮),“郛”(外城),“莩”(葭里之白皮也),均有“外皮”和“附着”义,从某种意义上说,和“轻举”义是相反的。

所以,虽然“漂”可训“浮”,但“漂”是就轻而行于水上而言(正如轻而飞于空中曰“飘”一样),“浮”是就附于水面而言。两者也是“同流而不同源”。在表示漂于水上的时候,“漂”可换成“浮”,但当漂于空中时,如《诗经·郑风·萚兮》:“萚兮萚兮,风其漂汝。”这时“漂”就不能换成“浮”了。这也因为是“漂”、“浮”语源不同之故。

(d) 庠、序

从语音上看,“庠”和“序”均为邪母,“庠”为阳部,“序”为鱼部。鱼阳对转。

从意义看,“庠”、“序”都是学校的名称。《孟子·滕文公上》:“设为庠序学校以教之。”

仅从音义来看,“庠”、“序”也可以说是同源词。但其语源是否相同呢?《孟子·滕文公上》还说:“庠者,养也,校者,教也,序者,射也。夏曰校,殷曰序,周曰庠,学则三代共之。”《孟子》说“庠者,养也”“序者,射也”是声训,声训不一定可靠,但是,除《孟子》所说的以外,还有一些材料:《说文》:“庠,礼官养老也。”《礼记·王制》:“有虞氏养国老于上庠。”郑注:“庠之言养也。”《周礼·州长职》:“春秋以礼会民而射于州序。”也都说明“庠”和“养”有关,“序”和“射”有关。王引之不同意“养”是“养老”,“射”是“习射”,他引《礼记·王制》:“耆老皆集于庠,元日习射上功。”和《礼记·文王世子》:“适东序养老。”证明庠中也可习射,序中也可养老,而认为“养”是“教养”之义,“射”通“绎”,为“陈列而宣示之”之义。(王引之说见王念孙《广雅疏证》卷一)但按照王引之说,“养”和“射”也不是同源的。所以,说“庠”和“序”同源,似乎也还可以商榷。

要确证某些词同出于一个语源是一件相当困难的事情,但是,从上面的例子可以说明,还是有一些办法可以帮助我们考虑这个问题。即:可以从词义的引申系统、文字的谐声偏旁,以及古代的声训和其他训诂资料等方面加以考虑。如果考察的结果说明这些词虽然意义相同或相关,但是并不是同一来源,那么就表明它们语音的相近是出于偶合,它们是不能看做同源词的。

近年来,也有人运用同属汉藏语系的其他民族语言(如藏语、傣语等)的资料来研究汉语同源词,这样做是很有意义的。但这方面的研究还刚刚开始,所以在这里也就从略。

第七章 词汇和文字的关系

汉字是用来记录汉语词汇的,但字和词又不是一对一的关系。有时候是一词多字,即同一个汉语的单音词,可以用几个不同的汉字来记录;有时候是一字多词,即同一个汉字可以记录不同的单音词。这种复杂的关系,在阅读上会带来一些困难,所以必须弄清楚。

下面准备讨论五种字:(一)异体字。(二)同形字。(三)假借字。(四)区别字。(五)同源字。

第一节 异体字

异体字是人们为语言中同一个词造的几个形体不同的字,这些字意义完全相同,可以互相替换。例如:

梼—捣　砲—炮　鹅—䳘—鵞　埜—野　彬—斌　㴊—渊

其中"梼"—"捣"是声符不同,"砲"—"炮"是义符不同,"鹅"—"䳘"—"鵞"是偏旁的位置不同,"埜"—"野"、"彬"—"斌"是造字方法(形声和会意)不同,"㴊"是初文,"渊"是初文加上形旁。这些异体字一般都已讲到,此处不赘。

值得注意的是下面几点:

(一)有些字据《说文》是异体字,但后来由于语言文字的发展

演变,或者由于习惯用法的不同,就变成两个字或是部分的异体字了。例如:

(1) 咳,孩

《说文》:“咳,小儿笑也。从口亥声。孩,古文咳,从子。”《老子》:“若婴儿之未咳。”《孟子·尽心上》:“孩提之童。”注:“二三岁之间在襁褓知孩笑可提抱者也。”这里的“咳”、“孩”是异体字。但到后来,“孩”由“小儿笑”引申为“孩童”之义,这时就不能写作“咳”。同时,在后来又产生了“咳嗽”的“咳”字(见下“同形字”),“孩童”的“孩”和“咳嗽”的“咳”就成了完全不同的两个字了。

(2) 副,疈

《说文》:“副,判也。从刀畐声。《周礼》曰副辜祭。疈,籀文副。”“副”在表“判”义时音 pì,后来引申为“副贰”之“副”,音 fù。这个意义的“副”不能写作“疈”。

(3) 澜,涟

《说文》:“澜,大波为澜。从水阑声。涟,澜或从连。”段注:“古阑连同音,故澜涟同字。后人乃别为异字异音异义。”《说文》中还有一个“慩”字,“慩,泣下也,从心,连声,《易》曰:‘泣涕慩如。’”《周易·屯卦》作“泣涕涟如”。朱骏声认为“慩”是后起字,是为区分“涟”的二义而作的。

(4) 御,驭

《说文》:“御,使马也。从彳从卸。驭,古文御,从又从马。”最初两字为异体。如《周礼·大司徒》:“礼乐射御书数。”“御”就是“使马”。但“御”又可表示“治”义,如《诗经·大雅·思齐》:“以御于家邦。”笺:“御,治也。”表示“进”义,如《礼记·内则》:“冢子御食。”表示与君王有关之义,蔡邕《独断》:“天子所进曰御。凡衣服加于身，饮食入于口，妃妾接于寝皆曰御。”这些意义都不写作“驭”。“御”还表示“抵御”，如《诗经·邶风·谷风》：“亦以御冬。”这个意义也不写作“驭”。

（5）谕，喻

《说文》：“谕，告也。”段注：“谕或作喻。”本来，“言”旁和“口”旁是可以相通的，“谕”和“喻”是异体字，在“告诉”、“晓喻”、“譬喻”等意义上，既可作“谕”，也可作“喻”。但后来在“上级对下级的命令”的意义上，只写“谕”，不写“喻”，如“手谕”、“教谕”等。

（6）犹（猶），猷

《说文》：“猶，玃属，从犬，酋声。”段注：“今字分猷谋字犬在右，语助字犬在左。经典绝无此例。”段玉裁的话是对的。先秦时“计谋”义也可以作“犹”，如《诗经·小雅·采芑》：“克壮其犹。”“犹如”义也可以作“猷”，如《尔雅·释言》：“猷，若也。”但后来“计谋”义只作“猷”，“犹如”义只作“犹”。

（二）与此相反，有的字按其本义没有异体字，而当它们引申或假借为别的意义时，有异体字。如：

（1）诒，贻

《说文》：“诒，相欺诒也。一曰遗也。从言台声。”在“遗也”这个意义上，又写作“贻”。《诗经·小雅·斯干》：“无父母贻罹。”释文：“本作诒。”“诒”和“贻”在“相欺诒”的意义上不是异体字，在“遗也”的意义上是异体字。

（2）翊，翌

《说文》：“翊，飞貌。从羽立声。”“翊”又用作“翊日”的“翊”，《汉书·王莽传》：“越若翊辛丑。”在这个意义上它和“翌”是异体字。《尔雅·释言》：“翌，明也。”但在“飞貌”的意义上“翊”和“翌”

不是异体字。

第二节　同形字

和异体字相反，同形字是分别为两个不同的词造的字，而结果是形体相同。这样，同一个字就记录了两个词。

造成同形字的原因有两个。一是在替两个不同的词造字的时候“不谋而合”，例如：

(1) 咳

“咳”的本义是“小儿笑”，音 hái。但它又是“欬”的异体字。《说文》：“欬，逆气也，从欠亥声。”因为从“欠”的字也可以从“口”(如“歎”也可作“叹”，“欷”也可作“唏”，“欧”也可作“呕”)，所以也作“咳”，音 ké。《礼记·内则》：“不敢哕噫嚏咳。”释文：“咳，苦爱反。”

“咳”又是“该”的异体字，这是因为从“言”的字也可以从“口”(如“詠”也可作“咏”，“訆”也可作“叫”)。如《晏子·外篇》：“颈尾咳于天地。”音 gāi。

这样，同一个“咳”字就记录了三个音义都不同的词。

(2) 镝

“镝”是“镝”的异体字。《说文》：“镝，矢镝也。从金啇声。”段注：“古亦作鍉，是声啇声同部也。”《史记·秦楚之际月表》：“销锋镝。”集解：“徐广曰：‘一作鍉。’”索隐：“镝音的，注‘鍉’字亦音的。”但“鍉”又有“匙”义，即“勺子”。《后汉书·隗嚣传》：“牵马操刀，奉盘错鍉，遂割牲而盟。”注：“字诂，鍉即题，音徒启反。……鍉即匙字。”这是新造的形声字，但结果与表“箭头”义，音“的”的“鍉”不谋而合。

"是"是禅母字,"镝"是端母字。照组字在上古与端组字音近,所以用"啇"作声符的"镝"也可以用"是"作声符。后来照组和端组读音差别加大,用"锃"来记录端组字就不适合了,因此这个异体字就逐渐被淘汰,同时,又为禅母字"匙"造了新的形声字"锃"。这就是同形字"锃"形成的原因。

(3) 嘿

"嘿"原是"沉默"的"默"的异体字。《玉篇》:"嘿,与默同。"《史记·刺客列传》:"荆轲嘿而逃去。"上古"默"、"黑"同属职部,故可以用从口黑声的字来表示"默"。"嘿"字今读 hēi,叹词,也写作"嗨",是根据"黑"的现代音而新造的形声字,与古代的"嘿"仅仅同形而音义全不同。

(4) 姥

《韵会》:"姥,老母,或作姆,女师也。……莫补切。"读 mǔ。这是个会意字,老女为姥。但近代又俗称外祖母为"姥姥",是形声字,读 lǎo。

(5) 份

《说文》:"份,文质备也,从人分声。《论语》:'文质份份。'彬,古文份。"读 bīn。上古轻重唇不分,所以"分"可以作"份(彬)"的声符。"份"现代作为"分"的区别字,分得的一部分叫一"份",读音也从"分"变化而来,读"分"的去声 fèn,其音义均和《说文》的"份"无关。

第二种原因是在文字发展过程中字形起了变化。特别是在隶变之后,一些原来不同的字,变得形体一样了。例如:

(1) 去

在第五章中说过，金文的“去”和“去”是两个字，后来都写作“去”，因此“去”就有了“弃去”和“藏弃”两个意义。这里不重复。

（2）胄

“甲胄”的“胄”篆文作胄。《说文》：“胄，兜鍪也。从冃由声。”“胄裔”的“胄”篆文作胄。《说文》：“胄，胤也，从肉由声。”隶变后冃和肉都变为“月”，因此两字形体相同。

（3）刑

“刑罚”的“刑”篆文作𠛬，《说文》：“刑，罚罪也。从刀井。《易》曰：井者法也。”古代“刑”还可以表示“割”、“杀”，如《战国策·魏策》：“刑白马以盟于洹水之上”，这个“刑”篆文作刑，《说文》：“刑，刭也。从刀，幵声。”段注：“按刑者，五刑也，凡刑罚、典刑、仪刑皆用之。刑者，刭颈也，横绝之也。此字本义少用，俗字乃用刑为刑罚、典刑、仪刑字。不知造字之恉既殊，井声、幵声各部，凡井声在十一部，凡幵声在十二部也。”现在两个字都写作“刑”。

（4）敺

这是“驱”的古文。《说文》：“驱，马驰也。敺，古文驱。”《孟子·离娄上》：“故为渊敺鱼者，獭也，为丛敺爵者，鹯也。”这是因为“驱”是人赶马的动作，所以可从马，又可从攴。同时，“敺”又是“殴”的俗字。《广韵·原韵》：“殴，殴击也。俗作敺。”这是因为“殳”旁误作了“攴”旁。《汉书·梁孝王传》：“后数复敺伤郎。”这样，“敺”字就记录了两个词。

同形字能不能认为是通假，比如说，能不能认为“咳”本义是“小儿笑”，假借为“欬”，为“该”；“胄”的本义为“胄裔”，假借为“甲胄”；“敺”本义为“驱马”，假借为“殴击”？确实，一般字典都说，“锃”通“镝”，“敺”通“殴”。但这样说并不妥当。因为，第一，通假是有条件的，必须读音相同或相近。而“咳”（hái）和“欬”、“该”的读音，“嘿”（mò）和“嗨”的读音，“天姥山”的“姥”和“姥姥”的“姥”的读音，“敺”（qū）和“殴”的读音都差得很远。第二，即使有些字的读音相同或相近，如“甲胄”的“胄”和“胄裔”的“胄”，“刑罚”的“刑”和“刑白马”的“刑”，从文字发展演变的过程来看，也是两字混为一字，而不是借一字来表示另一字，所以，它们和假借字是不同的。

其实，这种在造字过程中“不谋而合”，使新造的字偶合于原有的字的情况，现代也还能见到。如现代有一个不规范的简化字：把“楼”简化为“柚”。“柚”字是古已有之，“柚子”的“柚”（yòu）。但从这个不规范的简化字“柚”的造字过程看，究竟是造字者先认识了“柚子”的“柚”字，而借这个字来表示“楼”呢，还是把繁体字的笔画加以简省，取“婁”的上半部“由”加“木”旁而造成“柚”（lóu），结果和“柚子”的“柚”（yòu）不谋而合呢？显然，只能是后者。如果造“柚”字的人认识“柚子”的“柚”字，知道“柚”读 yòu，也许就不会以“柚”来表示“楼”了。古代的同形字，很多也是这样产生的。从同形字的产生过程也可以看出它和假借字的不同。

第三节　假借字

许慎在《说文解字叙》中把“假借”作为“六书”之一。他给“假借”下的定义是“本无其字，依声托事”，并举例说“令长是也”。他的定义一直为后代沿用，但“令”、“长”两个字却举得不恰当。“令”本义为“命令”，后又用为“县令”的“令”；“长”本义为“长短”，后又用为“县长”的“长”。这是引申，而不是假借。后来的文字学家从

《说文》中找出六条：

来，周所受瑞麦来麰也，而以为行来之来。

乌，孝乌也，而以为乌呼字。

朋，古文凤，神鸟也，而以为朋党字。

子，十一月阳气动万物滋，而人以为称。

韦，相背也，而以为皮韦。

西，鸟在巢上也，而以为东西之西。

认为《说文》中这六个字是假借字。这六个字中，有两个《说文》是说错了："朋"甲骨文作，象两串玉，引申为"成对的"，又引申为"朋党"。"子"甲骨文作，象婴儿之状，引申为"男子的美称"。其余四个字，确实是"本无其字"的假借。"来"、"韦"、"西"不但是"本无其字"，而且后来也一直没有给它们专门造字。

但除了"本无其字"的假借以外，还有"本有其字"的假借。郑玄说："其始书之也，仓卒无其字，或以音类比方假借为之，趣于近之而已。"（陆德明《经典释文》引）王引之《经义述闻》卷三十二也说："经典古字，声近而通，往往本字见存，而古本则不用本字，而用同声之字。"比如《左传·文公十七年》："鹿死不择音。"杜预注："音，所休荫之处。古字声同。"就是这种例子。杜预注明确地指出："音"之所以通"荫"，是因为"古字声同"。

有人把"本无其字"的假借和"本有其字"的假借加以区分，把后者称为"通假"，以"假借"专指前者。这样区分是有好处的。但就其本质而论，不管是前者还是后者，都是用本来为 A 义造的 A 字来表示 B 义，所以在本书中仍沿用传统的称呼，一律叫做"假借"。

假借字在古书中是常见到的。下面，我们从阅读的角度，把假借字分为几类。

（一）本有其字的假借，又可分为四类。

(a) A 字借作 B 字用，但通常 A 义仍用 A 字表示，B 义也仍用 B 字表示。

例如：A 字：矢。A 义：箭。　　B 字：誓。B 义：发誓。

先秦时有“矢”字。通常表示“箭”义。如《周易·系辞》：“剡木为矢。”也有“誓”字，通常表示“发誓”义。如《诗经·卫风·氓》：“信誓旦旦，不思其反。”但是，有时“矢”表示“发誓”义，如《诗经·鄘风·柏舟》：“之死矢靡它。”

在这种情况下，很容易发生意义上的混淆。因为人们通常见到的是 A 字表示 A 义，而当古书上出现以 A 字表示 B 义时，往往把它理解为表 A 义。这就是王引之《经义述闻·通说》中说的“学者改本字读之，则怡然理顺；依借字解之，则以文害辞”。这种例子很多，我们到后面再举。

(b) A 字假借作 B 字用，通常 A 义仍用 A 字表示，但 B 字后来一般不表示 B 义。

例如：A 字：荷。A 义：荷花。　　B 字：何。B 义：担荷。

在古书中“荷花”仍用“荷”表示，如《诗经·郑风·山有扶苏》：“山有扶苏，隰有荷华。”但“担荷”之义一般也借“荷”表示，而不大用本字“何”。如《论语·宪问》：“有荷蒉而过孔氏之门者。”对于“何”字来说，就是“借字行而本字废矣”。

这种情况对读古书妨碍不大，因为既是“本字废而借字行”，人们对于以“荷”表示“担荷”已经习惯，在读到“有荷蒉而过孔氏之门者”这句话时，就会想到：这个“荷”字不可能是“荷花”之义，就应是“担荷”之义。相反，对表示“担荷”义的本字“何”，一般都比较陌生，在读到《诗经·商颂·长发》“何天之休”时，如果不加注解，一般就看不懂了。

(c) A 字借作 B 字用,但 A 义已不用 A 表示。B 义一般也不用 B 表示。

例如:A 字:草。A 义:栎实。　B 字:艸。B 义:百卉。

《说文》:"草,草斗,栎实也。一曰象斗。"段注:"按草斗之字俗作皁,作皂。""栎实"之义后来一般不用"草"表示,"草"用来表示"百卉"。"百卉"义后来一般也不用"艸"表示。

这种情况更是"借字行而本字废矣",A 字成了表示 B 义的专用符号。一般人不会想到"草"是"艸"的借字,在读到《诗经·小雅·何草不黄》"何草不黄,何日不行"时,更不会把"草"理解为"栎实"。

(d) A 字借作 B 字用,A 义已趋于消失,B 义一般仍用 B 字表示。

例如:A 字:鼂。A 义:匽鼂(虫名)。

B 字:朝。B 义:早晨。

《楚辞·哀郢》:"甲之鼂吾以行。""鼂"借作"朝"字,"匽鼂"义已趋于消失。"早晨"义一般仍用"朝"表示。

这种情况,尽管表示 B 义可用 A、B 两字,但对于 A 字来说,因为 A 义已趋于消失,A 字也就成了专门表达 B 义的符号,因此,也不大容易引起意义的混淆。

(二)"本无其字"的假借,也还可以分成两种情况。

(a) A 字借用来表示 B 义,但 A 义仍用 A 字表示。

例如:A 字:女。A 义:女子。　B 义:第二人称代词。

《诗经·邶风·静女》:"自牧归荑,洵美且异。匪女之为美,美人之贻。"在这种情况下,A 字究竟表示 A 义还是表示 B 义,就要根据上下文来确定。

(b) A 字借用来表示 B 义，而且 A 义已消失。

例如：A 字：难。A 义：鸟名。　　B 义：困难。

(例从略)。由于 A 义已经消失，A 字就成了专门表达 B 义的符号。尽管字形和字义不一致，一般人不明白“难”为什么要从“隹”，但这不会成为阅读的障碍。正如“哭”、“笑”一样，尽管人们不知道“哭”为什么要从“犬”，“笑”为什么要从“竹”，但不妨碍人们认识这两个字。

综上所述，在阅读古书的时候，对于假借字，特别需要注意的是两种情况：

(1) 一个字的本义(A 义)和假借义(B 义)都很常见，如“本有其字”的(b)和“本无其字”的(a)，这时需要确定文中所表示的究竟是本义还是假借义。有时候，上下文能帮助我们进行选择，如“有荷蒉而过孔氏之门者”一句，从上下文就可以知道“荷”字在这里绝非本义“荷花”，而是假借义“担荷”。但有时候就比较困难，如“自牧归荑，洵美且异。匪女之为美，美人之贻”，其中“女”字究竟是用本义(女子)还是用假借义(汝)，历来就有不同的说法。孔颖达疏说：“我非徒悦其美色，又美此女人之能遗我彤管之法。”这是认为“女”用的是本义。朱熹《诗集传》则在“女”下注“汝”字，而且解释说：“然非此荑之为美也，特以美人之所赠，故其物亦美耳。”这是认为“女”用的是假借义。究竟哪一种看法对，就要根据整首诗来分析了。又如《论语·为政》：“攻乎异端，斯害也已。”历来也有不同的解释，关键就在于“攻”是“攻治”还是“攻击”，以及“已”是语气词(假借义)还是“停止”(本义)。《论语集解》以为“攻”是“治也”，邢昺疏据此解释说：“治乎异端之书，斯则为害之深也。”这是把“已”

看做语气词。宋代孙奕《示儿编》解释说:“攻,如攻人恶之攻。已,止也。谓攻其异端,使吾道明,则异端之害人者自止。”清代焦循《论语补疏》:“虞翻云:‘攻,摩也。’……已,止也。……互相切磋,……是为攻而害止也。”这都是把“已”读作本义。几种解释差别极大。可见确定某字是本义还是假借义,对理解文意,是关系很大的。

(2) 一个字偶尔用做假借。即“本有其字”的(a),这时人们往往仍按其本义来读,这时最容易产生误解。这就是王念孙所说的“字之声同声近者经传往往假借,学者以声求义,破其假借之字而读以本字,则涣然冰释。如其假借之字而强为之解,则诘籍为病矣。”(王引之《经义述闻叙》引)清代的学者在这方面做了许多有益的工作,下面举一个例子加以说明。

> 《礼记·祭法》:“夫圣王之制祭祀也,法施于民则祀之,以死勤事则祀之,……帝喾能序星辰以著众,尧能赏均刑法以义终,舜勤众事而野死,……此皆有功烈于民者也。”郑注:“著众,谓使民兴事知休作之期也。赏,赏善,谓禅舜、封禹稷等也。能刑,谓去四凶。义终,谓既禅二十八载乃死也。”

这段话是说帝喾、尧、舜等为什么受到人们的祭祀。其中“尧能赏均刑法以义终”一句颇费解:看来“义终”和“野死”是对文,“野死”是受到祭祀的一种条件,为什么“义终”(既禅二十八载乃死)也成为受到祭祀的一个条件呢?关于这一句,王念孙有一个解释(见王引之《经义述闻》卷十六引):

> 案此篇自“圣王之制祭祀”以下,皆《鲁语》文也。彼文云:“尧能单均刑法以仪民。”单,尽;均,平也。仪,善也。(皆韦注)谓尧能尽平刑法以善其民也。此作“尧能赏均刑法以义终”者,“赏”当为“亶”字之误也。……“亶”与“单”通。……“义”与“仪”通。……“终”与“众”通。……众亦民也,即《鲁语》之“尧能单均刑法以仪民”也。《郑语》曰:“夏禹能单平水土以品处庶类。”(韦注:单,尽也。)文义与此相似。帝喾

能序星辰以著众，尧能单均刑法以仪众，二句文同一例，皆法施于民之事也。郑未寤“赏”为“亶”字之误，“义终”为“仪众”之通，故因文生训而失其本旨。

经过王念孙这样一讲，这段文章确实是讲通了。郑注因为不辨讹误，不明假借，所以“诘鞫为病”，王念孙“破其假借而读以本字”，所以就“涣然冰释”了。

怎样才能正确地“破其假借而读以本字”呢？王力先生《训诂学上的一些问题》一文谈到了很重要的两点：1.本字和假借字必须音同或音近，才能产生通假。“如果仅仅是叠韵，而声母相差较远，或者仅仅是双声，而韵母相差较远”，就不可能通假。所以，不能滥用双声叠韵来讲通假。2.即使两个字音同或音近，也不一定就能通假。“如果没有任何证据，没有其他例子，古音通假的解释仍然有穿凿附会的危险。”这第二点特别需要加以强调，因为假借字总的来说也是一种有社会性的语言现象。比如假“信”为“伸”，借“归”为“馈”，在先秦时都是比较常见的，所以，如果说某字通某，一般总能有旁证。如果举不出任何例证，那就可能只是主观猜测，或者是穿凿附会。这是在讲假借时必须注意的。

上面引的王念孙对《礼记·祭法》中的假借字的解释，符合这两点。第一，“亶”和“单”上古都是端母元部，“义”和“仪”在上古都是疑母歌部，“终”和“众”在上古都是章母冬部，它们都只是声调的不同。第二，王念孙用大量例证说明，先秦时这些字可以相通。如《诗经·小雅·楚茨》：“礼仪卒度。”《韩诗》“仪”作“义”。《周礼·肆师》：“治其礼仪。”故书“仪”作“义”。郑司农云：“义读为仪。”《礼记·乐记》：“稽之制度，制之礼义。”《汉书·礼乐志》作“制之礼仪”。所以，王引之说“古者书‘仪’但为‘义’”。《尚书·盘庚》：“诞告用亶。”释文："亶，马本作'单'。"《诗经·大雅·桑柔》："俾尔单厚。"正义引某氏注作"俾尔亶厚"。郑笺曰："单，尽也。"《吕氏春秋·重己》："使乌获疾引牛尾，尾绝力亶而牛不可行。"高注："亶，读曰单，单，尽也。"可证先秦"亶"通"单"。《诗经·周颂·振鹭》："以永终誉。"《后汉书·崔骃传》引"终"作"众"。《周易·杂卦》："大有，众也。"荀爽本"众"作"终。"《仪礼·士相见礼》："众皆若是。"今文"众"作"终"。《汉书·杨王孙传》："死者，终生之化而物之归也。"《汉纪》"终"作"众"。汉桂阳太守周憬功勋铭："往古来今，变甚终矣。""终"即"众"字。可证"终"通"众"。此外，还有《国语·鲁语》及韦昭注作证。这样，关于这几个字的通假，就是言之凿凿的了。

关于假借字，还有两点需要谈到。

（一）"本字"的问题。

"本字"是对"假借字"而言的。在"本有其字"的假借中，那个"本有其字"的字，也就是原来就有，而且字形和字义相一致的字，叫"本字"；字形和字义无关，只是临时借来代替"本字"的，叫"假借字"。如《诗经·邶风·柏舟》："之死矢靡它。""矢"是假借字，本字是"誓"。《周易·系辞》："屈信相感。""信"是假借字，本字是"伸"。假借字和本字的关系，一般用"通"表示，如说"矢"通"誓"、"信"通"伸"等等。

如果是"本无其字"的假借，那就没有"本字"了（有所谓"后起本字"，到下一节中再谈）。比如，第二人称代词，先秦或写作"女"，或写作"汝"，"女"本义是女子，"汝"本义是水名，这两个字在表示第二人称代词时都是假借字，第二人称代词并没有本字。但"女"的表"女子"和表第二人称代词的两个意义在上下文中容易混淆，而"汝"的表示水名和表示第二人称代词的两个意义在上下文中不容易相混，所以后来第二人称代词逐渐以写“汝”为多，到颜师古注《汉书》时，也就常常出现“女读曰汝”这样的说法，现代一般词典和注解中“女通汝”这种说法就更常见了。又如，“耐”原来是古代剃掉胡须的一种刑罚，又写作“耏”。同时，又用来表示“经得起”(如“耐暑”、“耐寒”的“耐”)，这也是“本无其字”的假借。但逐渐地“本义废而借义行”，“耐”表示刑罚的意义逐渐消失，而变为表示“经得起”的专用字了。但“能”也有读作“耐”，而且表示“经得起”之义的。如《汉书·晁错传》：“胡貉之人性能寒，杨粤之人性能暑。”注：“能读曰耐。”现代也注为“能通耐”。在这种场合，所谓“读曰”，所谓“通”，就不能刻板地理解为“假借字通本字”，而只是表示，这个词通常写成什么字，而那个常见的字也是假借字。

有时，甚至会把本字和假借字倒过来。如“率”，《说文》解释为“捕鸟毕”，而金文作，象相牵引而行于道之形，其本义应为“率领”。引申为名词，带兵之人，这个意义通常写作“帅”。其实“帅”从巾，本义为“佩巾”，在表示“将帅”的“帅”时，应该说是假借为“率”字。“率”字是本字，“帅”字是假借字。但在先秦的文献中，表示“将帅”的意义时，用“帅”多，用“率”少。所以后来的人看到“率”表示“将帅”义时，反而要加注。如《荀子·富国》：“将率不能则兵弱。”杨倞注：“率与帅同。”现代的词典和注释则说成“率通帅”。这样说也无不可，它的意思是告诉我们：这个“率”字通常写作“帅”。从阅读古书的角度说，这样表达是清楚的。如果拘泥于本义和假借字的关系，在“率”字表示“将帅”义时(如《荀子·富国》例)不加注，而“帅”字表示“将帅”义时(如《礼记·月令》：“赏军帅武人于朝。”)反而加注“帅通率”，那就反而会使人误以为《礼记》中的“帅”是“率领”之义了。但另一方面，我们也应该明白：从文字学上讲，这种"A 通 B"并不表示"A"是假借字,"B"是本字,而是恰恰相反。

(二) 同源字的假借。

一般来说,本字和假借字的意义是没有联系的,它们能够通假,只是由于读音相同或相近。但也有的时候,本字和假借字之间的意义是有联系的,这就是同源字的假借。

比如:"振"和"震"是同源字。《说文》:"振,动也。""震,劈历振物者。"两字同音,语源也是一个,只是在用法上有区别,"雷震"、"震惊"的"震"一般不写作"振"。但偶尔也有把"震惊"的"震"写作"振"的,如《史记·蒙恬列传》:"是时蒙恬振匈奴。"这就是措"振"字为"震"字。但这时本字和假借字意义有关系,因为这是同源字的假借。

"震"和"娠"也是同源字。《说文》:"娠,女妊身动也。"大徐音失人切(今音 shēn),小徐音章信切(今音 zhèn)。按后一读,与"震"同音。两个词意义也有关系,而且"娠"本作"震"。如《诗经·大雅·生民》:"载震载夙。"朱注:"而震动有娠,乃周人所由以生之始也。"《左传·昭公元年》:"邑姜方震大叔。"注:"怀胎为震。"释文:"震,本又作娠,之慎反,又音申,怀妊也。"从这个角度说,"娠"应是"震"的区别字(什么叫区别字,到下一节再讲)。但后来习惯上已将"震"和"娠"分成两个字了。如果再把"娠"写作"震",也可以说是假"震"为"娠",这也是同源字的假借。

又如:"窦"和"渎"是同源字。"窦"、"渎"上古都是定母屋部,"窦"是长入,"渎"是短入,中古分化为去声和入声。《说文》:"窦,空也。"徐锴曰:"水沟口也。《周礼》曰:'宫中之窦,其崇三尺。'"《说文》:"渎,沟也。一曰邑中沟。"段注:"按,渎之言窦也。凡水所行之孔曰渎,小大皆得称渎。"这两个字的写法通常是有区别的:孔穴写作“窦”，水沟写作“渎”。但有时候也可以互相通假。如《韩非子・五蠹》：“泽居苦水者，买庸而决窦。”这是“窦”通“渎”。《左传・襄公三十年》：“自墓门之渎入。”这是“渎”通“窦”。

再如：“阙”和“缺”、“掘”是同源字。“阙”、“缺”溪母月部，“掘”群母物部。门缺为阙，器缺为缺，“掘”的结果是“缺”。三个字意义上有联系，同出一源。它们的写法习惯上有区别，不过，有时也可以通假。《列子・汤问》：“昔者女娲氏练五色石以补其阙。”这是“阙”通“缺”。《左传・隐公元年》：“若阙地及泉。”释文：“阙，其月反。”这是“阙”通“掘”。

总起来说，同源字的假借指的是：两个词是同源词，但既已分化，通常就写作不同的汉字。但有时这两个汉字又可以通用。在这种情况下，本字和假借字之间意义是有联系的。

第四节　区别字

（一）区别字和本原字。

在读古书时，常常会碰到这样的情况：古书中写作同一个汉字的，后来写作几个不同的汉字。如古书中的“辟”，后来写作“闢”、“避”、“僻”、“嬖”等；古书中的“昏”，后来写作“惛”、“睧”、“婚”等。这些后来加了偏旁的字，叫做“区别字”。相对于“区别字”而言，“辟”、“昏”就叫做“本原字”。

这种情况，清代学者王筠已经注意到了。他在《说文释例》卷八讲到“分别文”和“累增字”：

> 字有不加偏旁而义已足者，则其偏旁为后人递加也。其加偏旁而义遂异者，是为分别文。其种有二：一则正义为假义所夺，因加偏旁以区别

之也(冉字之类)。一则本字义多,既加偏旁,则只分其一义也(伀字不足兼公侯之义)。其加偏旁而义仍不异者,是谓累增字。其种有三,一则古义深曲,加偏旁以表之者(歌字之类)。一则既加偏旁,则置古文不用者也(今用復而不用复)。一则既加偏旁而世仍不用,所行者反是古文也(今用"因"而不用"捆")。

王筠的话需要解释一下:

"冉"的本义就是"须髯"。但后来假借为"冉冉"的"冉",所以要另加偏旁以"髯"来表示"须髯"。

"公"本来有"公共"之义,又有"公侯"之义,为了区分这些意义,加偏旁作"伀",专表"公私"的"公"。《说文》:"伀,志及众也。"

"髯"和"伀"就是"分别文"。

"哥"本义是"歌唱"。《说文》:"哥,声也。从二可。古文以为歌字。"但"此义深曲",人们多不了解了,所以后来又加偏旁作"歌",而意义未变。

"重复"的"复"古文作"夏"。《说文》:"夏,行故道也。从夊,畐省声。"又加偏旁作"複"(即"復"字)。《说文》:"複,往来也。"后来多用"複",不用"夏"。

《说文》:"因,就也。""捆,就也。""捆"是"因"加偏旁而成的,两字音义皆同。但后来"捆"一般不用。

"歌"、"復"、"捆"是"累增字"。

但是,王筠的分类是不明确的:"冉"和"哥"都是因为"借义行而本义废",所以又另加偏旁表示本义,就造出了"髯"和"歌",为什么前者属于"分别文",而后者属于"累增字"?因此,我们不打算沿用王筠的概念,而对"区别字"重新作一番叙述。

为什么会产生区别字?这是由于在语言文字发展的过程中,同一个汉字的"兼职"过多,因此要在形体上加以区别。比如"辟"

的本义是“法”(据《说文》),但它可以假借来记录一些音同或音近的词,如《左传·成公二年》:“旦辟左右。”这是表示躲避。《商君书·弱民》:“农辟地。”这是表示“开闢”。《史记·范雎传》:“秦国辟远。”这是表示“偏僻”。《战国策·齐策》:“不使左右亲近便辟。”这是表示“宠嬖”。这些词都用同一个汉字记录,意义容易混淆,所以后来分别加上偏旁,写成“避”、“闢”、“僻”、“嬖”。“昏”的本义是“日色暗”,引申为“昏乱”,如《吕氏春秋·诬徒》:“昏于小利,惑于嗜欲。”又引申为“眼昏花”,如《新唐书·魏徵传》:“臣眊昏,不能见。”又引申为“结婚”(因为古代婚礼多在黄昏时举行),如《汉书·晁错传》:“男女有昏,生死相恤。”这些引申又用一个汉字表达,也容易引起混淆,所以后来分别写作“惛”、“睧”、“婚”。

“辟”和“昏”都是本原字表示本义,区别字表示假借义或引申义。也有反过来,用本原字来表示假借义或引申义,而用区别字表示本义的。如“然”的本义是“燃烧”,《孟子·公孙丑上》:“若火之始然,泉之始达。”假借为“然否”的“然”。后来“借义行而本义废”,就又在“然”字上加偏旁作“燃”,表示本义“燃烧”。“益”的本义是“水溢出”。《吕氏春秋·察今》:“澭水暴益。”引申为“增益、利益”,引申义行而本义废,就又在“益”字上加偏旁作“溢”,表示本义“水溢出”。

区别字的产生不外这四种情况,列表如下:

	由引申而产生区别字		由假借而产生区别字	
	本义	引申义	本义	假借义
为引申义或假借义造区别字	昏	婚*	辟	避*
为本义造区别字	溢*	益	燃*	然

(加*的是区别字)

按照这种看法，凡是一个汉字因为引申或假借而造成用法的分化，需要另加偏旁来区别的，其加偏旁的字都叫“区别字”。所以，王筠所列举的“髯”、“伀”、“歌”都是区别字。而“累增字”应限于一个汉字用法没有分化，加上偏旁以后和原来的汉字音义全同的那些字，如復＝复，捆＝因，以及渊＝淵，床＝户等等。

这里再说一说“本原字”这个名称。这个名称是我提出来的。为什么要新立这个名目，而不沿用“本字”这个名称呢？因为“本字”是相对于“假借字”而言的，“本原字”是相对于“区别字”而言的，两者的含义不一样。在上面提到的区别字产生的四种情况中，“本原字”的概念都不能用“本字”来代替：“昏”—“婚”、“溢”—“益”是引申关系，而不是假借关系，所以不能说“昏”是“婚”的本字，也不能说“益”是“溢”的本字；“辟”—“避”，“然”—“燃”是因文字的假借而产生区别字的，现代的词典和注释中，常常用“辟通避”、“然通燃”来表示它们的关系，这样说也无不可，但只能理解为“旦辟左右”的“辟”就是后来的“避”，“火之始然”的“然”就是后来的“燃”，因为“避”和“燃”都是后起的，说它们是“本字”，未免把历史颠倒了。特别是“然通燃”，如果把“燃”看做本字，把“然”看做假借字，是无论如何说不过去的，因为“然”字从火，本来就是为“燃烧”义造的字，怎么能说它是假借字呢？在这种情况下，必须用“本原字”这个名称，说“然”是本原字，“燃”是区别字，才能把问题说清楚。

像“辟”和“避”这种情况，在学术界有不同意见，有人认为“避”是“后起本字”；还有人认为，只要是字形和字义相符，就是“本字”，不管是早出还是后出，所以“避”就是“本字”。而有人则反对这种意见，认为把“避”这种区别字叫做“本字”，是颠倒了历史。我认为这种争论倒并不涉及实质性问题，因为争论的几方都不否认“避”

这一类区别字是后起的，所不同的只是对“本字”有不同的理解。那么，“本字”究竟应该怎样理解更好呢？我认为，“本字”还是应该考虑时代。如果把那些像“避”之类后起的，但字形和字义相符的字义统统叫做“本字”，将会遇到一个困难。因为这样一些区别字直到现在还在产生，比如“家具”，有人写作“傢俱”；“包子”，有人写作“饱子”。光从字形和字义相符这一点来说，“俱”和“饱”似乎更有资格充当“本字”，但如果真的把它们称为“本字”，恐怕是很难让人接受的。

上一章说过，本原字和区别字有的是同源词，有的不是同源词。现在，可以具体来看一看，究竟哪些同源，哪些不同源。凡是由引申而产生的区别字，和本原字都是同源的，如“昏”和“婚”、“惛”、“睧”，“益”和“溢”。凡是由假借而产生的区别字，和本原字都不是同源的。“辟”（法也）和“避”、“闢”、“僻”、“嬖”意义毫无关系，当然说不上同源。“然否”的“然”和“燃”意义也毫无关系，而“火之始然”的“然”和“燃”虽然是两个汉字，但记录的是语言中的同一个词，所以也不是同源词。

（二）区别字的种类。

上面举的区别字都是由本原字加上偏旁而形成的。这是构成区别字的一种最主要的形式，但除此之外，区别字还有别的形式。

（1）本原字加偏旁而形成区别字。

例已见前，此处从略。但要补充说明一点：本原字所加的偏旁，多数是与意义有关的，如“避”加“辶”，“闢”加“门”、“僻”加“亻”、“嬖”加“女”等等。但也有一些所加的偏旁与词义无关，仅仅是表示和本原字有区别。如“县”的区别字“悬”，“知”的区别字“智”，“景”的区别字“影”，很难解释为什么要加“心”，加“日”，加“彡”。

(2) 改变本原字的偏旁而形成区别字。

如“適”，本义是“之”，假借为“庶嫡”的“適”（都历切，今音 dí）。如《左传·文公十八年》：“杀適立庶。”后来写作“嫡”。

“赴”，本义是“奔赴”，引申为“告丧”，如《左传·隐公三年》：“平王崩，赴以庚戌。”后来写作“讣”。

“疏”，本义为“通”，引申为“稀疏”的“疏”。又引申为一种文体，如《论积贮疏》。为了区别这几个意义，唐代将“稀疏”的“疏”写成“疎”，这是改换了声符。

“吹”，本义为“吹气”，引申为“吹奏乐器”。《韩非子·内储说上》：“齐宣王使人吹竽必三百人。”后来曾为吹奏乐器义造一区别字“龡”。如《周礼·籥师》：“掌教国子舞羽龡籥。”这是改变了会意字的部件。《说文》作“籥”，这是把会意字改为形声字。

(3) 改变本原字的笔画。

“享”，本义为“献”（给神献祭品）。引申为“通”，音许庚切（今音 hēng），字作“亨”。

“閒”，本义是“门缝”。引申为“间隔”，为“空间”，又为“空闲”。为了区别这些意义，后来用“閒”表示“空闲”，用“間”表示“间隔”、“空间”等义。

“句”，本义为“曲”，引申为“章句”之“句”。为了区别，后来表示“曲”义的音 gōu，写作“勾”，表示“句子”义的音 jù①，仍写作“句”。关于这一点，段玉裁有一段话可供参考：“凡曲折之物，侈为倨，敛为曲。……凡章句之句亦取稽留可钩乙之意，古音总如钩。后人句曲音钩，章句音屦，又改句曲字为勾。”

---

① 为了简便，以下读音只注今音。

(4) 另造一字为区别字。

“伏”，本义为“俯伏”，引申为“鸡伏卵”。《汉书·五行志》：“雌鸡伏子。”后来引申义写作“孵”。

“鼎”，本义为“钟鼎”之“鼎”，假借为“系船之物”。《方言》：“所以刺船谓之檔，维之谓之鼎。”后来假借义写作“碇”。《新唐书·孔戣传》：“蕃船泊步，有下碇税。”

“树”，本义为“种植”，引申为“树立”。《三国志·武帝纪》：“连车树栅。”后来又引申为“树木”的“树”，为了区别，把“树立”义写作“竖”。

(5) 借另一字为区别字。

“何”，本义为“担荷”。《诗经·小雅·无羊》：“何蓑与笠。”假借为疑问代词。后来“何”专用于假借义，而另借用“荷”字来表示本义“担荷”。如《论语·宪问》：“有荷蒉而过孔氏之门者。”

“伯”，本义为“排行最大的”，引申为“诸侯的盟主”(音 bà)。《韩非子·难四》：“桓公，五伯之上也。”后来借“霸”字来表示引申义，《商君书·更法》：“五霸不同法而霸。”(“霸”的本义是月初时的月光。)

“被”，本义为“被子”，引申为“披在身上”(音 pī)。《史记·陈涉世家》：“将军身被坚执锐。”后来借“披”字来表示引申义。韦应物《寄冯著》诗：“披衣出茅屋。”(“披”的本义是分开。)

还有的是既借一字作为区别字，又专造一字为区别字。如：

“阳”，本义为“阳光”，引申为“假装”。《韩非子·说难》：“阳收其身，而实疏之。”后来借“详”字表示引申义(音 yáng)。《史记·李将军列传》：“行十余里，广详死。”又另造“佯”字。《孙子兵法·军争》：“佯北勿从。”

这种借来作区别字的字，有双重身分。一方面，“伯仲”的“伯”和“五伯”的“伯”本是用同一个汉字来表示的。为了区分，把“五伯”的“伯”写成“霸”，从这个角度讲，“伯”—“霸”是本原字和区别字。另一方面，“霸”的本义是“月初时的月光”，用“霸”表示“五伯”的“伯”是假借。从这个角度讲，“伯”—“霸”是本字和假借字。同样，“何”—“荷”（本义是“荷花”），“被”—“披”（本义是“分开”），“阳”—“详”（本义是“详细”），也都既是本原字和区别字，又是本字和假借字。

从上述例子还可看到有些区别字读音与本原字不同。如“县”（xiàn）—“悬”（xuán），“適”（shì）—“嫡”（dí），“享”（xiǎng）—“亨”（hēng），“间”（jiān）—“閒”（xián），“句”（jù）—“勾”（gōu），“鼎”（dǐng）—“碇”（dìng），“伯”（bó）—“霸”（bà），“被”（bèi）—“披”（pī）。为什么会产生这种现象呢？这有的是因为本原字的本义和假借义的读音相近而不一定相同。如“適”是书母锡部，而在“杀適立庶”中是借来记录一个音丁历切（端母锡部）的词，后来为这个词而造的区别字“嫡”当然也读端母，与“適”的读音不同。有的是在词义发展过程中，一个词引申出多种意义，有的远引申义独立成为另一个词，这时在语言中往往改变读音来加以区别，这就是所谓“音变构词”。如“被”本义是“被子”，音皮彼切（bèi），引申为“披着”，就读成敷羁切（pī）。读音分化了，于是就把音敷羁切的写作“披”。

当然，也有本原字和区别字读音一样的。如“然”和“燃”，“昏”和“婚”等。这是因为，“然”字借来记录语言中“然否”的“然”，而“火之始然”的“然”和“然否”的“然”在语言中完全同音；而从旧词分化出新词时，读音可以改变（如“被”——→“披”），也可以不改变

（如“昏”——→“婚”）。

（三）区别字和古今字。

有的把本原字和区别字称为“古今字”。这是术语的不同。从时代来看，确实本原字都属于“古”，区别字都属于“今”：“古”、“今”是相对而言的，以先秦为古，则汉魏为今；以汉魏为古，则唐宋为今。所以称之为“古今字”也是可以的。

但若以术语的精确性而论，我主张称“本原字”和“区别字”，而不称“古今字”。理由有二：

（1）“古今字”的名称从时代的先后着眼，没有表达出这一类字的特点。异体字也有古有今。如“网”字古，“網”字今；“淚”字古，“泪”字今。同形字也有古有今，如“嘿”（mò）字古，“嘿”（hēi）字今；“姥”（mǔ）字古，“姥”（lǎo）字今。假借字也有古今，如“蚤”字古，“早”字今；“何”字古，“荷”字今。如果仅仅以“古”和“今”来区分，那么这些字为什么不能叫“古今字”呢？

所谓“异体字”、“同形字”、“假借字”、“区别字”，其间的区别在于字和词的关系不同。“异体字”是两个不同形体的字记录同一个词，而这两个字都是为这个词造的；“同形字”是两个形体相同的字记录两个不同的词；“假借字”是用本来为 A 词造的字记录 B 词；“区别字”是原来用同一个字记录 A 词和 B 词，后来用另一个字来记录 A 词或 B 词，从而把 A、B 两词加以区别。这样的分类，都以字词的关系为标准，而不同的类别又不至于重叠交叉。所以，“本原字”和“区别字”这个名称，比“古今字”要准确。

（2）从“古今字”这个名称本身看，古人并不专用来指本原字和区别字。比如，《说文》：“说，说释也。”段注：“说释即悦怿。说、悦，释、怿古今字。”这里“古今字”固然就是指本原字和区别字，但是，段注中还有不少地方"古今字"指的并非本原字和区别字。例如：

《说文》："谊，人所宜也。"段注："'谊'、'义'古今字。周时作'谊'，汉时作'义'，皆今之仁义字也。其威仪字，则周时作'义'，汉时作'仪'。凡读经传者不可不知古今字，古今无定时，周为古则汉为今，汉为古则晋宋为今，随时异用者谓之古今字。"

《说文》："舄，鵲也。"段注："谓舄即鹊字。此以今字释古字之例。古文作舄，小篆作鵲。'𠷎'下曰'厚也'，《周礼》注曰'勋读为勳'。皆以今字释古字。"

《说文》："瀞，无垢藏也。"段注："此今之净字也。古瀞今净，是之谓古今字。"

《说文》："联，连也。"段注："周人用联字，汉人用连字，古今字也。"

《说文》："于，於也。"段注："于於二字，在周时为古今字。"

《说文》："叉，手足甲也。"段注："叉爪古今字。"

《说文》："气，云气也。"段注："气氣古今字。"

《说文》："澂，清也。"段注："澂澄古今字。"

上面所举的段玉裁所说的"古今字"，都是一对一的，是时代先后不同的异体字，而不是本原字和区别字。所以，如果我们用"古今字"来称本原字和区别字，容易引起概念的混淆。

第五节 同源字

同源字就是用来记录同源词的几个形体不同的汉字。在第六章中说过，有的词孳生出新词以后，读音和字形都没有改变，如"把"（动词）和"把"（介词），"被"（名词）和"被"（介词）、"徒"（动词）和"徒"（副词），这当然不能叫同源字。除此以外，像"长"、"张"、"丈"、"掌"等，就都是同源字。

同源字和区别字是有交叉的。同源字中有一类是本原字和区别字，如“张”和“帐”、“胀”（因为这些字最早都写作“张”），有一类不是本原字和区别字，如“长”、“张”、“丈”、“掌”（因为这些字虽然同出一源，但一开始就写成不同的汉字）。从本原字和区别字的角度讲，它们有的是同源字，如“张”和“帐”、“胀”（它们是由引申关系而形成的区别字），有的不是同源字，如“辟”和“避”、“闢”、“僻”、“襞”（它们是由假借关系而形成的区别字）。列表如下：

<table>
<tr><td rowspan="2">同源字</td><td>长 张 丈 掌</td><td></td></tr>
<tr><td>张 帐 胀 涨</td><td rowspan="2">本原字和区别字</td></tr>
<tr><td></td><td>辟 避 闢 僻</td></tr>
</table>

假借字一般不是同源字，这在第六章中已经讲过，如“矢”和“誓”，就其本义来说，是两个毫不相干的词，就“矢”的假借义“发誓”来说，“之死矢靡它”中的“矢”和“发誓”的“誓”记录的是同一个词，所以也谈不上同源。但在本章的第三节中说过，有时候同源字可以通假。如“震”和“振”、“窦”和“渎”，“阙”和“缺”、“掘”等。这一部分字，既是假借，又是同源。

要判定几个字是不是同源字，主要就是判定它们所代表的词是否同源。这一点在第六章中已有专节谈到，此处不重复。在这里主要谈一个问题：有些同源字，常被误认为假借。

如“亡”和“无”。这两个字意义相通。如《论语·述而》：“亡而为有。”疏：“亡，无也。”一般词典也把它们看做假借。如《辞源》：“亡㊆通‘无’。《诗·邶风·谷风》：何有何亡，黾勉求之。”但是，A字假借为B字，一般是要读B字的音的。如《荀子·天论》：“老子有见于诎无见于信。”注：“信读为伸，古字通用。”而《论语·述而》和《诗经·邶风·谷风》中的“亡”都没有注明要读“无”。《礼记·檀弓》：“称家之有亡。”释文：“亡，皇如字，无也。一音无，下同。”

《水经注·湿水》:“燕语呼亡为无。”可见古代“有亡”的“亡”一般仍读武方切(今音 wáng),只在某种方言中读“无”。《广韵》:“亡,无也,灭也,逃也。武方切。”可见不论是“逃亡”的“亡”还是“有亡”的“亡”,都是一个读音。直到《经籍籑诂》中,“亡”也只收在阳韵,而不兼收在虞韵,可见直到清代,“亡”也只有一个读音 wáng。这说明“亡”不是假借为“无”。

那么,“亡”和“无”是什么关系呢?应该说是同源字。古汉语中还有一个“罔”字,也和“无”同义。《尚书·君奭》:“罔不是孚。”注:“无不是而信之。”《诗经·卫风·氓》:“士也罔极,二三其德。”正义:“士也行无中正,故二三其德。”但它和“无”读音不同,所以没有人说“罔”通“无”。其实,“亡”和“罔”上古都是明母阳部,“无”上古是明母鱼部,三字声母相同,韵部鱼阳对转,意义相同,应该是同源字。

又如,“特”和“直”。通常也认为“直”是“特”的假借字。但是,“直”和“特”在上古读音虽然很相近(都是定母职部),但也不完全同音,“特”是一等,“直”是三等。而古代训诂也只说“直,特也”,没有说“直读为特”的。《吕氏春秋·忠廉》:“特王子庆忌为之赐而不杀耳。”注:“特犹直也。”《吕氏春秋·分职》:“岂特宫室哉?”注:“特,犹直也。”所谓“犹”,是说意义或用法相似,而读音并不相同。所以,这两个字也应看做同源字。

又如,“倍”和“背”。一般也认为“倍”通“背”。但在上古这两个字读音不同。“背”是帮母职部,“倍”是並母之部,声母清浊不同,韵部阴入不同。“倍”的本义就是“反”。《说文》:“倍,反也。”段注:“此倍之本义。……引申之为倍文之倍,《大司乐》注曰:‘倍文曰讽。’不面其文而读之也。又引申之为加倍之倍,以反者覆也,覆之则有二面,故二之曰倍。俗人钣析,乃谓此专为加倍字,而‘倍上'、'倍文'则皆用'背',余义行而本义废矣。'倍'之或体作'偝',见《坊记》、《投壶》、《荀卿子》。"古代训诂也没有说"倍读曰背"的,《周髀算经》下:"倍正南方。"注:"倍,犹背也。"也只是说"犹"。可见"反背"之义是"倍"本身就有的,并不是假借为"背"才有"反背"之义。不过,"倍"和"背"也不是毫无关系。《释名·释形体》:"背,倍也。在后称也。"《史记·淮阴侯列传》:"相君之面,不过封侯,又危不安;相君之背,贵乃不可言。"这两字在意义上有联系,在读音上,帮并旁纽,之职对转,所以这两字是同源字。

以上三组字,王力先生《同源字典》都把它们看做同源字,这是很对的。

也许有人问:假借字也不一定是完全同音,音近也可以假借,上面几组字读音都相近,为什么不能说假借呢?我们认为,同源字和假借字的区别在于:AB两字,读音相近,如果各自读各自的音,那么它们只是同源而不是假借。只有当A读成B音,或B读成A音,才是假借。正如现代汉语有些方言中把"无"说成mào,用一个"冒"字来记录,我们只能说"冒"和"无"是同源词,而不能说"冒"是假借为"无",因为在那些方言区中"无"的读音和"冒"是不同的。

上面分别讲了五种字。实际上,在汉语言文字的发展过程中,文字的变化是很复杂的,这几种字可能交错着产生变化,下面举两个例子。

(1) 歬、前、剪、翦

据《说文》,"前进"的"前"应写作"歬"。这是个会意字,止在舟上,表示前进。"前"篆文作歬刀,从刀,歬声,为截断之义。由于在文字发展过程中,借"前"来表示"前进"之义,"前"的本义"截断"被借义"前进"所夺,所以又在"前"字下加一个偏旁"刀",用"剪"这个区别字来表示“截断”之义。“翦”字据《说文》义为“羽始生”，但在先秦文献中常借来表示“截断”义，如《左传·成公二年》：“余姑翦灭此而朝食。”后来因为出现了“剪”，“翦”的这个用法就渐趋于消失。这四个字的关系如下：

	前边	截断	羽始生
古	歬	前(翦△)	翦
今	前△	剪*	×

(△为假借字，* 为区别字)

(2) 气、氣、餼

“气”的本义是“云气”。“氣”的本义是“馈客之刍米也，从米气声”。音许既切(xì)。但先秦典籍一般借“氣”来表示云气。因为“氣”的本义为借义所夺，所以后来又在“氣”上加一“食”旁，写作“餼”来表示“馈客刍米”。如《礼记·聘礼》：“杀曰饔，生曰餼。”汉字简化后，云气的“氣”又作“气”。

由此可见，文字也是一个系统，其中一个字的变化，有时会影响到别的字。这是我们在讨论词汇和文字的关系时应当注意的。

第八章 词汇和语法的关系

词汇和语法的关系，过去谈得比较少。但这不等于说词汇和语法之间没有关系。因为，词在实际语言中不可能孤立地出现，而必须按一定的语法规则组合起来成为句子，所以，词汇和语法之间就会发生相互影响。而且，语法也不仅仅限于句法，词类、构词法等也属于语法的范畴，如果把这些也考虑在内，词汇和语法之间的关系就更加密切。

早在 1942 年，王力先生在《新训诂学》一文中就曾说过："语言学可分为三个部门：一、语音；二、语法；三、语义。但语义学不能不兼顾到它与语音和语法的关系。"王力先生又说："关于语音和语义的关系，前人已经注意到。……至于语法和语义的关系，向来很少有人注意到。"王力先生举了两个例子：(1)有人把《孟子·滕文公上》"舍皆取诸其宫中而用之"的"舍"解释为"何物"，这是不对的。因为"什么都……"(疑问代词后面紧接着范围副词)这种句式在上古是没有的。这就决定了"舍"在这里不可能有"何物"的词义。这是"从语法上证明语义"。(2)很多字典把"适"解释为"往也"，这也是不对的。因为上古的"往"是一个纯粹的内动词，"往"的目的地是不说出或不能说出的；上古的"适"是一个外动词或准外动词(有人称为关系内动词)，"适"的目的地是必须说出的。"'往'等于现代官话的'去'，'适'等于现代官话的'到……去'，这是语法的不同影响到语义的不同。”王力先生以此为例说明语法和语义(词义)有密切的关系,不能抛开语法来孤立地考察词义。

这一层意思,洪成玉《古汉语词义分析》(天津人民出版社,1985 年)一书中也说得很透彻。他在该书《词义分析和语法分析》一章中说:“词具有两重性,既具有词汇属性,又具有语法属性。离开对词的语法属性的分析,就很难对一个词的意义作出正确的判断。”他举例说,丘迟《与陈伯之书》:“将军勇冠三军,才为世出。”一些注本把“才为世出”理解为“才能是世上杰出的”,这是理解错了。因为古汉语中“出”是个动词,单用时不能作形容词,也不能作“杰出”讲。“为”如果当“是”讲,后面就要求名词或名词性词语,而这里却不是。“才为世出”的正确理解应是“才能为适应时代而生”,“为”是介词,“出”是动词。

这些例子很好地说明了词汇和语法的关系。第一,一个词有某个词义,就必然会有相应的语法属性。因此,也就决定了它可以进入某一种语法结构,和不能进入另一种语法结构。比如“为”这个词,如果是“是”的意思,就是一个带有判断性的动词,它后面就要求是一个名词或名词词组,因此,它不能进入“～世出”这个结构。如果是“为了”的意思,就是一个介词,它后面要求跟一个名词组成介词结构,然后一起修饰动词,因此,它可以进入“～世出”这个结构。同样的,如果“舍”这个词是“何物”的意思,它就是一个疑问代词,而古代汉语中没有“疑问代词＋范围副词”这样的语法结构,所以,它不能进入“～皆取诸宫中”这个结构。正因为这样,在确定句中的词义时,有时要结合语法分析。第二,有时一个词的某种语法属性会使它区别于一些近义词,如“往”是内动词,“适”是外动词,正在这一点上它们互相区别。所以,在给这些词释义时,要把它们的语法属性考虑在内。

但这些都是说的同一时代平面上的词汇和语法的关系。我们现在要进一步问:从语言的历史发展来看,词汇和语法有没有相互影响?也就是说,语法会不会影响词义的发展变化?词汇的发展变化又会不会影响到语法?

对于这个问题,我们的回答是肯定的。下面分三节来谈。

第一节　由语法关系而造成的词义变化

在语言的历史发展过程中,语法对词义变化的影响最明显地表现在下面一种事实上:有的词义的发展变化,是因为它长期处于某种语法位置而造成的。这一点在本书第三章讲词义的发展变化时曾经提及,并举了“是”字为例。现在,再举几个例子进一步说明。

(一)为

古汉语中“为”的基本用法是动词。但有时,“为”也可以放在疑问句的句尾。如《论语·颜渊》:“君子质而已矣,何以文为?”《论语·季氏》:“是社稷之臣也,何以伐为?”《庄子·逍遥游》:“奚以之九万里而南为?”《穀梁传·定公十年》:“两君合好,夷狄之民,何为来为?”对这种“为”,有两种解释。一种认为是疑问语气词,如《词诠》称之为“语末助词,表疑问”。一种认为仍是动词,如王力主编《古代汉语》在解释“何以文为”这一类句子时说:“这种句子,实际上是动词‘为’的疑问代词宾语‘何’放在作状语的介词结构前面去了,意思是‘用……做什么’。第一个例句是说‘君子质朴就行了,用文采做什么?’”

这两种解释哪一种对呢？应该说，两种解释都有道理。从动词“为”变为疑问语气词“为”是一个词义发展的过程。认为句尾的“为”是动词，是注意到词义发展变化的起点；认为句尾的“为”是疑问语气词，是着眼于词义发展变化的结果。

从“何以文为”这一类型的句子来看，把它解释为“以文为何”比较合理，而把“为”解释为疑问语气词有一定的困难。因为一个疑问句，如果把句末的疑问语气词去掉，句子一般还是能成立的。但如果把“何以文为”中的“为”去掉，剩下的“何以文”就不成话了。

“何以伐为”、“奚以之九万里而南为”是另一种类型。它们和“何以文为”是同一种格式，不同的只是这种类型中处于“何以（奚以）……为”中间的不是名词，而是动词或动词性词组。但是，这一类型的句子，如果把“为”字去掉，句子也还能通。如“何以伐？”“奚以之九万里而南？”所以，把“为”解释为疑问语气词也可以。也许，正是在这种句式中，人们逐渐忘记了“为”是一个动词，由于“为”处于疑问句的句尾，就把它看做一个疑问语气词了。

在“夷狄之民，何为来为”中，“为”就只能看做疑问语气词，而不能看做“以……为何”的变式了。因为句中并没有出现介词“以”。这种类型的句子，是人们完全忘掉了句尾“为”的来源，把它作为一个一般的疑问语气词使用而形成的。

根据这种分析，我们认为“为”这个词由动词发展成为语气词，是由它在句中所处的语法地位而造成的。

（二）斯

在古汉语中，“斯”是指示代词，又是连词。这两者之间是有关系的。

指示代词的“斯”很常见，它可以作宾语、定语，也可以作主语。

如《论语·尧曰》："因民之所利而利之，斯不亦惠而不费乎？"因为它是个指示代词，所以做主语时往往处在后一个分句之首，用来复指前一个分句所说的事。如上面这个例句就是这样。

有时，这前后两个分句也可以表示一种事理相承的关系，表示"在某样情况下，这就如何如何"。例如《论语·为政》："攻乎异端，斯害也已。"皇疏："言人者不学六籍正典，而杂学乎诸子百家，此则为害之深。"对《论语》这句话，有不同的解释，这在第六章中已经说过。值得注意的是皇侃的疏。他把"斯害也已"解释为"此则为害之深"，显然是把"斯"解释为"此"，但后面又加了一个承接连词"则"，这个"则"是用来表达两个分句之间的关系的。指示代词"斯"的作用是复指上一个分句，去掉这个"斯"字，对本句的语义和语法均无影响，因此它的指示代词的意义逐渐减弱；同时，"斯"所处的这种句法地位，又容易使人觉得它的用法和连词"则"相同，这样，它就逐渐被当作连词来用。例如《论语·尧曰》："子张问于孔子曰：'何如斯可以从政矣？'子曰：'尊五美，屏四恶，斯可以从政矣。'"这句"斯可以从政矣"的"斯"，理解为代词"此"和理解为连词"则"都是可以的；但对比上面的"何如斯可以从政矣"，那就应理解为"则"。这样，"斯"就由代词演变为连词。再如《论语·先进》："冉有问：'闻斯行诸？'子曰：'闻斯行之。'"这种"斯"，就离开了原有的句法位置，作为一个完全的连词来使用了。

有一点需要说明：这里所引的"斯"字的例句，都出自《论语》，这并不是说同一部《论语》中有"斯"字的句子时代有早有晚。根据我们的看法，"斯"字是由指示代词逐步演变为连词的。但当"斯"字变为连词以后，作为指示代词的"斯"也还在继续使用，所以两种"斯"会在同一部作品中出现。上面讲"为"字时所举的也有同是

《论语》中的例子,也应这样看待。

(三)必

在先秦,“必”最常见的用法是用做表必然的副词。到唐代,“必”产生出一种新的用法:假设连词,用法同“若”,有时还可以“必若”连用。这种例子,张相《诗词曲语辞汇释》中举了很多。如杜甫《丹青引》:“将军善画盖有神,必逢佳士亦写真。”杜甫《送韦讽上阆州录事参军》:“必若救疮痍,先应去蝥贼。”这种“必”在唐代散文中也很常见,如刘知几《史通》中就很多。这里仅举一例:《史通·杂说》:“观休文宋典,诚曰不工;必比伯起魏书,更为良史。”这种“必”是从表必然的副词“必”发展来的。

表必然的副词“必”出现在复句中的时候,通常是在后一分句中,整个复句表示在某种情况下会出现某种必然的结果。但是,甲事的结果,又可能成为乙事的原因。所以,有时“必”也能出现在前一个分句中。下面是一个很典型的例子:《韩非子·主道》:“是故诚有功,则虽疏贱必赏;诚有过,则虽近爱必诛。疏贱必赏,近爱必诛,则疏贱者不怠,而近爱者不骄也。”后一个“疏贱必赏,近爱必诛”表示的是假设,在前面加上一个假设连词“若”也是可以的。

如果副词“必”用在假设句中,而前面又没有主语出现,那么,就容易使人以为是“必”字表示假设语气。例如《论语·颜渊》:“必不得已而去,于斯三者何先?”邢疏:“若不获已而除去,于此三者之中何者为先?”这里的“必”其实还是副词,是“一定”的意思。但由于处在假设句中,前面又没有主语,邢疏就拿“若”来对译它了。

在下面的例子中,“必”处于从副词到连词的过渡状态:《韩非子·说林上》:“曾从子,善相剑者也。卫君怨吴王,曾从子曰:‘吴王好剑,臣相剑者也,臣请为吴王相剑,拔而示之,因为君刺之。’卫君曰:'子之为是也,非缘义也,为利也。吴强而富,卫弱而贫,子必往,吾恐子为吴王用之于我也。'乃逐之。"《史记·廉颇蔺相如列传》:"王必无人,臣愿奉璧往使。"这两个"必"都可以当"若"讲。但是,在《韩非子》全书中,"必"可以当"若"讲的仅此一例,而其他的"必"不是动词就是副词。所以,这句中的"子必往",还应是"(若)子必往"的意思,"必"仍然是个副词。不过,比起《论语》中"必不得已而去"的"必"来,它又向假设连词"必"跨进一步了。

除此之外,动词的使动用法也可以使词产生新的意义,王力《汉语史稿》下册第四章说:"'去'字在上古有两个主要意义,一个是'离开'的意义(去齐,去鲁),另一个是'除去'的意义(《老子》'去甚,去奢,去泰')……后者只是前者的'致动'用法('除去'也就是'使离开')。"这个问题在本书第三章已经讲过,此处从略。

第二节　词的转化

语法对词义变化的影响,还表现在词的"转化"上。

什么叫词的"转化"?我们先看下面三组例句:

A 组

冠$_a$:《左传·昭公九年》:"犹衣服之有冠冕。"
带$_a$:《史记·高祖功臣侯者年表》:"使河如带,泰山若砺。"
履$_a$:《庄子·山木》:"衣弊履穿。"

B 组

冠$_b$:《庄子·盗跖》:"冠枝木之冠。"
带$_b$:《庄子·盗跖》:"带死牛之胁。"
履$_b$:《史记·留侯世家》:"父曰:履我!"

C 组

冠$_c$:《史记·魏其武安侯列传》:"名冠三军。"

带$_c$:《史记·项羽本纪》:"哙即带剑拥盾入军门。"

履$_c$:《诗经·小雅·小旻》:"如临深渊,如履薄冰。"

每组例句中都有"冠"、"带"、"履"三个词。A 组的三个词都是名词,B 组 C 组的三个词都是动词。这三个词在各组中的意义都不相同,但"名"—"动"之间意义上有联系。(其中"冠"、"带"的本义是名词,"履"的本义是动词,但这不妨碍我们的讨论。)可是,A、B 两组中相应的词之间,与 A、C 两组中相应的词之间,关系是否相同呢?从直感来说,我们会觉得并不相同:A、B 两组中名动之间的关系,要比 A、C 两组中名动之间的关系密切一些。再进一步分析,就可以知道,A 组中的名词所代表的事物,在语义上就是 B 组中动词所代表的动作的对象。这一点,"冠枝木之冠"这个例句给了我们很明显的提示。如果把 B 组中加点的词翻译成现代汉语,很容易看出:"冠"是"戴(帽)","带"是"系(带)","履"是"穿(鞋)"。从义素分析法的角度来看,也可以这样说:A 组中名词的全部义素整个地移入了 B 组中相应的动词的语义构成之中,在 B 组中相应的动词的语义结构式中,作为表示动作对象的部分而存在。

也有的名词变为动词后,在语义上不是动作的对象,而是动作的工具或主体。例如:

《史记·陈涉世家》:"皆指目陈胜。"

《史记·廉颇蔺相如列传》:"左右欲刃相如。"

《左传·襄公九年》:"楚子师于武城。"

韩愈《原道》:"火其书。"

其中的"指"、"目"、"刃"、"师"、"火"也和 B 组的"冠"、"带"、"履"

一样，是由相应的名词变来的，而原有名词的全部义素，整个移入了这些动词的语义构成之中，在这些动词的语义结构式中，作为表示动作工具或主体的部分而存在。

像这样的一种词义产生的方式，我们称之为“转化”。

而 A 组和 C 组相应的“名”—“动”（或“动”—“名”）之间的关系，就与此不同。我们不能说 A 组中的名词是 C 组中相应动词的对象、主体或工具。从“冠$_a$”发展到“冠$_c$”，从“带$_a$”发展到“带$_c$”，从“履$_c$”发展到“履$_a$”，不是转化，而是通常所说的引申。

引申和转化是从旧义产生新义的两种途径。它们的不同在于：引申是通过语义变化的手段产生新义，即通过义素的增减变化而产生新义。如果是直接引申，那么旧义与新义之间总有共同的义素，但一般说来不会是旧义的全部义素整个的进入新义（即使全部进入新义，情况也与“转化”不同。这个问题此处不详谈）；如果是间接引申，那么旧义与新义之间可能没有共同的义素。由引申产生的新义，可以和旧义属于不同的词类，也可以和旧义属于同一词类。“转化”则是通过语法变化的手段产生新义，即：使一个词具有某种新的语法功能，使它改属另一个词类，从而也就使它的词义发生改变。由转化所产生的新义，其词性一定是与旧义不同的。

在一般情况下，词由转化而产生新义，其词性的变化和词义的变化几乎是同时发生的。那么，为什么说它是词性的变化影响了词义的变化，而不是词义的变化影响了词性的变化呢？这个问题不大好回答。我们在这里试图作如下说明：

词由转化而产生的新义，有时是不固定的，在不同的上下文里，可能有不同的意义。如：

《论语・颜渊》：“齐景公问政于孔子。孔子对曰：‘君君，臣臣，父父，子子。'公曰：'善哉！信如君不君，臣不臣，父不父，子不子，虽有粟，吾得而食诸？'"

《汉书·张骞传》："(大月氏)既臣大夏而君之。"

柳宗元《封建论》："天下乖盭，无君君之心。"

这三个"君"都是由名词转化而为动词，它们都取得了动词的语法功能(可以带宾语，可以受副词"不"修饰)，同时，在语义上也由表"君主"这种人而变为一个以"君主"为对象的动作。但具体表示什么动作，即这个动词的词义是什么，都是由各个句子的上下文决定的。例1中的"君"是"像君主"，例2中的"君"是"做君主"，例3中的"君"是"当做君主"。

不但如此，就是在同样的上下文中，从名词转化来的形容词词义也可能是含糊不清的。例如《左传·昭公二十六年》："有君子白皙鬒须眉，甚口。"孔疏："甚口者，谓大口也。"而《马氏文通》认为"甚口"是"甚有口辩也"。这个"口"之所以有两种理解，是因为原句只规定了两点：(1)"口"放在副词"甚"后面，可见已转化为形容词了。(2)这个形容词既然由名词"口"转来，就必然与"口"的性状有关。因此，它既可能是"口大"，也可能是"口辩"。至于究竟是什么词义，就要由具体上下文来决定。在本句中，"口大"和"口辩"都说得通，所以就形成了歧义。

也许有人会说："上述例句都是从阅读的角度来谈的。如果从古人表达的角度看，说话人总是先有一个明确的意思，然后才形诸文字的。"从原则上说，这当然是对的。像上文的"甚口"，在说话者心里，只能有一种意思，不可能既是"甚大口"，又是"甚有口辩"。但是，也不能否认，在有的情况下，说话者在用临时转化的词表达意思的时候，这个临时转化的词在他心里未必有十分清楚的词义。古人的思想过程，我们很难推测了。下面举一个现代汉语的例子。

比如,在某些场合,我们可以对别人说:“你真太阿Q了!”这里的“阿Q”,其确切含意是什么呢?是“像阿Q”,“和阿Q一样可笑”,还是“有点儿阿Q精神”?似乎在我们的思想中并不十分清楚。我们只是意识到对方和阿Q有某些共同点,就把“阿Q”放到“你真太×了”这个句式中来表达,而这个×通常是由谓词性的成分占据的。这种语法地位使“阿Q”这个词的词性发生了变化,从而也使它的词义与名词“阿Q”有所不同。可能古汉语中的“尔欲吴王我乎”情况也是一样。正因为这种临时转化所形成的词义不确定,所以,有时也给理解造成一些困难。理解不等于表达,但两者也不是毫无关系的。

应当说明,这种词义不确定的情况,只在临时的转化的场合下才存在。如果这种临时的转化反复多次,而且得到社会的承认,形成了固定的词义,那么,这种词义就不再是不明确的了。例如“马大哈”原来是一出相声中的人名,最初人们说“你真马大哈”,就和说“你真阿Q”一样,是一种临时的转化。但后来“马大哈”一词得到普遍的使用,成了“马虎”的同义词,这时人们使用这个词,当然是先了解了这个词的词义和词性,然后再把它组织到句中去的。

上面讲转化时举的例子,都是由名词转化为动词或形容词。实际上,转化也包括从动词、形容词转化为名词。这样的例子也不少,这里就不举了。至于具体到某些词(如“雨”、“食”等)究竟是由名词转化为动词,还是由动词转化为名词,或者在远古时期名动不分,后来才分化为名词和动词,这就需要进一步深入研究,这里不拟讨论。

下面谈一谈“转化”和“活用”、“兼类”的关系。

“转化”不等于活用。“活用”是一个词临时用做另一词类,从而也临时产生新的意义。而“转化”有两种情况：(a)临时的转化，转化后产生的意义并没有得到社会的承认，没有形成固定的词义(如“尔欲吴王我乎”的“吴王”)，这才是活用。(b)转化后产生的意义得到社会承认，成为一个词固有的义位(如“皆指目陈胜”的“指”、“目”)，甚至分化出一个新的词(如“王天下”的“王”)，这种情况就不是活用。

“转化”更不等于“兼类”。首先，转化是一种词义演变的途径，而“兼类”是一个词在词类划分方面呈现的状况，两者不是一回事。其次，“兼类”是指一个词兼属两个(或几个)词类，如果是两个相关的词分属两个词类，就不叫兼类。所以，如果转化的结果旧义和新义成了两个词(如“君王”的“王”和“王天下”的“王”)，就不是兼类。临时的转化(活用)所形成的意义既然不是固定的词义，当然也不是兼类(比如，我们不能说古汉语中的“吴王”兼属名动两类)。再次，“兼类”不一定是由转化而形成的。比如，引申后产生的新义如果和旧义语法功能不同，但是是一个词的两个义位，这个词也可以是兼类(如“冠”：①帽子，②居首位)。如果一个词词义不变，而可以名动两用(如“害”，既可是动词，也可是名词)，这也是兼类。所以，“转化”和“兼类”是不能等同的。当然，当转化形成的新义和旧义属于同一个词的两个义位时，我们可以说这个词是兼类(如“目”：①眼睛，②看)。

我们可以列一个简表，说明“转化”、“活用”、“兼类”三者的关系。

	新旧义分为两个词	新旧义为同一个词的不同义位	新义未成为固定词义
转化		兼　类	活用
引申		兼　类	

在当前的古汉语教学中，往往把“活用”的范围弄得过大，如“王天下”的“王”，“指目陈胜”的“指”、“目”，“尔欲吴王我乎”的“吴王”，统统称之为“活用”，这显然是不妥当的。近来有不少人注意到这个问题，认为“王”和“目”不应该是活用，应该是兼类。这样，又把“兼类”的范围扩大了，而对兼类的前提应是同一个词这一点有所忽略。当然，转化后的新义和旧义究竟是两个词还是同一个词的两个义项，有时是不太容易区分的。但无论如何，在原则上总应该承认转化的新义和旧义有可能是两个词，而不应该把所有“名”—“动”转化的词除“活用”外统统归入“兼类”。①

词在转化时有时伴随着语音的变化，即有所谓“破读”。比如，“君王”的“王”读平声，“王天下”的“王”读去声。一般来说，既然语音形式变了，就应该认为已成为一个新的词。但是，也有的词，虽然有破读，却很难认为是两个词。如《周礼·天官·冢宰》“染人”，《释文》音“而艳反”（去声），虽然读音改变了，但很难说“染人”的“染”和“染丝”的“染”是两个不同的词。反过来说，由转化或引申而成了两个词的，读音却不一定改变。如名词“被”和介词“被”读音一样。所以也不能简单地用读音是否改变作为绝对的标准来判断哪些是兼类，哪些是分属两个词，而应该把读音和词义结合起来进行分析，才能得出正确的结论。

“转化”这种形成新义、新词的手段，在古汉语中是很能产的，在现代汉语中用得较少了，但也还是有的。如“编辑”（动词）——→

① 朱德熙先生在《语法讲义》中说：“兼类问题跟我们如何分析词义有关系。”他认为“一把锁”的“锁”和“锁门”的“锁”是两个词，所以没有兼类的问题。这些意见很值得我们认真考虑。

“编辑”(名词),“精神”(名词)——→“精神”(形容词)。在其他民族语言中,也有这种构词手段。如英语中的:

to spy (动词,探听) ——→spy (名词,间谍)

begger (名词,乞丐) ——→to begger (动词,使贫穷)

而且,在现代英语中,这种“名—动”转化的现象还相当普遍。如果一个新出现的事物是很普及的,那么,它的名词就很可能直接转化为动词。例如:

radio [无线电] ——→to radio (a message) [用无线电传播]

xerox [静电复印机] ——→to xerox (a book) [复印]

tape [录音带] ——→to tape (a lecture) [录音]

x-ray [X 光] ——→to x-ray (sb’s chest) [透视]

vediotape [录像带] ——→to vediotape (the conference) [录像]

在英语中,把这种构词法称为 conversion(译为“转化”或“转类”)。除了上面这些词性和词义都发生变化的例子以外,像 attack(动词,进攻)——→attack(名词,进攻)也属于 conversion。有人着眼于词性的转变,而把这种构词法称为 functional shift(功能转变),有人着眼于它没有形态变化,称之为 derivation by zero suffix(无词缀派生),而和 derivation(派生)相对。derivation 的例子如:

invade [动词,侵略] ——→invasion [名词,侵略]

write [动词,写作] ——→writer [名词,作家]

victim [名词,受害者] ——→victimize [动词,使受害][1]

---

① 以上参考张韵斐主编《现代英语词汇学概论》,北京师范大学出版社,1986。

conversion(转化)和 derivation(派生)的区别完全在于词的形态有无变化。这种分类是适合于英语这种有形态变化的语言的,而对汉语来说就不适合。所以,我们在本节中所说的“转化”和英语的 conversion 涵义不同,我们所说的“转化”,指的是由词性和词义同时发生变化而产生新义或新词的手段,像古代汉语中的“害”、“爱”,现代汉语中的“进攻”、“侵略”,都可以兼属动词和名词,但它们的词义没有变化,所以不属于我们所说的“转化”。

第三节　词汇变化对语法的影响

词汇和语法的相互影响还表现为词汇变化对语法的影响。具体地说,汉语词汇从古到今有一种从“综合”到“分析”的趋势,这种趋势影响到语法的变化。

所谓从“综合”到“分析”,指的是同一语义,在上古汉语中是用一个词来表达的,后来变成或是用两个词构成词组,或是分成两个词来表达。这又可以分为三种情况。下面分别谈它们对语法的影响。

(一)古汉语中一些单音的动词,到白话中要用一个动宾词组来表达。这一现象吕叔湘先生《中国文法要略》中已经指出。吕先生说:

> 有一点是初学文言的应该注意的:白话里有许多动词常常带一定的止词,合起来才抵得文言的一个动词。例如:

[话]		[文]	[话]		[文]
走路	=	行	招手	=	招
睡觉	=	眠	点头	=	颔
答话	=	答	怀疑	=	疑

住家 ＝ 住　　　怀恨 ＝ 怨

道谢 ＝ 谢　　　作揖 ＝ 揖

道歉 ＝ 谢(谢罪)　送行 ＝ 饯

这也是近代汉语里的词多音缀化的一种表现。

确实,复音词化是汉语词汇发展的一种总趋势。不过,如果只是出于复音词化的需要,就不一定非得在动词后面加宾语不可。例如"行"可以说成"行走","住"可以说成"居住","答"可以说成"回答"。这时候,就只有词汇的变化,而没有语法的变化。但在有的情况下,古汉语的单音词要译成现代汉语,就非加上宾语不可。如上面举的"颔",就非译成"点头"不可。这是为什么?

这是因为在古代汉语中,"颔"虽然是个动词,但只限于"头"的动作,或者说,是把"向下稍微动一动立刻恢复原位"这个动作和动作的主体"头"这两个意义综合在一起,用"颔"这个词来表达的。而在现代汉语中,"点"(向下稍微动一动立刻恢复原位)这个动作是和"头"、"手指"等意义分开的,所以光说"点"不足以表达"颔"的意义,而必须说"点头"。

这种情况在古汉语中很多。如《说文》:

沐,濯发也。　沬,洒面也。

洗,洒足也。　盥,澡手也。

刵,断耳也。　劓,刖鼻也。

刭,刑也。(段注:许意刭谓断颈)

在现代汉语中,这些动作都必须用分析的方法来表达,即用动作加上动作的对象,构成一个动宾词组,说成"洗头"、"洗脸"、"洗手"、"洗脚"、"割耳朵"、"割鼻子"、"割脖子"等。

那些由名词转化而成的动词也都是把动作和动作对象(或动作的主体、动作的工具)综合在一起表述的,在现代汉语中也要由词组来表达。如“冠”要说成“戴帽子”,“履”要说成“穿鞋”等等。

这种词汇的变化,必然会影响到语法,使得类似的语义在古汉语和现代汉语中必须用不同的句式来表达。

在古汉语中,这种综合型的动词可以放在主语的后面,构成“主+谓”。如《汉书·英布传》:“汉王方踞床洗。”在现代汉语中,这种类似的语义就必须用“主+动+宾”的句式表达,如“××正在洗脚”。

在古汉语中,这种综合型的动词也可以带上指人的宾语,表示动作施及的人。如上面举的“履我”,和《韩非子·内储说下》:“王怒曰:‘劓之!’”在现代汉语中,因为动作本身已经用“动词+宾语(指物)”的方式来表达,后面无法再带一个指人的宾语,因此,相应的句式就必须改变,说成“给我穿鞋”、“割掉他的鼻子”之类,把动作施及的人另作处理,或是做介词的宾语,或是做宾语的定语。

有时候,这种“动词——→动+宾”的变化,不能拿“综合——→分析”的趋势来解释。例如:

行——→走路　　言——→说话

歌——→唱歌　　揖——→作揖

“走路”中的“走”就相当于古汉语中的“行”,“说话”中的“说”就相当于古汉语中的“言”,为什么后面还要加上一个宾语呢?而且,加上去的宾语似乎是无意义的,类似语义学上所说的“零项”(null argument),即这个语义单位是不传递什么新的信息的:“走”的对象必然是“路”,说的对象必然是“话”,它不像“洗头”、“洗脸”、“洗手”、“洗脚”中的“头”、“脸”、“手”、“脚”那样,有区别语义的作用。那么为什么不说“走”和“说”,而要说成“走路”和“说话”呢?我认为,这里面固然也有“复音化”的趋势在起作用,但也还有别的原因。

在现代汉语中，“走”有两个意思：a.行走，b.离开。当“走”字单用时，往往表示“离开”之意，如“你走不走？”“我走了。”这种“走”和《论语·微子》“使子路反见之，至则行矣”中的“行”相当。而《论语·雍也》“行不由径”中的“行”，在现代汉语中就要说成“走路”，以此与表示“离开”的“走”相区别。

现代汉语中的“说”，通常和“说话”有一定的区别。“说”一般指讲某些具体的话或谈论某件具体的事情。“说话”一般是泛指一种“以语言表达思想”的行为。如“别说了”指的是别再谈论某种事情了，“别说话了”则大致等于“不要作声”。又如“他不爱说话”不能换成“他不爱说”，“他不肯说”也不能换成“他不肯说话”。而古代汉语中的“言”，往往是泛指“以语言表达思想”的行为，所以在现代汉语中和“言”相应的是“说话”而不是“说”。当然，在古代汉语中，“言”也有表示具体的讲或谈论的，这时候的“言”往往带有宾语，比如《论语·公冶长》：“盍各言尔志？”和这种“言”相应的就是“说”了。正因为这种区别，“言不及义”要译成“说话不关义理”，而“言之有理”却要译成“说得有理”。古汉语中不带宾语的，翻译时要加上宾语，古汉语中带宾语的，翻译时反而要去掉宾语，这是很有意思的。

“唱歌”和“作揖”又是另一种情况。“歌”和“揖”在古汉语中本是动词，但在现代汉语中都变为名词了，因此在表示动作时，必须在前面另加一个动词。

总之，这些词的变化都和古今汉语的差异有关。而当这些词处于句子之中时，这些词的变化就会影响到句子的结构。

（二）在古汉语中还常常把动作和动作的结果综合在一起，用一个词表达，这就是通常所说的“形容词的使动用法”。

从表面上看，形容词的使动用法只表达了动作产生的结果（状态），而没有表达动作本身。但是，在古人的思想中，是比较清楚地觉得它也包含了动作本身。请看下面的例子：《仪礼·既夕礼》：“马不齐髦。”郑注：“齐，翦也。”《尔雅·释言》：“剂、翦，齐也。”《仪礼·聘礼》：“贾人北面坐，拭圭。”郑注：“拭，清也。”《尔雅·释诂》：“挋、拭、刷，清也。”“马不齐髦”中的“齐”是形容词的使动，从字面上看，它只是表达了“使马毛齐”，而没有说出具体的动作。但郑注却用一个动词“翦”来解释它，也就是说，在他看来，“齐”不但表达了动作的结果（齐），而且表达了动作本身（翦）。“贾人北面坐，拭圭”中的“拭”，无疑是一个动词，但郑注却用了一个形容词“清”去解释它。显然，他是把“清”看做一个既包含动作又包含结果的词来用的，即相当于现代汉语中的“擦干净”。这种解释不只是郑玄一个人的语言习惯，这可以从上引《尔雅》的训释得到证明。[①]

但尽管如此，这种用做使动的形容词毕竟没有明确地把动作说出来。比如《左传·襄公三十一年》：“高其闬闳。”《墨子·尚同中》：“非高其爵，厚其禄，富贵佚而错之也。”《荀子·成相》：“大其园囿高其台。”在这些句子中，施加于对象而使之“高”的动作显然是不一样的，但是这些动作在句中都没有表示出来，这正是古汉语的表达不够精密的地方。只有到后来在汉语中产生了动补结构，人们才能用“加高”、“提高”、“垫高”来明确地表示其动作的不同。在这里，我们又看到了语法和词汇的相互影响：动补式的出现，使得“齐”、“清”、“高”之类“综合”型用法为“剪齐”、“擦干净”、“加高”、“提高”、“垫高”等“分析”型的动补结构所代替，从而使汉语的

① 这一段的论述是错误的。详见蒋绍愚《再谈“从综合到分析”》（《语文研究》2021年第1期）。

表达更臻于精密。

（三）李崇兴同志在《处所词发展历史的初步考察》一文中说：先秦汉语的实体名词既可表实体，也可表处所，处所名词和一般名词在形式上没有区别。到后来，名词加上方位词表处所的逐渐增多。与此相应，先秦时在动词和表处所的名词之间通常要加介词“于”，而到《史记》中，由于表处所的名词已有方位词指明，在动词和表处所的名词之间用“于”的就大大减少。这一观察是很细致的。我们可以补充如下一些例证：《荀子·劝学》：“积土成山，风雨兴焉；积水成渊，蛟龙生焉。”《庄子·天地》：“藏金于山，藏珠于渊。”《荀子·大略》：“争利如蚤甲而丧其掌。”《孟子·梁惠王》：“天下可运于掌。”前面的“山”、“渊”、“掌”是实体名词，后面的“山”、“渊”、“掌”是处所名词。但在先秦这两者在形式上无别，所不同的是在动词与处所名词之间有“于”，而实体名词前面没有“于”。

再看两个《左传》和《史记》对比的例子（转引自何乐士《史记语法特点研究》）：《左传·昭公十三年》：“夏五月癸亥，王缢于芋尹申亥氏。”《史记·楚世家》：“夏五月癸丑，王死申亥家。”《左传·僖公二十四年》：“投其璧于河。”《史记·晋世家》：“乃投璧河中。”《史记》中的“申亥家”、“河中”表处所的意义非常明显，所以前面可以不用“于”。

当然，这个问题不能讲得太绝对。因为在《孟子》中也有“犹运之掌也”这样的句子，“掌”表示处所，后面没有方位词，但前面也没有介词“于”。《孟子》中也有“治天下可运之掌上”这样的句子：“掌”后面有方位词“上”，前面没有介词“于”，形式和《史记》中的“投璧河中”相同。但一般说来，像“投璧于河”这样的句子，如果要省去“于”字，就必须在“河”后面加上方位词“中”，这一点，表现了词汇对语法的影响。

再举一个“木”字。在先秦，“木”既指树（如“缘木而求鱼”），又指木头（如“朽木不可雕”），又指木质的（如“木鸢”、“木鸡”），三者在形式上没有区别。后来这个词发生分化，“缘木而求鱼”的“木”改称为“树”，“朽木不可雕”的“木”加上词尾“头”变为“木头”，而“木”一般就只表示“木质的”了（如“木匣”、“木鞋”）。与此相应，“木”这个词的语法功能也发生了变化。古代的“木”既可做主语、宾语（“木折”、“伐木”），做中心语（“朽木”），也可做定语（“木鸢”）。现代汉语中，“木”一般只能做定语，即只能说“木匣”，而不能说“砍木”、“烂木”等。与“木”相比，“草”的词义没有分化，所以它的语法功能也始终未变：现代汉语中既可以说“草鞋”、“草帽”等，也可以说“割草”、“烂草”等。

这也是汉语词汇从综合到分析对语法产生的影响，虽然这种“综合”、“分析”和前面第（一）、（二）类中所说的不大相同。

第九章　关于近代汉语词汇的研究

在以上八章中，举的主要是上古汉语中的例子，这是由汉语历史词汇研究的现状决定的。迄今为止，对上古汉语词汇研究得比较充分，而对六朝以后汉语词汇的研究还相当薄弱。这种情况，对汉语历史词汇学的研究是十分不利的。因为六朝以后汉语还有一段很长的发展历史，在这个时期里，汉语词汇出现了许多重要的变化，不弄清这一段词汇的面貌和发展历史，汉语词汇史的研究就只能是半截子的；而且，从晚唐五代开始，逐步形成了古白话，古白话的词汇，和现代汉语词汇有着更为密切的关系，不对古白话的词汇进行深入研究，对现代汉语词汇也就不能有透彻的理解。所以，汉语历史词汇学面临的一个重要任务，就是要把这段空白填补起来。这当然不是短时期内所能完成的，而是要经过几代人的努力。

本章不打算全面涉及六朝以后词汇的研究，而只打算谈谈近代汉语词汇研究的概况和方法。按照吕叔湘先生的意见，晚唐五代是近代汉语的起点。

词汇是有历史继承性的。近代汉语词汇中有相当一部分是继承先秦两汉直至南北朝的词汇，这些词汇当然也在近代汉语词汇的研究范围之内。但近代汉语词汇研究的重点，则应是近代汉语中新产生的口语词汇。本章所谈的，主要也是近代汉语口语词汇的研究概况和研究方法。

第一节　近代汉语词汇研究的概况

（一）20 世纪以前的研究情况。

在古代，口语词汇一直是被认为不登大雅之堂的，所以，对口语词汇的研究一直不被重视。但尽管如此，历代都还有一些研究口语词汇的著作。

在唐代，著名学者颜师古的《匡谬正俗》就包含了对某些口语词汇的研究。从敦煌石窟中发现的抄本《字宝碎金》和《俗务要名林》更是研究晚唐五代口语词汇的重要资料。玄应的《一切经音义》和慧琳的《一切经音义》主要是对佛经中词语的注音释义，但因为佛教的宣传对象主要是平民，所以在早期佛经的汉译文中包含较多的口语词汇，而两部《一切经音义》中也就包含了较多口语词汇的解释。此外，《一切经音义》中还保存了很多唐以前的字书的训释，这些字书，现在有的已经亡佚，所以，在《一切经音义》中保存下来的也就成了一宗宝贵的资料。此外，唐人的笔记杂著，如封演《封氏闻见记》、段成式《酉阳杂俎》、李匡乂《资暇集》、苏鹗《苏氏演义》等，也有一些关于口语词汇的记载和名物制度的考订。

宋代关于口语词汇的记载应首先提到《广韵》、《集韵》。这两部书历来只被作为韵书而受到重视，但两部书中也收了许多唐宋以来产生的新词，这方面还没有受到应有的重视。佚名《释常谈》、龚熙正《续释常谈》、赵叔向《肯綮录》都是专门解释“俗语词”的，但篇幅都不大。孟元老《东京梦华录》是对北宋都城汴梁的记载，周密《武林旧事》、吴自牧《梦粱录》是对南宋都城临安的记载，虽然不是研究口语词汇的专著，但其中却有不少宋代日常生活中常见的词语。此外，宋人的一些著名的笔记，如沈括《梦溪笔谈》、吴曾《能改斋漫录》、洪迈《容斋随笔》、陆游《老学庵笔记》等，其中或设专门章节，或有某些条目，谈到唐宋时的口语词。

元代陶宗仪《辍耕录》中记载俗语数十条。明代杨慎《俗言》、岳元声《方言据》、焦竑《俗用杂字》是专门讲俗语的。徐渭《南词叙录》，胡震亨《唐音癸签·诂笺》，分别记载了元曲和唐诗中的口语词。田汝成《西湖游览余志》载“市语”四十余条。此外，郎瑛《七修类稿》、方以智《通雅》虽不是专为研究口语词汇而作，但其中多有关于唐宋以来口语词和名物制度的记载。

清代考据训诂之学大盛。学者们的主要精力当然还是放在对先秦和两汉词语的考订和诠释上，但随着语言文字研究的深入，对口语词汇的研究，比以前也有了较大的进展。主要的著作有钱大昕《恒言录》、钱大昭《迩言》、陈鳣《恒言广证》、郝懿行《证俗文》、翟灏《通俗编》、梁同书《直语补正》等。李调元《方言藻》虽以“方言”为名，但实际上是研究唐诗宋词中的口语词的。杭世骏《续方言》、程际盛《续方言补正》收集历代文献中出现的方言词语。刘淇《助字辨略》中有一些是近代汉语中产生的虚词。此外，像王鸣盛《十七史商榷》、桂馥《札樸》中有专门章节记载“俗字”。

在这些古代研究口语词汇的著作中，可以翟灏《通俗编》为代表。

《通俗编》共三十八卷，全书五千余条，按门类排列，对所收的口语词(其中包括一些成语和俚语、谚语)或是诠释意义，或是考订出处，或是说明变化。它在口语词汇研究方面的成就，主要在以下几方面：

(1) 对历代口语词的记录和诠释。如：

[生受] 《元典章》见处甚多。如“官人每做贼说谎，交百姓生受。”

“使臣到外骚扰，交百姓站赤生受。”合观诸文，大抵即“难为”之意。

［乱道］ 欧阳修《与梅圣俞简》云：“乱道一两首，在谢丈处，可略与臧否之。”又《答连职方》云：“乱道《思颍》诗一卷，粗以见志，闲中可资一噱。”今人自谦所作辄曰“乱道”。

根据这样的解释，我们就可以知道“生受”和“乱道”这两个口语词的意义；还可以知道，“乱道”一词不但宋代口语中有，而且在清代也还存在。

（2）对口语词始见时代的考订。如：

［靠］ 《说文》“靠”训相违，唐曹松“靠月坐看山”始以俗训入诗。（按：这是说“背靠”的“靠”始见于晚唐时的诗中。）

［弄］ 《南史》：“萧谌接郁林王出，至延德西弄，弑之。”（按：这是“里弄”的“弄”较早见于书面记载者。）

（3）对口语词历史演变的研究。如：

［内人］ 《天禄余识》：“唐女妓入宜春院谓之内人。今概称妻为内人，非。”翟灏指出这种说法不对，《周礼》中的“内人”都是指天子御妻，而《礼记·檀弓》注：“内人，妻妾也。”可见当时已成为通用之词，称入宜春院之女妓为“内人”，惟唐时为然。

［贫道］ 《世说》：“支道林尝养数马，曰‘贫道重其神骏’。”叶梦得《石林燕语》：“晋宋间佛教初行，未有僧称，通曰‘道人’。自称则曰‘贫道’。”翟按：今以不簪薙而执役于释道门者为道人。（按：这是说“道人”一词最初指僧人，清代指寺庙中的杂役。）

（4）对口语词语源的探求。

首先，翟灏《通俗编》对一些口语词语源的错误解释加以纠正。如俗称妻父为“泰山”，关于其原因，最通常的说法是唐玄宗祭泰山，张说为封禅使，其女婿因此而升官，因云：“此泰山之力也。”遂以“泰山”称妻父。翟灏指出此说未确，因为《汉书·郊祀志》中大山川有岳山，小山川有岳婿山，可见已经称妻父为“岳”。又引欧阳修《归田录》说，“今人呼妻父为岳公，以泰山有丈人峰”。认为此说最为得解。应该说，翟灏的看法是正确的。

其次，《通俗编》对口语词语源的探求虽然没有明确从中总结出词汇发展变化的规律，但给了我们一些启示，我们可以从中归纳出词汇发展变化的种种原因和途径。如：

a. 引申

［乾］《史记》注："但封祭不立尸曰乾祭。"引申为权假之义，故称义父母为"乾耶嬢"。如《北史·恩倖传》："陆令萱配入掖庭，后主襁褓之中，令其鞠养，谓之乾阿嬭。"

b. 类推

［我侬］ 吴俗自称"我侬"，谓他人亦曰"渠侬"，又有"他侬"、"個侬"的说法。宋褧《江上歌》："我侬一日还到驿，你侬何日到邕州。"古《溪水歌》："莫就他侬宿。"《孟珠曲》："莫持艳他侬。"隋炀帝诗："個侬无赖是横波。"

c. 音变字变

［笔韬］ 古无"套"字。《说文》："掐，韬也。""韬，以金有所冒也。"皆"套"之本字。《宋史·舆服志》言金镀铜套筒，其义正与《说文》解"韬"者同。（按："韬"、"套"同属透母，阴入对转。"韬"音变后，字形也变化，写作"套"。）

d. 习惯

［青楼］ 原指显贵家之闺阁。如曹植诗："青楼临大路，高门结重关。"后因《玉台新咏》中有"倡妾不胜愁，结束下青楼"之句，遂用以指妓院。

e. 避忌，如：

［筷］《俨山外集》："民间俗讳，各处有之，而吴为甚。如舟行讳住，讳翻，以'箸'为'快儿'，'幡布'为'抹布'。"

f. 其他，如：

［没雕当］ 朱彧《可谈》："都下市井谓作事无据者曰没雕当。"《玉篇》有"伄儅"二字，总训不常。无据言"没雕当"，犹不振曰"答飒"，俗反

曰“没答飒”，不当曰“尴尬”，俗反曰“不尴尬”（按：现代“好容易”和“好不容易”同义，亦属此类）。

《通俗编》对成语、谚语、俚语也有研究，此处不赘。

《通俗编》对近代汉语词汇的研究是有成绩的。但总的说来，正如吕叔湘先生指出的那样：“偏重于从古籍中寻找近代词汇的出处，而对这些词语本身的意义则研究不够。”这是古人研究近代词汇的著作的一个共同的毛病。这和当时人们对口语词汇的看法有关：总觉得俗语“鄙俗”，而要是能够在古书中找到出处，就说明这些俗语“古已有之”，似乎身份可以提高一点。显然，这种看法是不对的。

（二）20 世纪以来的情况。

20 世纪前半叶，对近代汉语词汇的研究没有太大的进展。自从 1953 年张相《诗词曲语辞汇释》出版以后，可以说近代汉语词汇的研究开始了一个新的阶段。其后三十年间，除“文革”十年陷于停顿外，近代汉语词汇的研究有较大的进展，特别是“文革”以后，一些研究近代汉语词汇的优秀著作不断出现。而在这三十年中，最有影响的是蒋礼鸿的《敦煌变文字义通释》。下面对张相《诗词曲语辞汇释》和蒋礼鸿《敦煌变文字义通释》作一简单的评介，以此见近五十年来近代汉语词汇研究之一斑。

张相《诗词曲语辞汇释》是以诗词曲的“语辞”为研究对象的。在《叙言》中说：“诗词曲语辞者，即约当唐宋金元明间，流行于诗词曲之特殊语辞，自单字以至短语，其性质泰半通俗，非雅诂旧义所能赅，亦非八家派古文所习见也。”也就是说，是唐诗宋词元曲中所见到的，为上古汉语所没有的新词新义，即当时的口语词。全书共收“语辞”五六百条。而且每一条下都排列大量的例句。收罗之广，用力之勤，在近代口语词汇的研究方面是前所未有的，所以日本汉学家入矢义高称之为“划时代的成果”。

《诗词曲语辞汇释》确定近代口语词的意义的基本方法是排比归纳法。即要考释一个词语，首先收集大量的例证，“采掇所及，往往有列证至十余或更以上者。”(叙言)因为收集的材料十分丰富，所以考释的词义往往可靠。这比某些词语汇释的著作单凭一两个例子就立义，是不可同日而语的。其次，收集了大量材料以后，要诠释一义，还需要进行分析归纳。这种分析归纳的方法，作者在《叙言》中有较详细的叙述：“一曰体会声韵”，“二曰辨认字形”，“三曰玩绎章法”，“四曰揣摩情节”，“五曰比照意义”。其中最重要的是“比照意义”，又可分为六项，摘录如下：

甲、有异义相对者，取相对之字以定其义。例如：骆宾王《乐大夫挽辞》：“城郭犹疑是，原陵稍觉非。”李峤《早发苦竹馆》诗：“早霞稍霏霏，残月犹皎皎。”两诗之“稍”字均与“犹”字相对，因假定“稍”犹“已”也。再证之韦应物《休沐东还胄贵里》诗：“竹木稍摧翳，园场亦荒芜。”韩愈《秋雨联句》：“氛醨稍疏映，雺乱还拥荟。”一与“亦”字相对，一与“还”字相对，“稍”字之“已”义益明。复证之苏轼《十月四日以病在告独酌》诗：“月华稍澄穆，雾气尤清薄。”陈师道《次韵晁无斁夏雨》诗：“稍无飞虫喧，复觉蝉语多。”一与“尤”字相对，一与“复”字相对，稍字之“已”义益确。凡此诸诗之“稍”字，以“少”“小”之本义释之，殊无当也。乙、有同义互文者，从互文之字以定其义。例如：李商隐《昨日》诗云：“昨日紫姑神去也，今朝青鸟使来赊。”“赊”字初觉费解，然此为七律诗体，对仗工整，“赊”字当与“也”字同为语助辞而互文，因假定“来赊”犹之“来兮”，亦犹之“来也”。然后韦应物《池上》诗所云“池上一来赊”及杨万里《多稼亭看梅花》诗所云“更上城头一望赊”者，迎刃而解，知其亦为语助辞也。丙、有前后相应者，就相应之字以定其义。例如：邵雍《答安之少卿》诗云：“轻风早是得人喜，更向芰荷深处来。”又孙光宪《浣溪沙》词：“早是销魂残烛影，更愁闻着品弦声。”两“早是”字均与下句“更”字相应，因假定“早是”之义，犹云“本是”或“已是”也。丁、有文从省略者，玩全段之文以定其义。例如：

"早是"字与"更"字相应,然冯延巳《捣练子》词云:"早是夜长人不寝,数声和月到帘栊。"又《董西厢》四云:"早是离情恁苦,病体儿不能痊愈。"两上句均有"早是"字,知其下句均省去"更"字也。戊、有以异文印证者。同是一书,版本不同,某字一作某,往往可得佳证。例如:王维《燕支行》诗云:"教战须令赴汤火,终知上将先伐谋。"赵殿臣注本云:"须,顾元纬本、凌本俱作'虽'。"李商隐《中元作》诗云:"羊权须得金条脱,温峤终虚玉镜台。"朱鹤龄注本云:"须一作虽。"两诗之"须"字作"虽"字解,方与下句之"终"字相应。又巾箱本《琵琶记》三十云:"他媳妇须有之。"凌刻臞仙本及陈眉公本俱作"虽有之"。据此三证,则知"须"犹"虽"也。己、有以同义异文印证者。类似之文句,甲文某字作某,乙文作某,比照之而其义可见。例如:陈师道《寄泰州曾侍郎肇》诗云:"是处逢人说项斯。"实脱胎于杨敬之《赠项斯》诗之"到处逢人说项斯。"则知"是处"即"到处"也。陈与义《雨中再赋海山楼》诗云:"一生襟抱与山开。"实脱胎于杜甫《奉待严大夫》诗之"一生襟抱向谁开。"则知"与"犹"向"也。

这种排比归纳的方法,是考释近代汉语词语的一种基本方法。其实,不止是近代汉语词语的考释,上自考释先秦的词语,下至确定现代汉语词语的义项,这都是一种基本方法。王引之《经传释词·自序》所说的"揆之本文而协,验之他卷而通,虽旧说所无,可以心知其意也"也就是排比归纳法。但排比归纳法一要材料丰富,二要运用得当,否则是会产生以偏概全甚至望文生训的毛病的。这在下面还要讲到。

但是此书终属草创,未密之处尚多,研究方法也还有欠妥的地方。张永言《古典诗歌"语辞"研究的几个问题》(《中国语文》,1960.4)指出了九个方面的问题,都是很中肯的,可以参看。

《诗词曲语辞汇释》的缺点,最主要的是以下三点:

(1) 义项分列过细,又没有注意义项之间的联系。最多的如"着"字,竟列了二十二条。其他如"可"列九条,"却"列八条,这些有的是可以归并的,有的应进一步说明其间的联系。如"却"字,

《汇释》分为八项：

> （一）语助辞，用于动词之后。（二）犹“于”也。（三）犹“正”也。于语气加紧时用之。（四）犹倒也；反也。此为由“正”字加强其语气者，于语气转折时用之。（五）犹返也；回也。此由“退却”之本义引申而来。（六）犹还也，仍也。（七）犹再也，意义有时与作“还”字解者略近。（八）犹岂也。

张永言将它归并整理如下图，这就清楚得多了。（见《词汇学简论》，华中工学院出版社，1982）

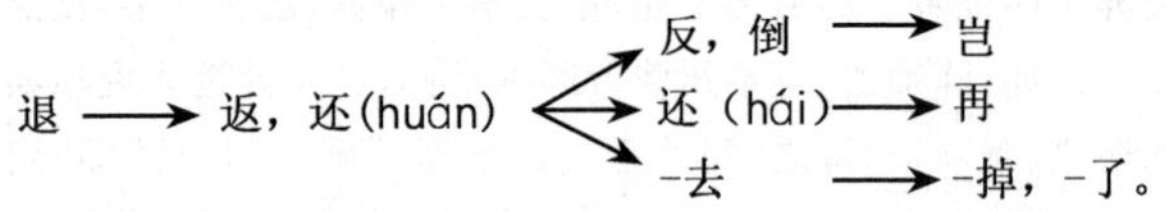

《汇释》义项分得过细，是和作者的指导思想有关的。作者在《叙言》中说：

> 诗词欣赏，义理与神情并重。……“着”有“生”义、“添”义，陈亮《怀辛幼安贺新郎》词：“樽酒相逢成二老，却忆去年风雪，新着了几茎华发。”华发曰“新生”，未尝不合，然不如言“新添”之得趣。“着”有“被”义、“遇”义，杨万里《北风》诗：“如何急滩水，更着打头风。”打头风曰“更被”，未尝不合，然不如言“更遇”之得劲。

这样根据上下文来立义，用于文学鉴赏是可以的，用于词义的归纳则嫌过细，因为这样归纳出来的，不是义位，而是义位的变体。

（2）缺乏明确的语法观念。“语辞”中有不少是虚词，它们主要是表达语法意义。近代的虚词未必能在现代汉语中找到一个相对应的语法意义完全相同的虚词，所以，这类词用同义词相训的办法就很受局限。例如，《汇释》有如下几条：

> 取（一）语助辞。犹着也，得也。
>
> 定（一）语助辞。犹了也，得也，着也，住也，用于动词之后。
>
> 去（一）语助辞。犹来也，啊也，着也，了也。

这样的解释，给人的印象十分模糊。又如：

後，犹呵或啊也。

这样说也不准确。因为有的“後”虽然相当于“呵”或“啊”，但只用在句中，不用在句末，有的“後”就不单纯的等于“呵”或“啊”，而是起表假设的作用。就拿《汇释》所引的例子来说，如黄庭坚《好女儿词》：“假饶来後，教人见了，却去何妨。”（这是和假设连词“假饶”配合使用的）杜善夫《太常引》词：“不是不思量，说着後教人语长。”（这是不和假设连词配合的）都有表假设的语气。

缺乏明确的语法概念还表现在把一些由句式造成的语法关系误认为虚词的意义。比如《汇释》在《叙言》中反复论证的“稍”有“已”义，其实是一种误解。这些“稍”当然不能用“小”、“少”义去解释，但作者大概忘了，“稍”在先秦最常见的意义是“渐渐”。用“渐渐”义去解释这些句子中的“稍”，都是很切合的。那么作者说这些句中的“稍”有“已”义，是怎么得到的印象呢？这种意义是因为和另一句中的“犹”、“亦”、“还”、“尤”、“复”等呼应而产生的。我们可以用另外一些诗句来比较一下：杜甫《新安吏》：“白水暮（已）东流，青山犹哭声。”杜甫《通泉县署屋后薛少保画鹤》：“画色久（已）欲尽，苍然犹出尘。”杜甫《种莴苣》：“山泉（已）落沧江，霹雳犹在耳。”因为下句有“犹”字，上句中都可以添出“已”字。但是，这是由句式而产生的，我们不能说上句的“暮”字、“久”字或“落”字具有“已”义。

(3) 在考释词义时，对语音注意得不够。虽然作者在“假定一义之经过”中首先说到了“体会声韵”，在“辨认字义”一条中也谈到“诮悄俏可视其从肖而认为同义；谩漫慢可视其从曼而认为同义”，但在具体条目中，一般仅仅释义而未能从语音上加以说明。

比如，在《叙言》中讲到“须”有“虽”义，在“须”字条下又广列例句用以证明。但何以“须”有“虽”义，却未能从语音上加以解释。我们看到，在敦煌变文中不但“须”可通“虽”，而且，《孔子项托相问书》：“谁知项托在先亡。”“谁”一作“须”，可见“谁”和“须”也相通。“须”是心母虞韵，“虽”是心母脂韵合口，“谁”是禅母微韵合口，据罗常培《唐五代西北方音》的研究，五代时西北地区心母和禅母互混，而在藏汉对音材料中，虞韵和脂支微合口藏音都记作[u]，所以“须”、“虽”、“谁”是音近而相通。

又如，在“宁馨”条下，提到“宁，犹言如此；馨，语助也”，在“生”字条下，说“生，语助辞，用于形容词之后”，但是“生”和“馨”有没有关系，《汇释》就没有提到。

蒋礼鸿《敦煌变文字义通释》（以下简称《通释》）从 1958 年初版后，经过多次修订，出了增订第四版。在多次修订后，内容更加完备，学术价值更加提高，在国内外都受到极高的评价。

这本书虽称为《敦煌变文字义通释》，但是内容并不限于敦煌变文，而是涉及唐宋诗词、史书、笔记等。从研究方法来看，比张相《诗词曲语辞汇释》也有较大的改进。

首先，《通释》注意了词义的概括性。比如“所由”一词，在《资治通鉴》胡三省注中曾几次提到：卷 242：“请令所由将盐就村粜易。”注：“所由，掌绾官物之吏也。”卷 252：“雇妻鬻子，止可供所由酒食之费。”注：“所由，谓催督租税之吏卒。”《清平山堂话本·简帖和尚》中也提到“所由”：“叫将四个人来，是本地方所由，如今叫做‘连手’，又叫做‘巡军’。”有的著作只根据《清平山堂话本》，就把“所由”解释为“巡军”，这就犯了以偏概全的毛病。而《通释》全面掌握了这些材料，并加以概括，解释为“吏人的名称。所做的事情不止一种，名称也有分别，也用来称某些官员”。这样的解释，既概括又全面。

其次，不仅能说明词义，而且能说明词义的来由。仅举数条为例：

> 䤈䤕（又作“㦭㦸”）义为惭愧，耻辱。《广韵》上声三十四果韵亡果切下云：“𣊻，𣊻𣋃，日无色。㦭，㦭㦸，人惭。”按：人惭愧了就其色不扬，象日之无色。……其实𣊻𣋃，㦭㦸即是矇眬，辛弃疾《浣溪沙·黄沙岭》词：“突兀趁人山石狠，矇眬避路野花羞。”突兀即是狠貌，矇眬即是羞貌，可以为证。这是语源之可以推论的。
>
> 房卧　有卧房和私房钱二义。卧房是人最深密的地方，也是私钱蓄藏之处，所以移来作私财讲。
>
> 事须（士须、是须）是“应须”的意思。这是由“于事，必须……”凝缩而成的形式。“事”、“是”音近借用。因为在陆贽文和《太平广记》中还有“理须”一语，又有“事理须”的说法，可知“事须”的“事”就是“事理”的“事”。

《通释》初版刊行后，日本汉学家入矢义高写过一篇书评，在给予高度评价的同时，也指出有些条目仅据一两条例证立义，因而有未妥之处；有些条目直接把敦煌变文中的词语和先秦的词语联系起来，时代过于悬隔；而且偏重于考释一些偏僻的词语，而对于有些常见的口语词却有所忽略。这些意见是值得考虑的。

此外，由于《通释》成书时作者未能见到敦煌变文原卷或缩微胶卷，有些条目跟着《敦煌变文集》而产生错误。如《通释》说“乘”有“我”义，是“朕”的假借。其实例句中的“乘”在 P.3079 号卷子中作“𢦏”，是“我”的俗写。又如《通释》认为“闻样”就是“模样”，其实所据例句“闻样尖新呈妙好”，P.2305 作“闘样尖新呈妙好”，“闘”为“比”、“赛”之义。

近年来关于近代汉语词语研究还有不少优秀著作和论文，这里不一一介绍了。有些研究成果,将在下一节讲研究方法时引作例证。

(三)国外的研究情况。

国外对近代汉语词汇也有研究,其中主要是日本。

古代的日本受中国文化影响很深,特别是唐诗,在日本流传很广。在十六、十七世纪,日本出现一批解释汉文词语的著作,如伊藤东涯《秉烛谈》、释大典《诗语解》、《文语解》、六如上人《葛原诗话》、津阪东阳《夜航诗话》、无著道忠《葛藤语笺》、佚名《诸录俗语解》、秋水园主人《小说字汇》等。这些都有参考价值。

现代日本学者还编了一些有关近代汉语词汇研究的资料。如波多野太郎编《中国小说戏曲词汇研究词典·综合索引篇(1—6)》共八册,是为日本德川时代、明治年间到昭和时代编印的有关资料中的词语所编的索引。波多野太郎编《中国方志所录方言汇编(1—9)》,把中国历代方志中有关方言部分汇编影印。长泽规矩也编《明清俗语辞书集成(1—5)》,汇集明清时期中国有关俗语研究的书籍共二十种。这些都是对近代汉语词汇的研究有用处的。

第二节　近代汉语词汇研究的方法

蒋礼鸿先生《敦煌变文字义通释·序目》中有一段话,论及古代语言的研究方法:

> 研究古代语言,我以为应该从纵横两方面做起。所谓横的方面是研究一代的语言,如元代,其中可以包括一种文学作品的,如元剧;也可以综合这一时代的各种材料,如元剧之外,可以加上那时的小说、笔记、诏

令等。当然后者的做法更能看出一个时代语言的全貌。所谓纵的方面，就是联系起各个时代的语言来看它们的继承、发展和异同。《诗词曲语辞汇释》就是这样做的。入手不妨而且也只能从一小部分一小部分做起，但到后来总不能为这一小部分所限制；无论是纵的和横的，都应该有比较广泛的综合。

这一段话，对于研究近代汉语词汇也很适用。由于近代汉语词汇研究的基础比较薄弱，所以更需要“从一小部分一小部分做起”，而最终的目的，是要通过横的和纵的研究，搞清楚近代汉语各个发展阶段的词汇的系统和近代汉语的词汇发展史。具体地说，有以下几方面的工作要做：

(1) 词语的考释。

(2) 常用词演变的研究。

(3) 构词法的研究。

(4) 各阶段词汇系统的研究。

(5) 近代汉语词汇发展史的研究。

在这五个方面中，目前做得比较多的是词语考释，而其他几方面都还开展得不够，所以，下面着重谈一谈词语考释的方法，而对其他方面，只能简略地说一说大致的设想。

(一) 词语的考释。

由于近代汉语词汇研究一直不被重视，所以，今天我们对汉语词汇的历史情况的认识，呈现一种很奇怪的状况：对于离我们较远的先秦词汇，相对来说了解得比较清楚；而对于离我们较近的近代汉语词汇，反而一知半解。有许多近代汉语的词语，我们不了解其意义。处于这种状况下，当然就谈不到对近代汉语词汇作全面的、系统的研究。所以，近代汉语词汇研究的第一步，就是要进行词语的考释。

词语考释要做以下几方面的工作：

(1) 认字辨音。

近代汉语中有不少俗字，也有许多不同于上古的假借字。所以，研究近代汉语词汇，首先要认字辨音，弄清楚这些汉字记录的是近代汉语的什么词。

a. 王梵志诗："两家既不和，角眼相蛆姡。""蛆姡"一词不好懂，而且"姡"字不见于字书。

郭在贻《唐代白话诗释词》释云：《六祖坛经》惠昕本："疽妒心，憍慢心。"契嵩本作："嫉妒心，憍慢心。"惠昕本："疽妒心，恶毒心。"契嵩本作："嫉妒心，恶毒心。"可见"疽"即"嫉"。"蛆"和"疽"都从"且"得声，两字均在《广韵》鱼韵，皆为七余切，所以，"蛆"就是"嫉"。《增订碑别字》卷七："姡，妒也。"《康熙字典》谓"吞"为"昏"之讹，而"昏"字书亦作"舌"。所以，"姡"就是"婚"，就是"妒"。

经过这样的考释，原来"蛆姡"记录的是一个很普通的词"嫉妒"。

b. 敦煌写本《王昭君变文》："在汉室者昭军，亡桀纣者妲妃。"

按："军"为"君"字之误。敦煌变文中"但"多作"俚"，故"妲"即"妲"字。"妃"即"己"字，因"妲"字而增"女"旁。全句应为"在汉室者昭君，亡桀纣者妲己"。

c. 敦煌写本《维摩诘经讲经文》："一切天人皆到会，果然见一病维摩。多将汤药问因依，大照国师寻斩候。"

项楚《敦煌变文字义析疑》云："大"与"待"同音通用，"照"是"诏"之讹。"待诏"是旧时对医师的尊称，"国师"即国医。《太平广记》卷 219："时田令孜有疾，海内医士召遍，至于国师、待诏，了无其征。""斩候"当作"证候"，"斩"为豏韵，"证"为证韵，《唐五代西北方音》中有以庚注侵之例。故“斩”可通“证”。

以上都是敦煌抄本中的例子。除此之外，其他近代汉语资料也有认字辨音的问题。

d.《宣和遗事·前集》：“争奈宋江已走在屋后九天玄女庙里躲了。”《康熙字典》：“《篇韵》：‘躲，音妥。’广厚也，垂下也。”与文中“躲”字义不合。

按：“躲”即“躲”字。《通俗编》云：宋代用“躲”，元代用“躲”。其说甚是。《夷坚志》载车四元事：“又被渠躲过了四十年。”《张协状元》第九出：“命蹇时乖撞着它，冤家要躲如何躲？”均为“躲”。

e.《张协状元》第五出：“（净白）噉叫副末底过来，……（末）未做得事，先自噉将来，只莫管他便了。”钱南扬注：“噉，啖的别体，这里解作‘喝’字用，呼唤奴仆之声。”

胡竹安《〈永乐大典戏文三种校注〉、〈元本琵琶记校注〉斠补》云：“《广韵》‘噉’为陡感切，但《字宝碎金》有‘噉，呼陷反’。与‘喊’同音，是‘喊’的俗字。”《韩擒虎话本》：“摝旗大噉。”《封氏闻见记》卷五：“有人齐声噉叫。”均可证。

就词来说，上述近代汉语中的词都很普通，但它们写作了另一个样子，就变得不好认了。所以第一步就是要认字辨音，确定它记录的是什么词。

（2）参照旧注。

这里所说的“旧注”，包括唐宋以来各种字书中的解释，近代汉语诗文中作者自注或他人所注，以及笔记杂著中对近代汉语词语的解释。这一类的材料为数不少，但比较零散，如能加以爬梳整理，汇集在一起，将对近代汉语词语的研究大有帮助。

如敦煌写本《维摩诘经讲经文》：“纤手举而淡泞风光，玉步移而威仪庠序。”玄应《一切经音义》卷九：“庠序，谓仪容有法度也。”

白居易《喜老自嘲》："行开第八秩，可谓尽天年。"自注："时俗谓七十以上为开第八秩。"

《唐音癸籤》引《艺苑雌黄》："遮莫，盖俚语，犹言尽教也。自唐以来有之。故当时有'遮莫你古时五帝，何如我今日三郎'之说。然词人亦稍有用之者。杜诗云：'久拚野鹤如双鬓，遮莫邻鸡下五更。'李太白诗：'遮莫根枝长百尺，不如当代多往还。遮莫亲姻连帝城，不如当代自簪缨。'"

但是，有些词语的意义是不能直接从字书、注解、笔记等资料中查到解释的，而只能以此为线索，进行考求。下面举一个例子。

敦煌写本《张义潮变文》："千人中矢沙场殪，铦锷剳剺坠贼头。""剳"不见于字书，原卷下有"七彫反"三字。

徐复《敦煌变文词语研究》云：《字宝碎金》："剳掐，乃雕反，乌末反。"《集韵》："掐，《说文》：搯也。引《周书》：'师乃剳。'掐者，拔兵刃以习击刺。《诗》：'左旋右掐。'他刀切。"慧琳《一切经音义》卷七十："掐，他劳反，中国言掐，江南言挑，音土彫反。"由此可知原卷所注"七彫反"为"土彫反"之误，"剳"即"掐"，也就是"枪挑小梁王"的"挑"，"剺"通"劙"，《广韵》："劙，刀刺，卢启切。"

像这样会集众多资料，细心考证，弄清了"剳"的意义，是一个很有启发性的例证。

利用前人注解还有一种方法，有人称之为"反推"。即根据唐宋人用当时口语为先秦两汉古籍所作的注，来考证唐宋时口语词的意义。胡竹安《中国古白话及其训诂之研究》一文中举了一个例子。

敦煌写本《舜子变》："男女罪过须打，更莫教分疏道理。""分疏"是当时的口语词。《汉书・袁盎传》："且缓急人所有，夫一旦扣门，不以亲为解，不以在亡为辞，天下所望者，独季心剧孟。"颜师古注："解者，若今言分疏矣。"本来，颜师古是用当时尽人皆知的口语词"分疏"来解释《汉书》中的"解"的，但过了一千多年后，我们今天对唐代的口语词"分疏"不懂了，而对《汉书》中的"解"反而比较熟悉（这就是前面说过的对汉语历史词汇的了解的一种不正常的情况），因此要反过来借助于"解"（解释）来了解"分疏"的意义："分疏"就是"解释"。这就叫"反推"。

我们还可以举出一些类似的例子，如《左传·隐公元年》："隧而相见。"杜预注："隧若今延道。"《后汉书·江革传》："每至岁时县当案比。"李贤注："案验以比之，犹今貌阅也。"

由此可知，晋代的"延道"就是"隧"，唐代的"貌阅"就是"案比"。《隋书·食货志》："高祖令州县大索貌阅。""貌阅"即此义。

参考字书、注释、笔记等也要有所选择和判别。因为注释往往是随文作注，有时候缺乏概括性。比如上一节所举《资治通鉴》胡三省注两处对"所由"的解释，一处注为"掌绾官物之吏"，一处注为"催督租税之吏卒"，都不能全面概括"所由"的意义。有些笔记对词语的解释，特别是对词义的来由的解释，也未必可信，例如，"包弹"一词，是指责之义。宋代王楙《野客丛书》："包拯为台官，严毅不恕，朝列有过，必须弹击，故言事无瑕疵者曰没包弹。"汤显祖、翟灏皆沿袭其说。近年来刘坚、郭在贻等指出其误，此词其实在宋代以前就有，如《三国志·魏书·诸夏侯曹传》裴注引《魏略》："其在台阁，数有所弹驳。"张鷟《朝野佥载》："小人在位，君子驳弹。"两个语素可以颠倒，是一个并列结构的复合词。

（3）排比归纳。

近代汉语的口语词很多，并非都能在字书、注释、笔记中找到训释。所以,考释词义的基本方法还是排比归纳。前面说过,不但考释近代汉语词语,而且上自考释上古词语,下至编纂现代汉语词典,排比归纳都是一个基本方法。词的意义总是在具体的上下文中显现的。但在具体上下文中显现的是义位的变体,如果我们能搜集大量的用例,并且加以科学的比较和分析,舍弃各个义位变体中因文而异的成分,概括其中有普遍性的成分,那么,我们就能得到一个词的概括的意义。

用排比归纳法考释词义的例子在《诗词曲语辞汇释》和《敦煌变文字义通释》中随处都可以找到,这里不再一一列举。下面举一个白话小说中常见的词"馉饳儿"为例。"馉饳儿"是一种食物,这从字形上就可以看出来。但是,究竟是一种什么样的食物呢?胡竹安《中古白话及其训诂的研究》一文中指出,这可以综合下列材料而得知:《水浒传》第一回:"寒栗子比馉饳儿大小。"(可知是圆的。)《东京梦华录》:"旋切细料馉饳儿。"(可知是有馅的。)《平妖传》十七回:"卖馉饳儿的唤作油熟。"(可知是油炸的。)《古今小说》三十五卷:"托个盘儿,口中叫卖馉饳儿。……放在桌上,将条篾黄穿那馉饳儿,捏些盐放在官人面前。"(可知是放在盘中叫卖,可以用篾穿,蘸着盐吃的。)把这些材料加以综合,就可以知道:"馉饳儿"是一种圆形的、有馅的、油炸的食物。

运用排比归纳法必须全面掌握材料,否则就容易出现"以偏概全"的毛病。如《敦煌变文字义通释》把"方便"解释为"采用不正当的手段、虚妄",根据的是《降魔变文》"卿是忠臣行妄语,方便下脱寡人园"等例句。其实"方便"不一定用于贬义。如《游仙窟》:"女人羞自嫁,方便待渠招。"《难陀出家缘起》:"自世尊种种方便,教化难陀不得。"《祖堂集》卷十八:"(仰山)所以假设方便,夺汝诸人尘劫来粗识。"《无常经讲经文》:"释迦师,巧方便,演说莲花经七卷,千方万便化众生,意恶总交登彼岸。""方便"用于名词时为"方法"之义,用做状语时是"用某种方法"之义。特别值得注意的是"千方万便",就相当于现代所说的"千方百计"。这个词既可用于贬义,也可用于褒义。

用排比归纳法考释词语,还要注意词义的概括性,这在第一节中谈到《诗词曲语辞汇释》分义项过于琐细时已经说过,这里从略。

(4)因声求义。

因声求义是清代学者考释词语的一个重要方法,在近代汉语口语词的考释中也可以使用。

例如,唐代有"楼罗"一词,为"机灵"之意。关于这个词的来由,唐代段成式《酉阳杂俎》说:"天宝中进士有东西朋,各有声势,稍伧者多会于酒楼食毕罗,故有楼罗之号。"苏鹗《苏氏演义》说:"人能搂览罗绾,谓之搂罗,字从手不从木。"这些都是望文生义。翟灏《通俗编》不同意这些说法,他说:"古人多取双声字为形容之辞,其字初无定体。……《笑林》载汉人过吴,吴人设笋,问是何物,曰:竹也。归而煮其床箦不熟,乃谓其妻曰:'吴人轹辘,欺我如此。''轹辘'亦'楼罗'之转。……苏、段以义说之,皆属穿凿。"北齐的颜之推,把联绵字"狐疑"拆开解释,认为是"狐性多疑"故称"狐疑"。清代学者王引之纠正了他的错误,并且说:"夫双声之字,本因声以见义,不求诸声而求诸字,固宜其说之多凿也。"翟灏对苏、段的批评和王引之对颜之推的批评意思是一样的,不少词语的解释,只有"求诸声"才能得其真谛。比如上面所说的"馉饳儿",可以用排比归纳法得知这是一种圆形的有馅的油炸的食物。但是为什么这种食物叫“馉饳儿”？这就要“因声求义”了。《尔雅》：“果蠃之实，栝楼。”“果蠃，蒲卢。”“菟奚，颗冻。”“科斗，活东。”这些动植物都是圆形的，花蕾叫“花骨朵”，所以圆形的食物叫“馉饳”，它们是由同一语源滋生出来的。

又如《敦煌变文字义通释》认为《捉季布传文》：“兀发剪头披短褐”中的“兀”和《刘知远诸宫调》：“欲带金冠，争奈发污眉齐”中的“污”都是剪断之义。因为“断足叫做兀，断发也叫做兀，剪伐树枝叫做杌，被剪伐了的秃山叫做嵔屼，其实都是一个意义的衍变。”这也是“因声求义”的例子。

当然，“因声求义”时不能滥用“一声之转”，而且要有充足的例证，否则也容易流于主观穿凿。所以，“因声求义”要和排比归纳结合起来运用，这是必须注意的。

(5) 参证方言。

罗常培《金元戏曲方言考序》：“金元戏曲中之方言俗语，今日流行于民间者尚多，惟董理无人，索解匪易。”这话对于近代汉语的口语词都是适用的。有些词语，仅凭书面资料不容易弄清楚，如果以方言印证，就会清楚得多。

比如，元杂剧《货郎担》第四折：“他系一条兔鹘，兔鹘，海斜皮偏宜衬连珠，都是那无瑕的荆山玉。”《诈妮子调风月》第二折：“把兔鹘解开，纽扣相离。”有人说，“兔鹘”原是白色的猎鹰，由于名贵，女真人用以称呼玉带。但是，《金史·舆服志》：“金人之常服四：带、巾、盘领衣、乌皮靴。其束带曰吐鹘。”“吐鹘，玉为上，金为次，犀象角又次之。”据此，有人认为“兔鹘”（又作“吐鹘”）是女真语的译音词，与猎鹰无关。又有人进一步指出，关汉卿的家乡，今河北安国县仍说“兔胡”，是一种多层布缝制的宽腰带，并有“上扎兔胡，下穿衩裤”这样的说法。尽管“兔鹘”一词是不是女真语的音译尚有待于确定，但经过方言材料的印证，什么是“兔鹘”，至少是比较清楚了。

又如《红楼梦》第二十八回：“宝玉又道：‘……正经按方子，这珍珠宝石是要在古坟里找。……’王夫人听了道：‘阿弥陀佛，不当家花拉的！就是坟里有，人家死了几百年，这会子翻尸倒骨的，做了药也不灵啊！’”其中“不当家花拉”一词，曾有过几种不同的解释：有的认为是“无职守，引申为不了解情况，不负责”，有的认为是“罪过”之义，有的认为是“不值得”之义。究竟哪一种对呢？近年来有人指出，“不当家花拉的”在现代石家庄、呼和浩特、甘肃民勤等方言中都还在用，大约是“不应当这样”的意思，有时与“罪过”义近。也可以说成“不当忽拉的”、“不当花花”、“不当子花拉的”，分析起来，大约“不当”是词根，“家”和“花拉”是词缀。

印证方言也要采取审慎的态度，特别是在读音有差别的时候，说近代汉语中的某词就是现代某方言中的某词，更要慎重。我们说不少近代汉语的词语还保留在现代汉语的方言中，并不等于说近代汉语的词语都可以在现代汉语方言中得到印证，也不等于说现代汉语方言中的词语都可以上溯到近代汉语中。在这方面，同样要防止主观臆断的毛病。

（6）追溯语源。

考释近代汉语的口语词，如果是为了阅读或者为了编纂词典，那么弄清楚某词语是什么意思就可以了。但是，如果要对这个词了解得深一些，或者要研究近代汉语以至整个汉语词汇的发展历史，那么，还要进一步弄清某个词的某种意义是怎样发展来的。这就是我们说的“追溯语源”。

例如，吕叔湘先生《释“结果”》一文，说《水浒》中常说的“手起刀落，结果了他的性命”，“结果”是“杀死”之义。但这意义是如何来的呢？吕先生举出“结果”的其他几种意义：

（1）临终发送（也作“结裹”）。如《丁晋公谈录》：“俨谓其弟参政偁曰：‘俨兄弟五人皆不为相，兼总无寿。其间惟四哥稍得，然结裹得自家兄弟姊妹了亦住不得。’”一本作“结果”。

（2）装殓。如《水浒》第二十一回：“阎婆道：‘……我女儿死在床上，怎地断送？’宋江道：‘这个容易，我去陈三郎家买一具棺材与你。……我再取十两银子与你结果。’”

（3）料理。《敦煌掇琐》第23种：“乃事那得好阿孃，细小尽到他结裹。”（“裹”原作“裏”，但叶“个、大、火”，可断定是“裹”之误。又第一字“乃”疑为“万”之误。）

（4）用衣被裹扎。《老子化胡经》：“父母世间惊怪我，复畏寒冻来结裹，身着天衣谁知我。”

可见这词本写作“结裹”，后来“裹”简写作“果”，就把本字忘掉了。这个词语义的演变过程大概是：

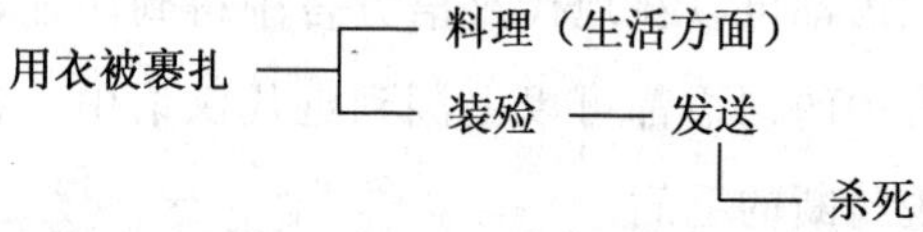

这就不仅解释了词义，而且说明了词义的发展过程，也就说明了“结果”的“杀死”义的来源。

又如，敦煌变文中有“般当”一词，如《降魔变文》：“忽见宝林数千树，花开异色无般当。”“牙上各有七莲华，华中玉女无般当。”蒋礼鸿《敦煌变文字义通释》解释为“比并”之意。为什么“般当”有“比并”之意呢？蒋礼鸿先生解释说：

"般"就是《孟子·公孙丑上》"若是班乎?"的"班",赵岐注:"班,齐等之貌也。"《礼记·内则》:"濡鱼卵酱实蓼。"郑玄注:"卵读为鲲。鲲,鱼子也。"孔颖达疏:"知卵读为鲲者,以鸟卵非为酱之物,卵承濡鱼之下,宜是鱼之般类,故读为鲲。""般类"谓近似的东西。"当"是动词后附的语助词,无义,读去声。

《通释》又说《红楼梦》第十九回中的"搬配",和现代北方话中的"般配",与"般当"义同。这样,就把唐代口语中"般当"一词和古今都联系起来了。

这里所说的"追溯语源"还包括探求词的"内部形式"。词的内部形式,就是用做命名根据的事物的特征在词里的表现,又叫词的理据。简单地说,探求词的"内部形式"就是要探求词的"得名之由"。

例如,唐代口语中有"清泥"(或作"青泥")一词,是"臭秽的淤泥"的意思。如敦煌写本《佛说阿弥陀经讲经文》:"也无有清泥臭秽,鱼鳖[虾]蟆水族之类。"白居易《京兆府新栽莲》诗:"污沟贮浊水,水上莲田田。我来一长叹,知是东溪莲。下有清泥污,馨香无复全;上有红尘扑,颜色不得鲜。"慧琳《一切经音义》卷十:"淤泥,於据反,水底青泥也。"为什么臭秽的污泥叫"清泥"呢?

蒋礼鸿《敦煌变文字义通释》解释说:

(慧琳《一切经音义》)卷九十,《高僧传》第九卷音义:"淤泥,污池水底臭泥也,青黑臭烂滓秽者也。"《法苑珠林》卷八:"此身可恶,会归磨灭。乌鹊狐狼,竞共噉食。风吹日暴,青烂臭处。"据慧琳音义后条与《法苑珠林》,似乎"青泥"以青黑色得名,恐未尽然。按《说文》:"厕,清也。"《急就篇》:"屏厕清溷粪土壤。"颜师古注:"清,言其处特异余处,常当加洁清也。"厕所称"清",本来从因其臭秽而使之清洁得义,后来又改用专制的"圊"字;"清泥"、"青泥",似得义于用于厕所的"清"、"圊",而为臭秽之意。

这就说明了“清泥”(青泥)这个词的内部形式,使人不仅能知其然,而且能知其所以然。

词语考释的问题就说到这里。

(二)常用词演变的研究。

词语考释,一般是考释那些近代汉语中特有,而在现代汉语中已经不常见的词语或词义。把这些词语弄清楚,是近代汉语词汇研究的一项基础工作。但能不能说把词语考释工作做好了,近代汉语词汇的面貌就清楚了呢?不能。因为构成一个历史时期的词汇系统的主要的东西,还是那个时期中使用得较多的常用词。那些需要考释的词语,有些是常用词,有些是比较僻的词。而近代汉语中的常用词,还有不少还保留在现代汉语中。这些词,我们一看就懂,不需要考释;如果仅从阅读作品的角度看,似乎不需要进行研究。但从汉语历史词汇学的角度来看,我们还要研究这些词语在历史上的发展变化;如果要编纂一部说明每个词在各个历史时期的发展变化的汉语大词典,也需要进行这种研究。

例如,表示“书信”的词上古叫“书”,近代变为“信”。在近代汉语作品中出现表示书信的“信”,我们一看就懂,无须进行考释。但“信”究竟什么时候代替“书”的?这就需要进行研究了。近年来对这个问题进行了一些讨论,这种讨论是十分必要的。

又如,“黑白”的“黑”,从上古到现代都属于基本词汇,而且意义没有变化。但除此之外,近代汉语中“黑”还可以用来表示古代的“暮”,如李清照《声声慢》:“守着窗儿,独自怎生得黑?”这个“黑”字不用考释,一看就懂。但是,这个意义是什么时候产生的?这就需要研究。杜甫《佐还山后寄》之一:“山晚浮云合,归时恐路迷。涧寒人欲到,村黑鸟应栖。”这个“黑”显示了正在向“暮”义发展,但尚未发展到这一步，它表示的是“曛黑”的“黑”，和表示“暮”还是有区别的。

又如，“挑”在上古是“拨动”之意。《说文》：“挑，挠也。”段注：“挑者，谓拨动之。”《左传·宣公十二年》：“赵旃求卿未得，且怒于失楚之致师者，请挑战，弗许。”此义读上声。现代汉语中这个意义还存在，但“挑”主要是用来表示“肩挑”的意义了，而且读平声。此外，还有“挑选”的“挑”，也读平声；还有“挑野菜”的“挑”，“挑灯夜战”的“挑”，都读上声。这些意义在近代汉语中都出现了，如杜荀鹤《山中寡妇》：“时挑野菜和根煮，旋斫生柴带叶烧。”陆游《自题传神》：“担挑双草履，壁倚一乌藤。”《水浒》第二十九回：“早望见一座酒肆，望子挑出在檐前。”《红楼梦》第二十五回：“你不嫌不好，挑两块去就是了。”

但这些意义究竟什么时候出现的？它们相互间有无关系？在历史上怎样发展？这些问题都还需要进一步研究。

又如，上古汉语中“也”是一个语气词，主要用在判断句的句尾，或用于主语和谓语间表示语气的停顿。现代汉语中“也”依然存在，但是是个副词，和上古汉语的“也”实际上没有关系。在近代汉语中，副词的“也”已很常见，除此之外还有一个语气词“也”，如《祖堂集》卷四：“早说了也。”《旧唐书·安禄山传》：“阿与，我死也。”《元曲选·潇湘雨》楔子：“兀的不害杀我也！”副词“也”和这些近代汉语中的“也”究竟是怎样产生和发展的，这个问题，和语法史的研究有关，也和词汇史的研究有关。

像这样一些近代汉语中的常用词，研究得还很不够。如果忽视了这部分词汇的研究，那么，对近代汉语词汇的研究就将是极不完整的。这部分词汇和现代汉语词汇的关系也最密切。只有弄清楚了这部分词汇的发展变化，才能对现代汉语词汇有更透彻的了解。

（三）构词法的研究。

构词法属于语法的范畴，但对词汇也关系极大。各个历史时期构词法的不同，明显地影响到各个时期词汇的面貌。所以，构词法的研究也和词汇研究有关。

汉语的几种基本的构词法，在先秦都已大致具备。但从汉代到明清，构词法仍在不断地发展。在近代汉语中，构词法有如下一些明显的特点：

(1) 复音词大量增加，而且语素的位置逐渐趋于稳定。

瑞典的 Gerty Kallgran 在她的一篇论文 Studies in Song Time Colloquial Chinese as revealed in Chu Hsi Tsuan Shu①(《朱子全书中所见的宋代口语》)中，对《朱子全书》中 163 个用法与现代汉语一样的复音词作了调查，考察这些复音词是从什么时候起进入比较正规的书面语言的。她用的方法是从《佩文韵府》、《骈字类编》、《联绵字典》以及各种引得中查找这些复音词最早见于什么典籍和诗文，调查的结果是：

唐以前	10
唐代	43
五代、宋	45
朱熹以后	23
时代不明	42

这种方法虽然还不很精确，但从中也可以看到在汉语的发展中，复音词经历了一个由少到多，由口语到书面语的过程。特别是唐代

① 刊于 Bulletin of Museum of Far Easten Antiquitics，30，1958。

以后，复音词在较正式的书面语中也日益增多，可想而知，在口语中增长的速度就更快了。

日本汉学家香坂顺一在《近世、近代漢語の語法と詞彙》（《近世、近代汉语中的语法词汇》）一文中谈到近代汉语中一些复音语素的顺序问题，指出下列复音词在开始时语素的位置都可以倒换：

要紧	热闹	整齐	言语	看觑
声音	点检	带携	闹吵	等待
买卖	拣选	想念	选择	名姓
喜欢	唬吓	战争	话语	立站
找寻	惧怕	竞争	答对	把守
怕恐	歇宿	因为	该应	欲待

到现代汉语中，这些复音词有了变化：（1）在 AB 和 BA 两种形式中，现代汉语普通话选择了其中一种，而另一种只保留在方言中。如普通话说"热闹"、"喜欢"，吴语中说"闹热"、"欢喜"。（2）AB 和 BA 区分为不同词类，都保留了下来。如"言语"（动词）、"语言"（名词）；"整齐"（形容词）、"齐整"（动词）。（3）两个语素中的一个在现代汉语口语中消失，另一个作为词使用。如"看觑"，"觑"消失，只用"看"；"带携"，"携"消失，只用"带"。

（2）ABB 式大量使用，ABC、AABB、ABCD 式的词开始出现。

ABB 式的词最早见于《淮南子·叙》所引的民歌："一尺缯，好童童，一升粟，饱蓬蓬。"到唐代就相当多了，如白居易《北亭》："江风万里来，吹我凉淅淅。"而在元曲中，这种构词方式极为常见。如"白茫茫"、"直挺挺"、"涎邓邓"、"碜可可"等。元曲中又有 ABC 式，如"呆答孩"、"灰不答"、"热忽剌"、"干支剌"等（都是第一个字为词根）。

AABB式始见于唐代。如白居易《和自劝二首》之一:“稀稀疏疏绕篱竹,窄窄狭狭向阳屋。”元曲中更多。如“标标致致”、“齐齐整整”、“巴巴结结”、“兀兀吞吞”等。ABCD式大量见于元曲,如“剔留团圞”、“滴羞笃速”、“必丢不答”、“希飑胡都”等。

但这只是很粗略的描写,今后在这个方面还有待于进一步研究。

(四)各阶段词汇系统的研究。

词汇不是零散的,而是一个系统,在上面所说的三项工作的基础上,还要对近代汉语各个发展阶段的词汇系统作一个综合的研究。这就是蒋礼鸿先生所说的“横”的研究。要把一个时代平面的词汇系统描写出来不是那么容易的,这个工作可以、也只能一步一步地做。比如,以一部有代表性的著作为对象,对其中反映口语的词汇作全面的系统的描写;也可以再把范围缩小一点,对某部著作中的某一类词作全面的系统描写。这些工作做好了,就为全面地描写一个时代的词汇系统打下基础。至于“词汇系统”应当从哪些方面去把握,这将在下一章中谈到。

(五)近代汉语词汇发展史的研究。

要讲整个近代汉语的词汇发展史,就必须先把近代汉语各个阶段的词汇系统弄清楚,然后才能进而研究下一个阶段比之上一个阶段有哪些继承,有哪些发展。这件工作,现在条件还不成熟。但是,这并不等于说在近代汉语的词汇发展史方面没有事情可做。比如,像上面所说的,在词语考释时注意它的来龙去脉,在研究常用词的时候注意它在不同阶段的发展和变化,这本身就是近代汉语词汇发展史研究工作的一部分,而且,从中可以寻找出一些词汇发展变化的规律。

例如，王锳《试论古代白话词汇研究的意义与作用》[①]一文中，谈了“处分”一词的发展演变过程。“处分”在唐以前是“处置”之义，如《孔雀东南飞》：“处分适兄意，那得自任专。”在现代汉语中，是对犯了罪或犯了错误的人的处理。这两种意义之间有一个发展过程。唐代时，“处分”尚有“吩咐”、“嘱咐”之义，如白居易《过敷水》：“垂鞭欲渡罗敷水，处分鸣驺且缓驱。”到元明时，又产生“责备”一义，如《窦娥冤》楔子：“（窦天章云）婆婆，端云孩儿该打呵，看小生面则骂几句；当骂呵，则处分几句。”所以，“从魏晋迄今，‘处分’词性未变，但意义演变的线索却很清楚：它由一般的处置义而表口头处置，由口头处置而表口头责备，由口头责备义加重语义而表一般处罚，不仅词所代表的概念内涵有所改变，外延也经过了一个由大而小、由小而大的过程”。

这样的分析，不仅说清楚了“处分”的演变过程，而且也谈及词义演变的规律，对于近代汉语词汇发展史的研究是很有帮助的。

上面所说的几个方面，对于研究整个的汉语历史词汇都是适用的。只是对于上古汉语词汇的研究在一般训诂学的书中谈得较多，所以就不再举例说明了。

研究近代汉语词汇还有一个问题必须注意：近代汉语时期，是汉族和契丹、女真、蒙古、满等民族交往十分密切的时期，所以，研究这一时期的汉语词汇，必须考虑到各种民族语言的相互影响。比如，现代汉语中一个基本的词“哥”就是从鲜卑语的“阿干”借进来音变而成的，从唐开始流行（详见胡双宝《说哥》）。现代汉语中“好歹”的“歹”，“车站”的“站”，都借自蒙古语。汉语不但从蒙语中

① 见《文史》1986年第12辑。

借词，而且有些词是从汉语中借到蒙语中去，又从蒙语中借到汉语中来。如元代文献中常见的“台基”、“兀真”，就是汉语中“太子”、“夫人”借到蒙语中去，发生了音变，然后又作为音译词从蒙语中借到汉语中来。又如近代汉语中的“茶博士”、“酒博士”等的“博士”，被蒙语借用，义为“老师”，然后又从蒙语中借回来，成为“把式”（如“车把式”、“花儿把式”等）。这都是很好的例子（以上均见张清常《漫谈汉语中的蒙语借词》）。至于研究元代的词语必须有蒙语的知识，这已是众所周知的事情，这里就不多谈了。

第十章　汉语的词汇系统及其发展变化

汉语的词汇系统及其发展变化，是一个很复杂的问题。目前，我们还没有可能对汉语的词汇系统及其发展变化作出明确的阐述，因为到目前为止，我们对汉语历史词汇的了解还很不深入；今后，当我们的研究工作有了较大的进展以后，要来阐述汉语的词汇系统及其变化也不是一件容易的事，因为词汇系统远比语音系统、语法系统复杂。在这一章里，我们只是想探讨一下，汉语的词汇系统可以从哪几个方面去把握，与此相应的，汉语词汇系统在不同历史时期的发展变化可以从哪些方面去考察。

每个人都可以直观地感觉到：汉语的词汇系统和其他民族语言（如英语、日语）的词汇系统是不同的；汉语的各个不同历史阶段（如古代汉语和现代汉语）的词汇系统也是不同的。但不同究竟表现在哪里？这个问题却不太好回答。

有一种回答是最简单不过的：词是音义结合的产物，词所反映的意义（概念）各个民族和各个历史时期大致相同，但是各个词的读音在不同民族和不同历史时期各不相同。比如，现代汉语中的"头"，古汉语叫"首"，英语叫 head，日语叫あたま；现代汉语的"走"，古汉语叫"行"，英语叫 walk，日语叫あるく。这样，词汇系统的不同，就归结为用不同的读音来表达相同的意义了。

这种观点对吗？稍稍深入观察一下，就可以知道问题不那么简单。这种观点，第一，是把词看成了一音一义的结合，而事实上一个词往往是多义的。也就是说，一个词联系着几个义位。第二，是把词孤立地加以观察，而事实上，词与词之间是有联系的，比如，聚合方面的联系、组合方面的联系，旧词与新词间的联系等等。如果把这些因素考虑在内，情况就不那么简单了。

比如，"头"除了"脑袋"义以外，还有"顶端"义（如"竿头"），有"首脑"义（一般说成"头头"）。这些意义，古汉语、英语、日语也都有。但除此以外，英语还可以说 use one's head，日语中也说"頭を働かす"（都是"动脑筋"之意），现代汉语的"头"和古代汉语的"首"就没有这种用法。古汉语的"首"可以用作动词，意思是"朝着"，如屈原《哀郢》："狐死必首丘。"现代汉语中的"头"就不能，日语中的あたま也不能；英语中的 head 可以是动词，但是，是另一种意义："用头顶"，如 head the ball。再如，现代汉语中的"头"还是量词，如"十头牛"，而古汉语的"首"就没有这种用法。英语中有类似的说法：ten head of cow，但 head 仍是名词；此外，英语又可以说 three pounds a head（每人三镑），用 head 表示人数，这又和汉语不同。此外，现代汉语中的"头"还是名词词尾（如"木头"、"石头"），这是古代汉语中的"首"、英语中的 head、日语中的あたま所不具备的。

上面所说的诸种意义，有的是一个词的不同义位，如表示"脑袋"的"首"和表示"朝向"的"首"，hit him on the head 的 head 和 use one's head 的 head。有的应看做几个不同的词，如表示脑袋的"头"和量词的"头"以及名词词尾的"头"。但这些词之间显然是有派生关系的（名词词尾"头"是逐渐由表示"顶端"的头虚化而成的，此处不赘）。所以，上述这种现象，说明了两个问题：(1) 在不同的词汇系统中，相应的词联系着不同的义位。(2)在不同的词汇系统中，旧词和新词之间有着不同的派生关系。

"行"、"走"、walk、あるく也有同样的情况。例如古代汉语中"大道之行也，天下为公"的"行"，这个意义就不能用"走"、walk、あるく来对译，这同样说明不同的词汇系统中相应的词具有不同的义位。此外，如果我们把表示行走的词放在一起来观察一下，就可以看到：在古汉语中，"行、趋、走"是三分的，而在现代汉语中，"走、跑"是二分的，英语、日语中也是 walk、run 和あるく、はしる二分的。另外，在古汉语、现代汉语、英语、日语中都有一些特殊的表示行走的词，它们在别的词汇系统中找不到相应的词，在翻译时只能用词组来对译。如古代汉语的"趋"，现代汉语的"遛"，英语的 tramp(用沉重的步子走)，日语的ごばしり(小跑)。这说明在不同的词汇系统中语义场的构成情况不同。

通过这样简单的分析，我们看到，要研究一种语言的词汇系统，可以从下列几方面进行考察：(1) 在这种语言系统中，义位是怎样结合成词的。(2) 这种语言系统中的词在语义场中构成什么样的关系(包括聚合关系和组合关系)。(3) 这种语言系统中的旧词和新词之间是什么关系。要比较两个词汇系统的异同，也可以从这些方面进行。下面，就分别从这几个方面，举例说明汉语词汇系统在不同历史时期的发展变化。

第一节　义位的结合关系

关于词汇的发展变化，一般总是说：随着旧事物的死亡和新事物的产生，旧词消亡了，新词产生了。有的词改变了意义（如“走”，古代的意义是“跑”，现代的意义是“行走”），有的概念改变了名称（如“奔跑”这个概念，古代叫“走”，现代叫“跑”）。这样说是对的，但是并不全面。

首先，旧词的死亡和新词的产生是不是都由于旧事物的死亡和新事物的产生？并不完全如此，例如下面一些词，在现代汉语中是消失了：

胾　《荀子·非相》:“然而君子啜其羹食其胾。”

醨　《楚辞·渔父》:“众人皆醉，何不餔其糟而歠其醨？”

眄　邹阳《狱中上梁王书》:“臣闻明月之珠，夜光之璧，以暗投人于道，人无不按剑相眄者。”

但这些词的消失并不是由于它所反映的事物、动作到后来不存在了，也不是由于它们在后来改变了名称，因为在现代汉语中并没有用新的词来代替它们。在现代，这些事物和动作依然存在，但在现代汉语中要表达它们只能用词组：“大块肉”、“薄酒”、“斜看”。

反过来说，下面这样一些词是出现得较晚的，如：

泼　《玉篇》:“弃水也。”

掴　《玉篇》:“掌耳。”《集韵》:“批也。”

噇　《集韵》:“食无廉也。”

我们也不能说在秦汉时不存在这些动作，或者说秦汉时已有相应的词，只是到后来改变了说法。正如上引字书的解释提示我们的那样，秦汉时只有笼统的“弃”、“批”、“食”，后来才把“弃水”叫“泼”，把“批颊”叫“掴”，把“食无廉”叫“噇”。也就是说，把原来由词组表达的动作改为用词来表达了。

这里我们需要运用“义位”这一概念。“义位”是属于语言的深层结构的，反映人们思想中对客观事物的分类。上面所举的事物和动作自古到今都存在，但人们在思想中对它们的分类不同。有的是古人把它们分出来作为一个义位，如“胾”、“醨”、“眄”，而在现代汉语的语义系统中却没有这些义位，在今人看来，“胾”和“羹”都是肉，“醇”和“醨”都是酒，“眄”和“瞖”都是看，它们的区别可以用词组来表示：“大块肉”和“带汁的肉”，“淳酒”和“薄酒”，“斜看”和“转着眼珠看”。相反，有的在上古的语义系统中没有形成义位，如“泼”、“掴”、“噇”，当时的人们觉得“弃水”的“弃”和“弃物”的“弃”并无区别，后来人们才把“弃水”这个动作从一般的“弃”中分出来，形成一个新的义位，而称之为“泼”。

这些例子说明，在汉语发展的不同历史阶段，哪些义位有，哪些义位没有，是有所不同的。

其次，关于“词改变了意义”和“概念改变了名称”的问题，也可以运用“义位”的概念作进一步的探讨。

所谓“词改变了意义”，在第三章中曾经说过，有的是义位的变化，有的是义位的增减。这两种情况，都是义位如何结合成词的关系的改变。比如“红”在古代表示粉红，在现代表示大红，这意味着“大红”这个义位在古代是和“赤”相联系的，而到现代变为和“红”相联系了。“池”在古代可表示护城河，又可表示池塘，到现代“池”只能表示池塘，这意味着“池”这个词的古汉语中联系着两个义位，而到现代汉语中只联系一个义位。

概念改变了名称，也是义位结合关系的改变。比如“穿衣服”这个动作，上古叫“衣”，后来叫“著”，现代叫“穿”。对此，我们也可以说：“穿衣服”这个义位，上古时用一个名词“衣”的孳生词动词“衣”(去声)来表达，后来和“附着”这个义位结合在一起，用“着”这个词来表达，现代和“贯穿”这个义位结合在一起，用“穿”这个词来表达。也就是说,“穿衣服”这个义位从古到今都存在,但在不同的历史时期,它或是单独地取得某种语音形式,或是和其他义位结合在一起共同取得某种语音形式,构成一个词,这样才能表达出来。

这些例子说明,在汉语发展的不同历史阶段,哪些义位结合成词,也是有所不同的。

义位的有无和义位的结合是相联系的。在某个历史时期,新产生的义位可以单独成词,例如上面所举的“泼”、“掴”、“噇”,这就是新词的产生;但也可以不单独成词,而只是在原有的词上增加新义位,这就是旧词增加新义。例如,现代汉语中说“一个和尚挑水喝,两个和尚抬水喝”,“挑”和“抬”是有区别的。但在唐以前,这两种动作都叫“担”,如《尔雅·释天》:“何鼓谓之牵牛。”郭璞注:“今荆楚人呼牵牛星为担鼓。”(这是“挑”。)《世说新语·黜免》:“上人著百尺楼上,儋梯将去。”(“儋”通“担”,这里的“担”是“抬”。)直到唐代,还把轿子叫做“担子”。后来,“挑”和“抬”分成两个义位,但并没有形成新词。因为“挑”和“抬”这两个词原来就有,只不过“挑”原来是“拨”的意思,“抬”原来是“举”的意思。如李白《闺情》诗:“织锦心草草,挑灯泪斑斑。”王建《宫词》:“金砌雨来行步滑,两人抬起隐花裙。”新产生的义位“挑”(一人肩扛)和“抬”(两人肩扛)只是和这两个旧词原有的义位结合在一起,使旧词产生了新义。如陆游《自题传神》:“担挑双草履,壁倚一乌藤。”《开元天宝遗事》:“上令侍御者抬步辇召学士来。”

又如,现代汉语中“揭开帘子”的“揭”,在六朝以前就用“开”、“发”来表达,如王僧孺《月夜咏陈南康新有所纳》诗:“二八人如花,三五月如镜。开帘一种色,当户两相映。”《南史·颜延之传》:“延之发帘熟视。”这说明当时“揭开”的“揭”还没有形成一个独立的义位，和前面所说的“泼水”的“泼”原先就包含在“弃水”的“弃”中一样。后来，“揭开”的“揭”这个义位独立了出来，但它没有构成新词，而只是在“揭竿而起”的“揭”这个旧词上加上了一个新的义位，如《祖堂集》卷十：“时有一沙弥揭帘欲入。”

综上所述，可以看出，词是词义系统的“分子”，义位是词义系统的“原子”。研究词义，应以义位为基本单位。在第三章中说过，说明一个多义词的变化，最好不要笼统地说这个词的意义变了还是没有变，而是要说明它哪些义位变了，哪些义位没有变。同样的，在研究某一时期词汇系统的面貌或某个历史时期中词汇系统的变化时，很重要的一点，是要考察这些“原子”（义位）的有无，以及这些“原子”（义位）以什么方式结合成“分子”（词）。这种“分子结构”的不同，正是两个词汇系统差异的一个重要方面。我们在一开头所举的“头”、“首”、head、あたま的不同，就是这方面的例子。

人们常常说，一种语言中的基本词汇有极大的稳固性，这样说是对的。但这主要是指这些基本词汇的主要意义而言。比如“黑”、“白”两个词，从它们表示颜色的意义来看，确实是几千年来一直没有变。但是，如果考察它们的“分子结构”，那么它们古今还是有变化的。比如，“黑”在上古不包含“日暮”这个义位，而后来却增加了这个义位，如李清照《声声慢》：“守着窗儿，独自怎生得黑？”相反，“白”在上古除表颜色外，还包含着另一个义位：“显著”。如《荀子·天论》：“礼义不加于国家，则功名不白。”这个义位，在现代汉语中已经消失。这种“分子结构”的不同，说明即使是基本词汇，除了它稳定的一面之外，还有它变化的一面。

第二节　词在语义场中的关系

词不是孤立地存在的，它们处在相互的联系之中。一批有关联的词，组成一个语义场。在语言的历史发展中，词在语义场中的分布会产生种种变化。有的词从这一语义场跑到了另一语义场，有的词留在原来的语义场中，但和其他词的关系发生了变化。

词在语义场中的关系有聚合和组合两种。这里先讲聚合关系。

在古代汉语和现代汉语中，处于同一语义场中的词是不同的。比如，在同是表示"观看"的语义场中，古代汉语有这样一些常用词：

> 睎、望、目、窥、觇、观、覗、看、觌、睥、睨、眄、睐、瞰、睇、矍、瞻、觑、省、眙、盼、览、顾、瞟、瞥、相。

现代汉语中常用的有这样一些单音词：

> 看、瞧、瞅、瞜、张、望、睃、盯、瞄、瞪、瞥、瞟、观、视。

两相比较，可以看出古今汉语词汇的不同。首先可以看到，有些词在古代汉语中使用，而在现代汉语中消失了（如"睎"、"觌"），或者在现代汉语中转入了别的语义场（如"省"、"盼"）。有些则是现代汉语中新产生的（如"瞧"、"瞅"）。但这种比较，还是比较表面的，再深入分析，还可看到：(1) 这些古今不同的词之间，存在着复杂的关系。有的词如"眙"和"瞪"，实际上是同一个词的音变。《说文》："眙，直视也。"段注："眙瞪古今字。敕吏、丈证古今音。《广韵》七志作'眙'，四十七证作'瞪'，别为二字矣，而'瞪'下云'陆本作眙'。考玄应引《通俗文》云：'直视曰瞪。'是知'眙'之音自一部转入六部，因改书为'瞪'。陆法言固知是一字也。"有的词，表示的意义相似而又不全同，如古代的“窥”和现代的“张”。有的古代的词到现代汉语中要用词组来表达，如“矍”，要说“吃惊地看”，“眄”，要说“斜看”。也有一些现代汉语的单音词，其意义相当于古代汉语中词组所表达的意义，如“瞜一眼”的“瞜”，相当于古汉语中的“浏览”。(2) 有些词虽然古今汉语中都有，但情况也不很一样，如“看”在古汉语中虽然有，但最初主要是用于“探望”的意义，如《韩非子·外储说左下》：“梁车新为邺令，其姊往看之。”后来虽然也有“视”的意义，但用的不如“视”多。在现代汉语中，“看”成了表示“观看”的语义场中使用频率最高、构词能力也十分强的一个词，古汉语中很多词，如“窥”、“矍”、“睇”、“眄”、“瞻”、“瞰”，在现代汉语中都用“×看”来代替。与此相应，“视”是古汉语中表示“观看”的语义场中使用频率最高、构词能力最强的一个词，而在现代汉语中，它把这种地位让给了“看”，在通常情况下，“视”很少单独使用了。“观”和“视”一样，在现代汉语中虽然还存在，但一般不单独用了。又如“瞟”，这个字《说文》中就有，《说文》：“瞟，瞭也。”“瞭，察也。”据此，当为仔细看的意思。而在现代汉语中，“瞟”是“斜着眼睛看”的意思，古今意义有变化，而且，古代“瞟”很少用，现代“瞟”在口语中较常用。

当然，这样分析比较还是很粗略的，因为所谓“古汉语”，实际上并不是同一个历史平面。细致的比较应该是取几个不同的历史平面(如春秋战国、东汉、魏晋、晚唐五代、南宋、明代等等)，对各个平面上表示“观看”的语义场中有哪些词作一个比较全面的统计，然后再把各个历史平面加以比较，从而观察分析表“观看”的语义场在汉语历史演变中的变化。如果能把数十个或数百个重要的语义场作这样的历史比较，我们对汉语词汇系统的历史演变就会有比较清楚的了解。但是这项工作还有待于进行，所以，下面只能举例性地说一说词在聚合关系方面的变化。而且，这些叙述同样是很粗略的。

例如，在古汉语中，表示“门”的词有两个：“一扉曰户，两扉曰门。”在现代汉语中，就只有一个词：“门”。在古代汉语中，表示“窗”的词有两个：“在墙曰牖，在户曰窗。”在现代汉语中只有一个“窗”。反之，在古代汉语中，表示敲击乐器和表示打击人和其他物都叫“击”，而在现代汉语中分成为“敲”和“打”。

表示行走的语义场古代是“走、趋、行”三分的，现代是“走、跑”二分的，这在前面已经说过。

在上古汉语中，“投、掷”和“弃、舍”是两个不同的语义场，分别由不同的词表示。到中古，出现一个新词“抛”，它的两个义位分别处在这两个语义场中，如东汉末的“抛车”，是一种投石的战具，《祖堂集》：“如何抛母无人供给”，“抛”是“弃”的意思。到现代汉语普通话中，又用“丢”和“扔”代替了“抛”，“丢”和“扔”都有“投掷”和“舍弃”两个义位，分别处于两个语义场中。

在上古汉语中，表示温度的语义场中有四个词：“热、温、凉、寒”，到现代汉语中，变为“热、温、凉、冷”。这个语义场古今的变化，一是以“冷”代替了“寒”（“寒”有时也还用，如“寒潮”、“寒冷”），一是古代“凉”的义域和现代“凉”的义域不同：古代汉语中在某些场合“凉”所表示的温度，在现代汉语中要用“冷”来表示。例如《诗经·邶风·北风》：“北风其凉，雨雪其雱。”曹丕《燕歌行》：“秋风萧瑟天气凉，草木摇落露为霜。”其关系可以图示如下：

<table>
<tr><td>古代</td><td>热</td><td>温</td><td colspan="2">凉</td><td>寒</td></tr>
<tr><td>现代</td><td>热</td><td>温</td><td>凉</td><td colspan="2">冷</td></tr>
</table>

表示未成年人的语义场古今有变化。首先是两分和三分的不同:在这个语义场中秦汉时有两个词:“婴儿”和“童子”。“少年”在秦汉时是青年男子之义,如《史记·淮阴侯列传》:“淮阴屠中少年有侮(韩)信者。”所以不在此语义场中。而唐代和现代都有“婴儿”、“童子”(或“儿童”)、“少年”三个词。其次,这些词的义域古今不同。秦汉时的“童子”(或“童”),不但可以指十岁上下的儿童,而且可以指未冠的青年。如《穀梁传·昭公十九年》:“羁贯成童,不就师傅,父之罪也。”注:“成童,八岁以上。”《论语·先进》:“莫春者,春服既成,冠者五六人,童子六七人,浴乎沂,风乎舞雩,咏而归。”秦汉时的“婴儿”,既可指刚出生的小孩,如《老子》:“专气致柔,能婴儿乎?”也可指三四岁甚至十几岁的孩子。请看下列例句:

《韩非子·外储说左上》:“曾子之妻之市,其子随之而泣。其母曰:‘女还,顾反为女杀彘。’妻适市来,曾子欲捕彘杀之。妻止之曰:‘特与婴儿戏耳。’曾子曰:‘婴儿非与戏也。婴儿非有知也,待父母而学者也,听父母之教。今子欺之,是教子欺也。母欺子,子而不信其母,非以成教也。’遂烹彘也。”

《史记·高祖本纪》:“高祖为亭长时,尝告归至田。吕后与两子居田中耨,有一老父过请饮,吕后因铺之。老父相吕后曰:‘夫人天下贵人。’令相两子,见孝惠,曰:‘夫人所以贵者,乃此男也。’相鲁元,亦皆贵。老父已去,高祖适从旁舍来,吕后具言客有过,相我母子皆大贵。高祖问,曰:‘未远。’乃追及,问老父。老父曰:‘乡者夫人婴儿皆似君,君相贵不可言。’”

《韩非子》中的“婴儿”,已经能懂得父母说的话,可见不是现代汉语中的“婴儿”(《现代汉语词典》:“不满一岁的小孩儿”)了。《史记》中的“婴儿”,已经能够跟着母亲在田中锄草,可见已在十岁上下。因此,秦汉时“婴儿”和“童子”的义域是交叉的。到唐宋时期,“婴儿”和“童子”的义域发生了变化。最明显的如敦煌写本《父母恩重经讲经文》：

渐离怀抱作婴孩，匍匐初行傍砌阶。
语似娇莺初啭舌，笑如春树野花开。
浑家爱惜心无足，眷属娇怜意莫裁。
门外忽闻啼哭也，慈母奔波早到来。
婴孩渐长作童儿，两颊桃花色整辉。
五五相随骑竹马，三三结伴趁猧儿。
贪逐蝴蝶抛家远，为钓青苔忘却归。
慈母引头千度觅，心心只怕被人欺。

又唐制，凡十岁以下能通一经者予官，通七经者与出身，谓之“童子科”。由此可见，唐宋时“婴儿”大约指三岁以下，“童子”（或“童儿”）约指三岁到十岁，“婴儿”和“童子”不再交叉了。而唐代的“少年”可指未成年的人。如杜甫《醉歌行》：

陆机二十作《文赋》，汝更少年能缀文。……
只今年才十六七，射策君门期第一。

因此，表示未成年人的语义场，古今变化如下：

秦 汉	婴 儿	童 子	
唐 代	婴 儿	儿 童	少 年
现 代	婴 儿	儿 童	少 年

更值得注意的是：在一个语义场中，某一个词的变化，会对其他词产生影响。例如上古汉语表示“到……去”的语义场中，有两组词：“之”、“适”为一组，是及物动词；“往”为另一组，是不及物动词。“往”的反义词是“来”，“来”绝大多数是不及物的。有极个别的“来”后面有宾语，如《春秋·昭公二十五年》：“有鸜鹆来巢。”《穀梁传》：“来者，来中国也。”这就是“之”、“适”的反义词。而“去”为“离开”义，是属于另一个语义场的。后来，“去”的意义发生变化，

成为“来”(不及物)的反义词,取代了“往”的位置,“往”也相应的变为及物动词,取代了“之”、“适”的位置。如《祖堂集》卷一:“大迦叶辞之往鸡足山”,而“之”、“适”在口语中就逐渐消失了。这时表示和“往”(及物)相反的意义用“到……来”。有趣的是,在《祖堂集》中,只有“到……来”,没有“到……去”,这是因为当时“到……去”的意思用“往”表示。到现代汉语中,“往”在口语中也消失了(只用于“来往”、“开往”等词组中),于是“到……来”和“到……去”配成了对。这种变化图示如下。(↔表示反义)

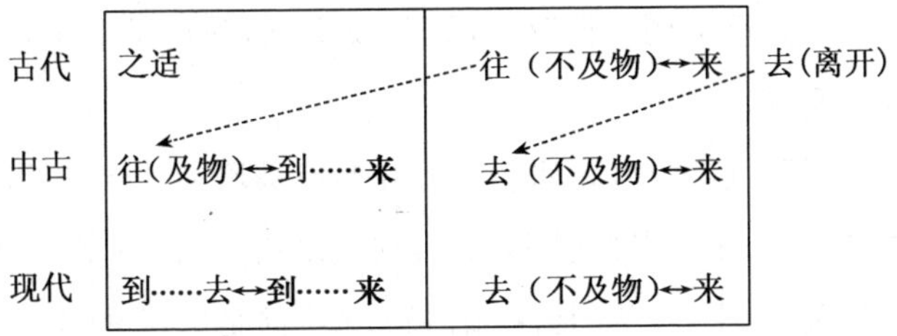

同义词和反义词是词汇聚合关系中特殊的两类,词汇系统的不同也表现在同义词和反义词系统的不同上。

比如,上古汉语中“恐”和“惧”是同义词。到近代,“恐”主要用于表“担心”义,如《祖堂集》卷八:“只恐不成眷属。”(《祖堂集》中均用于此义)因此,“恐”和“惧”不再构成同义词。同时,中古时新产生了“怕”这个词,“怕”和“惧”同义。这样,这一组同义关系就由上古的“恐”—“惧”变为近代的“怕”—“惧”。

一组同义关系的变化,有时会引起几组同义关系的重新组合。例如,上古“贫”和“窭”同义,“穷”和“尽”同义,“完”和“全”同义。到中古,“穷”的词义发生了变化,变成和“贫”同义,而和“尽”不再同义;“完”的词义也发生了变化,变成和“尽”同义,而和“全”不再同义。于是就形成了新的词义组合:“贫”—“穷”,“尽”—“完”。到现代汉语中,“贫”基本上不单用,“苦”在某种场合和“穷”同义,而“尽”—“完”这组同义关系中,又加上一个新词“光”。其关系图示如下:

上古	窭—贫	穷—尽	完—全
中古	贫—穷	尽—完	
现代	苦—穷	尽—完—光	

反义系统的变化如:古代汉语中“粗”↔“精”是反义词,“细”↔“大”是反义词,现代汉语中“粗”↔“细”是反义词。古代汉语中“高”↔“下”是反义词,“低”↔“昂”是反义词,现代汉语中,“高”↔“低”是反义词。

同义词系统和反义词系统的变化是有关联的。如“富”的反义词上古是“贫”,中古是“贫”和“穷”,现代汉语中“苦”有时也可以成为“富”的反义词。又如上古“细”和“小”都是“大”的反义词,而“细”和“小”同义;现代汉语中“细”不再是“大”的反义词,“细”和“小”也不再同义。

分析同义词系统和反义词系统也应以义位为单位。所以一个多义词可以同时有几对同义词和反义词,在语言的历史发展过程中,这几对同义词和反义词的变化有的是同步的,有的是不同步的。这个问题在第四、五章中已经说过,这里不重复。

下面讲词的组合关系。

词的组合关系,简单地说,就是词的搭配关系。词的组合关系的历史变化,主要表现在以下两方面:

(1)同一个词,词义基本不变,但在不同历史时期组合关系有所不同。

比如，“上”作动词，表示“升、登”之义，从古就有，如《周易·需卦》：“云上于天。”但是这种“上”后面直接跟宾语的，在先秦不多，据粗略统计，只有下面几例：

《墨子·备梯》：“云梯既施，攻备已具，武士又多，争上吾城，为之奈何?”（“上”一作“土”）

《韩非子·奸劫弑臣》：“是犹上高陵之颠堕峻谷之下而求生，必不几矣。”

《韩非子·外储说左上》：“秦昭王令工施钩梯而上华山。”

《韩非子·外储说右下》：“兹郑子引辇上高梁而不能支。”

《礼记·曲礼》：“将上堂，声必扬。”

到后来，“上”的使用范围就大大扩展，能与许多词组合。如《世说新语》中有“上楼”、“上车”、“上船”、“上床”、“上坐”，杜甫诗中有“上马”、“上树”、“上天”、“上殿”，韩愈诗有“上高阁”、“上屋”，柳宗元诗有“上子陵台”、“上丹霄”。这些“上”，在秦汉时都是用“登”、“升”、“乘”来表示的。可见，“上”的组合能力是大大增强了。特别值得注意的是下列例子：

杜甫《赠虞十五司马》：“沙岸风吹叶，云江月上轩。”

韩愈《八月十五夜赠张功曹》：“同时流辈多上道，天路幽险难追攀。”

元稹《元和五年予官不了罚俸西归》诗：“邀我上华筵，横头坐宾位。”

元稹《哭子十首》之四：“钟声欲绝东方动，便是寻常上学时。”

“上”的主语原来是人，而杜甫诗中主语可以是“月”。“上”的反义词原来是“下”，如“上山”的反义是“下山”，“上堂”的反义是“下堂”，但韩愈诗中的“上道”，元稹诗中的“上华筵”，没有与之相对的“下道”、“下华筵”。至于元稹诗中“上学”的“上”，意思就离“登、升”很远了。可见，随着组合关系的改变，词义也会逐渐发生变化，从聚合关系来看，“上学”的“上”和“上山”的“上”，就不是同一语义场的了。

又如“拈”，《说文》：“拈，捫也。”“捫，拈也。”《释名》：“拈，黏也，两指翕之，黏着不放也。”《玉篇》：“拈，指取也。”《广雅》：“拈，持也。”据《释名》、《玉篇》的解释，“拈”的对象只应该是手指可以捏取之物，如杜甫《漫兴九绝》之八：“舍西柔桑叶可拈，江边细麦复纤纤。”但在《祖堂集》中，可与“拈”组合的词语很多，如“拈锹子”、“拈瓦砾”、“拈起猫儿”、“拈起盏子”、“拈起帽子”、“拈起拄仗”，甚至可说“拈经中语问大众”。可见，“拈”的组合关系和《释名》、《玉篇》的时代有所不同，和现代汉语中也不一样（现代汉语中只能说“拈阄”、“拈香”等，不能说“拈铁锹”、“拈起一只猫”）。和“上”一样，这种组合关系的变化也影响到词义，《祖堂集》中的“拈”，已经不只是“指取”，而是与“执”、“持”同义了（《祖堂集》中也有“执瓦砾”、“持瓦砾”、“执越杖”、“持此话”这样的说法，可用做比较）。

再如，“运”有“动”义，这是古今相同的。但“运”和“动”的组合关系并不一样。这种组合关系，古今也有变化，如《祖堂集》中有这样的例子：

> 《祖堂集》卷四：“触目不见道，运足焉知路。”
>
> 《祖堂集》卷九：“青山常运步，白日不移轮。”
>
> 《祖堂集》卷十三：“学人根思迟迴，曲运慈悲，开一线道。”

这种“运”，在现代汉语中就要改成“动”或“发”了。

(2) 在语言的发展过程中，有一些新词代替了旧词，新旧词的词义相同，但组合关系却不相同，这一点在新词旧词并存于同一语言平面时表现得十分明显。在一个语言平面中，既有继承前一时期的旧词和旧语法成分，又有新产生的新词和新语法成分，新旧的组合关系往往不同。下面以《祖堂集》为例加以说明。

《祖堂集》中既有“木”，又有“树”。“木”是旧的，“树”是新的。

只有“树”能和词尾“子”组合，如“树子”、“枯树子”、“柏树子”，“木”就不能(但到现代汉语中，“树”加词尾“子”的现象也不存在了)。

《祖堂集》中既有“道”，又有“路”。“道”比较旧，“路”比较新。因此“路”后面可以加上方位名词，如“路旁”、“路边”、“路头”。“道”后面也可以加“旁”、“边”，但不能加“头”。

又如“视”和“看”。“视”是旧的，“看”是新的。因此《祖堂集》中有“看却”、“看取”、“看得”这样的说法，而“视”不能和这些新产生的词尾结合。

“言”、“语”、“说”在唐五代都可以表示“说话”这个动作。但当时口语中最活跃的是哪一个词？《祖堂集》中情况如下：

语犹未讫

言犹未讫　言讫　言已

早说了也

而且“说”有“说似”、“说向”、“说着”、“说得”、“说不得”这样的组合，而“言”、“语”没有。可见“说”是当时口语中最活跃的。

又如《祖堂集》中表示总括的副词有“皆”、“俱”、“悉”、“咸”、“都”、“惣”、“全”、“尽”等等。后四个可以有如下的组合形式：

都　尽乾坤都来是你当人个体。(卷九)

惣　惣被阇梨占却了也。(卷六)

全　与摩则治国之功全归臣相去也。(卷八)

尽　只如慧寂在江西时尽头无惭无愧。(卷十八)

　　如今尽会了也。(卷十二)

在形容词、副词后面加“来”(如“坐来”、“许来”)、加“头”(如“长头”、“齐头”)是当时特有的语言现象，“……了也”、“……去也”是当时特有的句式。“都”、“惣”、“全”、“尽”能出现在这种组合关系中，可见是口语中使用的词。而“皆”、“俱”、“咸”、“悉”不能有这种组合，说明它们在口语中已经不大用了。

第三节　词的亲属关系

语言中是不断产生新词的。新产生的词，有的找不到和原有的词有什么关系，但多数是和原有的词有关系的。这种关系可分为三大类：

(1) 由于语义的引申(如“头脑”的“头”引申为量词“头”)，或由于语法影响(如名词“医”转化为动词“医”)，或由于语音变化(如“汁”音变为“瀋”)而从原有的词产生出新词。(有时由语义引申、语法影响而产生的新词也发生音变，如解剖的“解”引申为“解怠”的“解”，读 xiè，名词“王”转化为动词“王”，读 wàng。)这些原有的词和新词就是通常所说的“同源词”。

(2) 由原有的词加上词尾而构成新词。

(3) 由原有的词作为语素而构成新词。

无论是哪一类，原有的词和由此而产生的新词之间的关系，都称之为“亲属关系”。这种关系也是构成词汇系统的一个重要方面。不同的词汇系统中，词的亲属关系是不相同的，研究汉语词汇系统的发展变化，也需要研究各个时期词的亲属关系的变化。

同源词是词汇系统的一个重要方面，但它不是词汇系统的全部。因为如上所述，词汇系统还表现在别的方面。即以词的亲属关系而论，除了同源词以外也还有别的两类。

汉语的同源词系统在汉语的历史发展过程中也是有变化的，这种发展变化，不能简单地想象为上古时的同源词系统在后来不断的孳生繁衍，而应该看到，上古时的同源词，有的保留至今，有的消失了；中古和近代又有一些新的同源词产生。情况是比较复杂的。

上古汉语中的同源词到后来消失，首先是由于词义和语音的发展变化。如上古时“厉”有两个意义：①带子。《左传·桓公二年》：“鞶厉游缨。”注：“厉，大带之垂者。”②以衣渡水。《诗经·邶风·匏有苦叶》：“匏有苦叶，济有深涉。深则厉，浅则揭。”传：“以衣涉水为厉，谓由带以上也。”“厉”、“带”来端旁纽、月部，两词同源。但后来“厉”这两个意义都消失了，“严厉”的“厉”应是另一个词，它和“带”这个词毫无关系，所以，上古的“厉”、“带”这一对同源词到后来已经消失。再如，上古的“特”和“直”是一对同源词，“特”有“仅仅”之义，这是由它的本义“牛父”逐渐虚化而来的。“直”也有“仅仅”之义，这是由于它和“特”音近（上古时两字都是定母、职部，只是“特”为一等，“直”为三等），是由音变而形成的同源词。后来，由于语言的发展，“直”由定母变为澄母，读音不再和“特”相近，所以也不再用“直”来表示“仅仅”义；“特”的“仅仅”义后来也逐渐消失，因此，上古“特”和“直”这一对同源词也就不复存在，汉语中表示“特别”的“特”和表示“曲直”的“直”也毫无关系了。

其次，上古汉语中由名词和动词、形容词互相转化而形成的同源词，有一些后来也由于汉语的发展而消失。如上古时的“医”（名词）和“医”（动词）是同源词，“衣”（名词）和“衣”（动词）是同源词，现代汉语中分别说成“医生”和“医治”，“衣服”和“穿”。前者或许可以说是“同根词”，后者两个词就无关了。

在上古汉语的一些同源词消失的同时，中古和近代又产生了一些新的同源词。如：

“抛”—“砲”。《后汉书·袁绍传》：“曹操发石车击袁绍军中。”

李贤注:“即今抛车。”《文选·闲居赋》:“礮石雷骇,激矢蝱飞。”李善注:“礮石,今之抛石也。”《新唐书·李密传》:“命护军将军田茂广造云旝三百具,以机发石,为攻城械,号‘将军礮’。”“抛车”本是一种投石的战具,也称“礮”,“抛”和“礮”同源。后来“礮”写作“砲”,火药发明后“砲”成为一种火器,又写作“炮”。

“散”—“伞”。“伞”字始见于《魏书·裴延儁传》:“服素衣,持白伞白幡。”字原作“繖”。《水经注·江水》:“(盐)粒大者方寸,中央隆起,形如张繖,故因名之曰繖子盐。”《急就篇》二:“枣杏瓜棣馓饴饧。”注:“馓之言散也。熬稻米饭使发散也,古谓之张皇,亦目其开张而大也。”“繖”(伞)也是从“散”得声,取其可张开之义。

“登”—“凳”。“凳”原作“橙”。《晋书·王献之传》:“魏时凌云殿榜未题,而匠者误钉之,不可下,乃使韦仲将悬橙书之。”由此例可见,“橙”原来是用于“登”的,后来才成为坐具。

“倚”—“椅”。“椅子”最早见于日僧圆仁《入唐求法巡礼行记》卷一:“相公及监军并州郎中、郎官、判官等皆椅子上吃茶。”这是圆仁在唐文宗开成三年的日记,一般字典多引《新五代史·景延广传》为始见例,其实唐代即有此词,字亦作“倚”。唐济渎庙北海坛祭器杂物铭碑阴:“绳床十,内四倚子。”宋黄朝英《缃素杂记》三:“今人用倚卓字,多从木旁。……倚卓之字,虽不经见,以鄙意测之,盖人所倚者为倚,卓之在前者为卓。”

“卓”—“桌”。“桌”字本作“卓”。《五灯会元》卷二十:“尚举马祖升堂百丈卷席话诘之,叙语未终,公推倒卓子。”

“角”—“饺”。《正字通》“饺”字:“今俗饺饵,屑米面和饴为之,干湿大小不一。水饺饵即段成式食品汤中牢丸,或谓之粉角。北人读角如矫,因呼饺饵,讹为饺儿。”

“擘”—“掰”。《广韵》:“擘,分擘。”博厄切,麦韵。白居易《轻肥》:“果擘洞庭桔,鲙切天池鳞。”后来入声消失,麦韵的白读为ai,故音bāi,字写作“掰”。

“馨”—“生”。“馨”是六朝至唐的形容词词尾。如张鷟《游仙窟》:“婀娜腰支细细许,瞇睰眼子长长馨。”唐宋间形容词词尾用“生”。如李白戏杜甫诗:“借问别来太瘦生,总为从前作诗苦。”蒋礼鸿《义府续貂》:“唐人虽犹有‘馨’语,而用之者盖稀,于是‘生’字代之而起。”

“没”—“莽”。这两个词在晚唐五代均为疑问代词,相当于后来的“什么”。敦煌写本《李陵变文》:“缘没不攒身入草?”《捉季布传文》:“今受困厄天地窄,更向何边投莽人?”“没”、“莽”后来音变为“摩”、“麽”(么)。

“鹘突”—“糊涂”。这是唐宋时口语中的一个叠韵联绵字,较早写作“鹘突”。如孟郊《边城吟》诗:“何处鹘突梦,归思寄仰眠。”稍后写作“糊涂”。如《宋史·吕端传》:“端小事糊涂,大事不糊涂。”也写作“糊突”。如马致远《荐福碑》杂剧楔子:“越糊突越有了糊突富。”“鹘”、“突”为入声没韵,“糊”、“涂”为平声模韵,读音不同,但实为同源。

“惫赖”—“泼赖”。这是元明时的口语词,可作“惫赖”。如《窦娥冤》:“不似这小妮子生得十分惫赖。”也可以写作“泼赖”。如元杂剧《单鞭夺槊》:“老徐却也忒泼赖。”又作“泼剌”。如《初刻拍案惊奇·姚滴珠避羞惹羞,郑月娥将错就错》:“恁般心性泼剌。”写法不同,但读音相近。“惫”和“泼”声母原有清浊之分,但元代时浊音已清化。“惫”为去声怪韵,“泼”为入声末韵。但《通俗编》引《余冬序录》:“苏州谓丑恶曰泼赖,泼音如派。”“派”为去声卦韵,则与

"惫"音近。"刺"原为入声曷韵,但明末早已变为去声。所以,它们是同源词。

第八章中说过,由于词义引申而成为两个词的,也是同源词。这种同源词古今也有变化。即:在语言中以一个新词代替了旧词,如"头"代替了"首",但"首"(脑袋)引申而发展成的量词"首"用于表诗文的数量,而由"头"(脑袋)引申而发展成的量词"头"表牲畜的数量。而且"头"还虚化而成"头三个月"的"头"、"木头"的"头",这些都是"首"的同源词系列所不具备的。"吃"代替了"食",但"食"引申而发展成新词"蚀","吃"虚化而成为表被动的"吃"(如《碾玉观音》:"我因为你,吃郡王打死了。")。这说明两个不同历史时期的词,即使语义相同,新旧相代,但构成的同源词系列也是不一定相同的。

目前,对同源词的研究还偏重于上古,对中古和近代的同源词的研究还有待于深入。

总的看来,由词的引申、转化、音变而产生新词,在上古是一种非常能产的构词方式,但到中古以后,就逐渐让位给合成这种方式了。这也是汉语词汇系统在历史发展中的一大变化。在近代和现代汉语中,如果要从词的亲属关系方面来考虑词汇系统,那么,光从同源词的角度考虑就不够了,而必须注意到合成词的问题。

从原有的词和由它充当语素而合成的词的关系来看,合成词可分为两类。

(1) 由两个同义词(或近义词)复合而凝固成的合成词。这种词在中古产生得很快,在合成词中占的比例最大。这种词产生的原因,是随着语言的发展,汉语中同音词和一词多义的现象增加,同一个词的义位也逐渐增多。为了区分词义,就要用合成词把词义确定下来。如“镇”，原为动词，义为“镇压”，六朝时又产生一个同音的副词“镇”，义为“常常”。为了把两者加以区分，用做动词时就说成“镇压”，如《晋书·唐彬传》：“今诸军已至，足以镇压外内，愿无以为虑。”用做副词时就说成“镇长”，如韩愈《杏花》诗：“浮花浪蕊镇长有，才开还落瘴雾中。”又如“抛”，既有“投掷”义，又有“舍弃”义，单用容易相混，说“抛掷”和“抛弃”就很清楚了。再如“清”构成合成词“清澈”、“清朗”、“清白”、“澄清”，是为了区分“清”的各个义位。

不同的时代形成不同的合成词。如中古时“跳”和“踊”同义，所以构成“跳踊”一词。如《左传·僖公二十八年》：“曲踊三百。”杜预注：“曲踊，跳踊也。”近代“趒”与“跳”同义，所以有“趒跳”一词。如《祖堂集》卷八：“南泉趒跳下来。”现代“蹦”和“跳”同义，所以有“蹦跳”一词。又如：“塘”在古代为“堤”义，所以有“隄塘”一词，如《唐书·地理志》：“许州颍川郡……绕州有隄塘百八十里。”后来变为“池”义，所以有“池塘”一词，如陆游诗：“疏雨池塘鱼避钓，晓莺窗户客争棋。”又如“穷”古代为“尽”义，所以有“穷尽”一词，后来为“贫”义，所以有“贫穷”一词。这些在历史上产生的合成词有的随时代而消失了，如“趒跳”、“堤塘”等，有的在语言中保留了下来，如“穷尽”。

有一点需要说明：同义词或近义词的组合，开始时往往是词组，后来才逐渐凝固为词；也有一些始终没有凝固为词。这种词组和词的界线不大好划，上面举的例，有些严格地说或许应当看做词组，但姑且作为词处理。

(2) 原有的词作为语素构成合成词，只起一种提示作用，即合成词的词义不能由语素拼合而成。

例如："告身"，义为委任官吏的文书。《北齐书·傅伏传》："周克并州，遣韦孝宽及其子世宽来招伏，……授大将军武乡郡开国公，即给告身。""告身"的意义不等于"告＋身"。

"手力"，义为奴仆，仆役。敦煌写本《庐山远公话》："白庄曰：'我要你作一个手力，得之已否？'远公进步向前：'愿舍此身与将军为奴，情愿马前驱使。'"又称"足力"。《太平广记》卷四五一："李与其仆数人极骋，追不能及，便入故城，转入易水村，足力少息，李不能舍，复逐之。"这个词的意义不等于"手＋力"或"足＋力"。

这类词在现代汉语中越来越多。如以"电"为语素，可以构成"电报"、"电线"、"电压"、"电厂"等。语素"电"在合成词中或是表示"用电传的"，或是表示"输电的"，或是表示"电流的"，或是表示"发电的"。又如用"报"为语素可以构成"日报"、"画报"、"汇报"、"警报"等，语素"报"在其中的意义也不一样，分别为"报纸"、"书刊"、"报告"、"信号"等义。

上面所讲的词的亲属关系的诸方面，在汉语历史词汇学的研究中，都应该认真地加以考察。

重印后记

本书由韩国首尔大学李康齐教授翻译成韩文，2005 年在韩国中国书屋出版社出版。李康齐教授在翻译时认真核对了书中的例句，指出一些引文的错误。我对此又做了进一步的核查，乘这次重印的机会把错误加以更正。在此谨向李康齐教授表示衷心的感谢！

蒋绍愚

2015 年 6 月于北大